22 mars 2012

Elisabeth FAUX

Le Grand Livre des histoires drôles 2012

Mina et André Guillois

Le Grand Livre des histoires drôles 2012

Illustrées par Bridenne

MARABOUT

Introduction

Dès le premier jour de l'humanité, les hommes ont été divisés entre optimistes et pessimistes.

Ce lointain ancêtre qui, pour se faire cuire un bon steak d'auroch, avait réussi à enflammer deux morceaux de bois sec en frottant deux silex l'un contre l'autre, appartenait sûrement à la première catégorie.

Ce qui provoqua la réaction indignée d'un pessimiste qui assistait à la scène :

– Ça y est, Klup Glop vient d'inventer la pollution !

Dans le même ordre d'idées, un homme préhistorique se rend au bureau des brevets en portant un lourd bloc de granit taillé en forme de roue.

– Je crois bien, dit-il à l'employé, que je viens d'inventer la hernie.

*
* *

L'auteur du *Faiseur de pluie,* le romancier américain Saul Bellow, qui obtint le Prix Nobel de littérature en 1976, atteignit l'âge respectable de 89 ans. Il attribuait sa longévité à son optimisme, alimenté par les histoires drôles dont il raffolait.

Sa préférence allait à celle-ci.

On demande à un homme :

– Connaissez-vous la différence entre l'ignorance et l'indifférence ?

À quoi, il répond :

– Je l'ignore et je m'en fous.

D'innombrables chercheurs et autres philosophes se sont heurtés à cette question sans réponse : « Pourquoi rit-on ? »

Plutôt que de noircir, en vain, des centaines de pages sur ce sujet, le psychologue français Dugas (cité par Freud) conseille :

– Il faut être content de rire et ne pas chercher à savoir pourquoi on rit.

*
* *

– On peut se marrer même dans le malheur, assure l'humoriste Anne Roumanoff. Le rire est une réaction émotionnelle qui repose sur la vérité et la souffrance. Mes sketches, par exemple, ne sont jamais basés sur le bonheur. Si je dis : « Ils se marièrent et vécurent heureux », cela ennuie le monde. Si, au contraire, je lance : « Ils se marièrent et eurent des tas de problèmes », on se frotte les mains et, tout d'un coup, l'histoire devient intéressante. Le bonheur, ce n'est pas toujours drôle.

Et elle ajoute :

– L'humour, c'est ce qui permet de supporter la dureté de la vie.

Et les choses qui nous rendent l'existence difficile sont nombreuses.

Les catastrophes naturelles

Le Samu amène à l'hôpital un homme en piteux état. Un infirmier explique au responsable des urgences :

– À la suite du tremblement de terre qui a secoué tout le pays ce matin, il est tombé de l'échelle sur laquelle il avait grimpé.

– Comment s'appelle-t-il ?

– Richter.

La fierté nationale

– Nous nous comparons souvent aux U.S.A, note un spécialiste de la politique internationale, mais, sans nous en rendre compte, nous sommes devenus un tout petit pays. C'est au Lichtenstein que nous devrions désormais nous comparer. Si les journalistes ne le font pas, c'est parce qu'au moins, ils savent comment s'écrit U.S.A.

Le travail

Alors que les esclaves construisent les pyramides d'Égypte, un de leurs délégués syndicaux va présenter leurs revendications au chef des travaux.

Celui-ci s'indigne :

– Cent vingt-six heures de travail par semaine ! Et puis quoi, encore ? Pourquoi pas un jour de congé par an tant que vous y êtes ?

Les psys

– Mon mari, raconte une femme, a fait une analyse pendant cinq ans et cela a été une réussite complète. Il est enfin parvenu à s'aimer. L'ennui, c'est que, désormais, il déteste le monde entier.

L'insécurité

– Autrefois, dit un représentant de commerce, quand on était perdu dans une ville, on avisait le premier policier venu pour lui demander son chemin. Aujourd'hui, il n'y a plus de flics qui se baladent dans les rues et si, par extraordinaire, on en aperçoit un, dès qu'on se dirige vers lui, il se sauve.

Le gaspillage

– Heureusement, dit un député européen, qu'il y a des chefs d'entreprise et des agriculteurs. Sinon, que ferions-nous de toutes nos subventions ?

*
* *

Naturellement, l'usage immodéré que nous faisons des ordinateurs peut être une source de blagues.

– Une obsession me poursuit, confie un homme à un psy : dans la Rome antique, je suis un gladiateur qui entre dans l'arène pour être aux prises avec un adversaire qui va tenter de me prendre dans les mailles de son filet.

– Et cet adversaire, si inquiétant, a-t-il un nom ?

– Oui, Internet.

À propos de nom, voici une autre blague :

– Excusez-moi, dit un psy à une de ses patientes, mais je ne parviens pas à retrouver comment vous vous appelez.

– Pourtant, proteste la dame, vous enregistrez nos entretiens. Vous devez bien utiliser mon nom pour ranger et classer vos cassettes.

– À vrai dire, vos confidences sont tellement riches en personnages variés et en histoires d'amour croisées, pleines de rebondissements, que j'ai adopté, en ce qui vous concerne, un nom de code, inspiré d'un palpitant feuilleton télévisé : *Les Feux de l'amour*.

*
* *

L'auteur des *Mémoires de Barry Lyndon* et de *La foire aux vanités*, le romancier britannique William Makepeace Thackeray, a consacré une étude aux humoristes anglais.

Il en tirait cette conclusion :

« L'humoriste ne fait pas seulement ressortir le ridicule des choses, mais il fait, en outre, appel à la pitié, à la tendresse, au mépris de l'imposture, à notre compassion pour ceux qui souffrent. »

Au premier rang de ces malheureux, citons les banlieusards qui se rendent, chaque matin, sur leur lieu de travail en empruntant les transports en commun.

Au moment de prendre son service sur une ligne surchargée, un nouveau conducteur de bus demande à son chef :

— Combien de personnes suis-je autorisé à laisser monter dans mon autobus ?

— Toujours une de plus.

Dans la capitale, la circulation atteint souvent les limites du supportable.

Un curé de province, en visite à Paris, disait à un chauffeur de bus :

— Il m'arrive, quelquefois, d'imaginer que toute mon éternité pourrait se passer dans une ville comme Paris.

— Cela m'étonne, répondit le chauffeur, que vous vous rangiez, ainsi, d'emblée, parmi les damnés.

Rien n'empêchera jamais les touristes de venir par millions du monde entier goûter aux charmes de la vie parisienne.

Un Anglais raconte à un ami français :

— Je suis allé, l'autre jour, avec ma femme, dans un restaurant de la rue du Bac, et j'ai beaucoup fait rire le serveur en lui demandant : « Est-ce qu'ici vous servez des andouilles ? »

— Ça ne m'étonne pas : les éditions Gallimard étant à proximité, il doit plutôt avoir l'habitude des intellectuels.

Les éditeurs sont vraiment impitoyables.

Une infirmière avait soumis à l'un d'eux le manuscrit d'un livre de souvenirs intitulé : *Mes mille et une piqûres.*

L'éditeur le lui retourna avec ce commentaire, sans appel :

« Il y a trop de fesse, là-dedans ».

*

*   *

Ce que dit Jean-Loup Dabadie (de l'Académie française) des sketches qu'il a écrits pour Guy Bedos, Jacques Villeret ou Muriel Robin vaut pour les histoires drôles :

– Il faut, en quatre minutes, planter un décor, dessiner un personnage, construire son récit avec une rigueur scientifique et placer le bon mot au bon endroit pour déclencher le rire au bon moment, un peu comme un artificier.

Ajoutons une nuance, lorsqu'il s'agit d'histoires drôles, l'auteur ne dispose pas de quatre minutes mais de cinq lignes.

Pourtant, les meilleures histoires drôles ne sont pas les plus longues.
La première partie est une présentation des personnages en présence et un bref exposé de la situation dans laquelle ils se trouvent, l'idéal étant, comme le faisait Georges Feydeau dans ses vaudevilles, de mettre en présence des individus qui n'auraient jamais dû se rencontrer.
Il reste ensuite à faire s'évader ses personnages de cette situation de la manière la plus inattendue possible par une dernière phrase constituant « la chute ».
Après quoi, il serait fatal d'ajouter un seul mot.

Le « beau Brummel », arbitre des élégances à Londres et grand ami du prince de Galles qui allait devenir le roi George IV, en 1820, avait adopté une façon d'agir dont peuvent s'inspirer les inventeurs d'histoires drôles :
« Dans le monde, tant que vous n'avez pas produit d'effet, restez ; dès que l'effet est produit, allez-vous en. »

*
* *

– Le rêve, disait Anatole France, c'est une jeune et jolie personne qui confond Hamlet et omelette.
Un grand ressort des histoires drôles est l'ignorance des héros, qui, par contraste fait ressortir la science de l'auditeur (ou du lecteur).
À la grande époque de Cecil B. DeMille, un producteur de Hollywood convoque un scénariste.
– Je ne vous apprendrai pas, lui dit-il, l'immense succès des superproductions comme *Samson et Dalila*, *David et Bethsabée* et bien d'autres. Il faut absolument que vous me tiriez une histoire de ce genre de la Bible.
En plaisantant, le scénariste répond :
– Je ne vois que Sodome et Gomorrhe.
– Parfait, s'écrie le producteur. Et que diriez-vous de Greta Garbo dans le rôle de Gomorrhe ?

Pourquoi cette naïveté nous fait-elle rire ?
Freud avance cette explication :

« Le naïf jaillit lorsque quelqu'un ne tient aucun compte d'une inhibition, parce que cette inhibition n'existe pas chez lui. L'effet du naïf est irrésistible et facile à comprendre : un effort d'inhibition qui nous est habituel devient, à l'audition de paroles naïves, subitement inutile et se décharge par le rire. »

Une petite dernière :
Au mois de juillet, alors que les gazettes relatent les exploits des champions cyclistes qui disputent le Tour de France, une femme demande au responsable du rayon des CD, dans un grand magasin :
– Avez-vous le *Beau vélo* de Ravel ?

*
* *

La comédienne Carole Bouquet est formelle :
– Ceux qui nous amusent ont leur propre fragilité mais possèdent l'art de transformer la vie en moment de joie. Moi, si j'avais un vrai rire une fois par jour, je serais rassurée pour les années à venir.
Une autre belle comédienne, doublée d'une excellente chanteuse, Mélanie Laurent, déclarait, quand elle fêta ses 28 ans :
– Je suis pile au moment où je n'ai pas encore eu ma première ride. Je n'ai pas eu ma première ride de stress, ma première ride de malheur, ma première ride de chagrin d'amour. Je voudrais que mes premières rides soient celles du rire.

À notre époque, les humoristes autoproclamés sont nombreux. Cela ne signifie pas qu'ils soient tous drôles.
Venant d'assister au spectacle d'un nouveau champion du « stand up » à la prétention de comique, un critique résume ainsi son impression :
– Les rires du public sont comparables aux merguez. Dans les deux cas, il vaut mieux ne pas en connaître l'origine.

Si ce n'est ce comique, c'est donc son frère qui disait à un animateur de la télévision :
– Manifestement, mes vannes vous laissent de marbre. Vous en rirez peut-être quand vous les aurez comprises – dans deux jours.
– Le drame, répliqua l'autre, c'est que je les ai déjà trouvées sinistres, la première fois que je les ai entendues – il y a vingt ans.

*
* *

La conclusion nous sera fournie par Gabriel de Lautrec, sacré en son temps (la Belle Époque) « prince des humoristes ».

Il se demandait :

« Le sourire n'est-il pas la forme la plus heureuse du courage contre les misères de la vie et même contre les calamités ? Les humoristes auront toujours le dernier mot parce que l'esprit est le maître de la matière. Ils nous donnent de l'existence la véritable vision, faite d'une grande indulgence, tempérée d'ironie habituelle et même du mépris qu'il faut. Ainsi, parfois, ils réalisent l'équilibre avec les affirmations péremptoires des pontifes sans être trop malheureux ni trop ennuyés. Et c'est pourquoi nous devons souhaiter que, jusqu'à la consommation des siècles, il y ait des humoristes, de vrais humoristes sur la terre. »

Ainsi soit-il.

Mina et André Guillois

Saint Valentin

Amour

1

Une femme dit avec indignation à une amie :

– On ne peut plus rien faire, à notre époque. Ils nous interdisent de fumer.

– Ça ne me dérange pas, je ne fume pas.

– Ils nous coincent sur l'autoroute avec leurs radars dès qu'on dépasse le 130.

– Ça ne me concerne pas, je n'ai pas de voiture.

– Tu vas voir que, bientôt, ils vont nous interdire le sexe.

L'amie devient toute pâle et demande :

– Tu parles sérieusement ?

– Bien sûr, mais où cours-tu ?

– J'avais prévu d'aller faire un peu de shopping dans les grands magasins mais, compte tenu de cette menace, je vais aller finir la journée dans les bras de mon amant.

2

Dans un petit village d'Écosse où le forgeron est autorisé à célébrer des mariages sur-le-champ, un jeune homme et sa fiancée se présentent, sur le coup de onze heures du soir. Lassé de les entendre frapper à sa porte, le forgeron ouvre sa fenêtre et leur crie :

– Il est trop tard ! Si vous voulez que je vous marie, revenez demain matin.

– Je comprends, lui dit la fiancée, qu'à cette heure-ci vous ne puissiez pas prononcer les paroles sacramentelles qui nous uniront pour toute la vie, mon amoureux et moi. Mais pourriez-vous nous dire au moins quelques mots aimables qui nous permettraient d'aller, sans remords, passer notre nuit de noces à l'auberge voisine ?

——— *3*

Une belle blonde dit à l'homme qui l'a raccompagnée en voiture jusqu'à son immeuble, après l'avoir invitée à dîner :

– Je vous aurais bien proposé de monter dans mon appartement pour boire un dernier verre mais j'ai les peintres.

– Et vous craignez que je ne sois gêné par les odeurs de peinture ?

– C'est surtout qu'à eux deux, ces sacrés peintres occupent déjà plus de la moitié du lit.

——— *4*

Après avoir fait l'amour, un homme dit à sa compagne :

– Je n'ai jamais vu une telle frigidité !

– Hélas ! répond-elle, cela remonte à mon adolescence. J'étais en vacances avec mes parents dans un pays exotique. Un jour où je me baignais dans la mer, un poulpe m'a enlacée avec ses huit tentacules avec tant de fougue que, par la suite, toutes les câlineries de mes amants successifs m'ont paru bien fades.

——— *5*

En pleine nuit, un policier jette un coup d'œil à une voiture stationnée dans un coin sombre. Il s'approche, voit que la lampe du plafonnier est allumée et qu'à sa lueur, un jeune homme, assis au volant, lit un journal, tandis qu'une jeune fille, assise à l'arrière, tricote.

Le policier interroge le jeune homme :

– Que faites-vous là ?

– Nous attendons.

– Quel âge avez-vous ?

– Vingt ans.

Le policier se tourne vers la jeune fille :

– Et vous, quel âge avez-vous ?

C'est le garçon qui répond :

– Dans trente minutes, elle aura dix-huit ans. Et je vous jure qu'à ce moment-là, il ne sera plus question d'attendre en bouquinant ou en faisant du tricot.

——— 6

Une femme dit à son médecin :

– Je prends du poids depuis quelque temps alors que je mange très peu.

– Peut-être êtes-vous enceinte ?

– Voyons, Docteur, c'est impossible : je prends régulièrement la pilule.

– Sachez, dit le médecin, qu'il n'existe qu'un seul moyen d'éviter une grossesse, fiable à 100 % : l'abstinence.

– Et, questionne la jeune femme, c'est remboursé par la Sécurité sociale ?

——— 7

– Je me suis aperçue, tout à fait par hasard, raconte une femme à une amie, que mon amant souffrait d'une double personnalité.

– En quelles circonstances ?

– Un soir, je devais passer chez lui vers 20 heures. Ayant été retardée, je suis arrivée sur le coup de 20 heures 30. Sa première personnalité, traduite par l'expression de son visage, était, visiblement, très en colère. Et moi, par gaminerie, j'ai ouvert sa braguette. C'est là que j'ai découvert sa seconde personnalité. Et elle, alors, qu'est-ce qu'elle était contente de me voir !

——— 8

Un séducteur s'est fait surprendre au lit avec la femme d'un homme très jaloux qui lui flanque une bonne correction.

– Votre épouse, Élodie, balbutie-t-il… m'avait bien dit… que vous étiez champion de quelque chose… mais j'avais bêtement pensé… qu'il s'agissait d'échecs ou de sudoku… pas de karaté.

——— 9

Au cours d'un bal costumé, une femme, vêtue en marquise de Pompadour, dit à son amant, déguisé en Vercingétorix :

– Je suis persuadée que mon jaloux de mari a engagé un détective privé pour m'espionner. Il ne s'agit certainement pas de cet invité déguisé en Vidocq, pas plus que de ce faux Sherlock Holmes. En revanche, cet homme déguisé en savant Galilée, avec sa lunette d'approche, me paraît beaucoup plus inquiétant.

——— 10

– Pour m'apprendre les choses de la vie, dit une adolescente, maman m'a expliqué tout ce qui se passe, dans une basse-cour, entre les coqs et les poules.
– Et alors ?
– Imaginer les cochonneries que font ces bestioles m'a dégoûtée de manger du poulet.

——— 11

– J'ai deux nouvelles pour vous, dit le médecin à l'un de ses patients : une bonne et une mauvaise.
– Donnez-moi la mauvaise, d'abord.
– Vous êtes en train, lentement mais sûrement, de changer de sexe.
– Ah ! mon Dieu ! Annoncez-moi la bonne nouvelle, à présent.
– Jusqu'à ce que votre transformation soit complète, vous êtes parfaitement en droit, en cas d'urgence, d'utiliser dans les toilettes publiques aussi bien les cabines marquées « Dames » que celles réservées aux « Messieurs ».

——— 12

– La nuit dernière, raconte un employé à une collègue, j'ai rêvé que j'étais un taureau dans une prairie et que vous-même étiez une adorable génisse. Je me mettais à vous saillir et cela semblait vous amuser beaucoup.
– Comment cela s'est-il terminé ?
– Quand je me suis réveillé, j'ai été pris d'une irrésistible envie de descendre à la cuisine pour me faire un bon sandwich à la Vache qui rit®.

——— 13

Une jeune femme dit à un pâtissier :
– J'aimerais que vous confectionniez mon gâteau de mariage. Je veux que vous placiez les deux personnages traditionnels, le marié et la mariée - sur un ring de boxe, avec ma mère comme arbitre.

——— 14

En rentrant chez lui plus tôt que prévu, un homme, terriblement jaloux, trouve sa femme au lit et, en ouvrant la porte de la penderie, il y découvre trois hommes, complètement nus.
– Ne prends pas cet air étonné, dit-il à sa femme, tu connais très bien ces individus.
– Les deux bruns, oui : ce sont mes amants. Mais je n'ai pas la moindre idée de l'identité du troisième.

——— ***15***

Une célibataire prolongée s'écrie :

– Le plus rageant, dans ma situation, c'est que j'avais tout juste six ans quand on a demandé ma main.

– En quelles circonstances ?

– Un gamin de mon âge, qui faisait voguer son bateau à voiles, était tombé, la tête la première, dans le bassin du jardin public. Et il voulait que je l'aide à s'en sortir.

——— ***16***

Une jeune femme qui s'est disputée avec son petit ami affiche cet avis sur la porte palière de son appartement :

« Maxime. Si tu sonnes et que je ne t'ouvre pas, il y a quatre possibilités :

1) je ne suis pas là ;
2) je fais la sieste ;
3) je suis sous la douche ;
4) j'ai regardé par l'œilleton de la porte et j'ai reconnu ta vilaine tête.

Dans ce dernier cas, n'hésite pas ; cela veut dire : "va te faire foutre !" ».

——— ***17***

Dans une rue chaude, un sexagénaire est abordé par une prostituée.

– Désolé, lui dit-il, mais, depuis des années, pour moi, la nourriture a pris la place du sexe.

La fille n'insiste pas mais l'homme lui demande :

– J'ai l'habitude de dîner dans un petit restaurant qui propose un menu à 30 euros. Vous ne faites rien dans ces prix-là ?

——— ***18***

Le juge du tribunal correctionnel demande à l'homme poursuivi pour non-assistance à personne en danger :

– Pourquoi, lorsque vous avez vu, sur le même trottoir que vous, une passante assommer son mari à coups de parapluie, vous êtes-vous enfui en courant au lieu de venir au secours de ce malheureux ?

– En voyant cela, je n'ai plus eu qu'une idée : trouver une cabine téléphonique pour dire à ma fiancée que, finalement, je préférais rester célibataire.

ATTENDS... JE CHERCHE MON POINT G
Bri

——— ***19***

En rentrant au domicile conjugal plus tôt que prévu, une femme, qui était allée faire des courses dans les grands magasins, trouve son mari en train de faire l'amour avec la femme de ménage :

– Thomas, proteste-t-elle, tu n'as pas honte de faire perdre ainsi son temps à cette jeune femme, alors que l'abattement sur les charges sociales des employés de maison a été réduit, par le gouvernement, de 15 à 10 %.

——— ***20***

– Quelle est, demande une jeune femme à une autre, ta zone érogène ?

– La rue Victor-Hugo.

– Comment cela ?

– Il y a là un marchand de fruits et légumes, craquant comme tout, qui, à chaque fois que je passe devant sa boutique, me met la main aux fesses.

——— ***21***

– Quand te maries-tu avec Antoine ? demande une jeune femme à une amie.

– La semaine prochaine et nous avons prévu d'aller en voyage de noces à Capri.

– Mais ton jeune amant, Raphaël, ne va pas te manquer ?

– Non. Nous partirons seulement une huitaine de jours.

——— ***22***

Au bureau, un employé est questionné par un collègue :

– Qu'est-ce qui t'arrive ? Qui t'a fait ce bel œil au beurre noir ?

– Ma femme, quand elle m'a surpris au lit avec une amie.

– Ta femme ! Mais, d'après ce que tu m'avais dit, je croyais qu'elle était chez sa mère jusqu'à jeudi prochain.

– Moi aussi, je le croyais.

——— ***23***

Un petit garçon crie à sa grande sœur, qui est dans sa chambre :

– Laura, c'est Benoît, le garçon dont tu as parlé à maman hier en disant : « Il est tellement bête qu'après lui avoir dit que je ne voulais plus entendre parler de lui, il est bien capable de revenir s'excuser en m'apportant des chocolats. » Eh bien, il est là – et il t'apporte des chocolats.

24

Une prostituée demande à une autre :
– Ça ne t'arrive jamais d'en avoir plus qu'assez du sexe ?
– Bien sûr mais, en ce cas, je m'évade, en rêvant tout éveillée.
– En rêvant à quoi ?
– Que je suis mariée.

25

– Ma femme, raconte un homme, m'a prévenu qu'elle souhaitait changer de sexe.
– Comment cela ?
– Jusqu'alors, nous faisions l'amour le dimanche et le jeudi…
– Et alors ?
– Elle préférerait, dorénavant, que ce soit le lundi et le vendredi.

26

Le curé demande :
– M. Ali Gatore, consentez-vous à épouser Mlle Odile Croque ?
Frappé d'une illumination après avoir prononcé ces deux noms, le prêtre dit à la fiancée :
– Pouvez-vous vous retourner que je me rende mieux compte de ce que cette coïncidence peut avoir d'amusant ?

27

– L'année dernière, raconte une jeune femme, j'ai passé quinze jours en Italie et je suis tombée follement amoureuse d'un bel Italien qui me murmurait à l'oreille des mots qui me faisaient chavirer.
– Mais, je ne savais pas que tu parlais l'italien.
– En fait, je n'en connaissais pas un mot. C'est pourquoi j'en ai appris les rudiments et, cette année, j'ai enfin compris ce que me disait mon amoureux italien. Tu sais ce que ces mots doux si agréables à entendre voulaient dire ?
– Non. Dis-le moi vite.
– C'était des recettes de risottos.

28

Au Moyen Âge, une châtelaine frappe violemment contre l'armure dans laquelle se tient son chevalier de mari :
– Sortez de là, tout de suite, ordonne-t-elle, toi et ta maîtresse que tu as ramenée des croisades.

——— 29

— J'ai horreur de l'imprécision, dit un Normand à la jeune femme de ses rêves. Alors, si je te demande : « Veux-tu m'épouser ? », ne te contente pas d'une réponse vague. Réponds-moi franchement : « P't'être ben qu'oui, p't'être ben que non. »

——— 30

Un assureur demande à l'un de ses futurs clients :
— Avez-vous déjà été victime d'un accident ?
— Oui, en Espagne. D'un accident de tauromachie.
— Vous pratiquez la tauromachie ?
— Non, mais à la suite d'une superbe corrida, ma femme est partie avec le torero.

——— 31

Un voisin dit à un gardien de nuit :
— Je vais vous causer un grand choc, mais je dois absolument vous avertir. Hier, cinq minutes après que vous aviez quitté votre domicile pour aller travailler, j'ai aperçu un homme qui rentrait chez vous. Votre femme l'a accueilli en lui sautant au cou. Le rideau de la chambre n'était pas tiré. J'ai tout vu. Il lui a ôté sa robe puis son soutien-gorge et sa culotte. Quand il ne lui est plus resté que ses chaussures, il l'a prise dans ses bras et l'a portée jusqu'au lit. Il s'est déshabillé à son tour et ils ont commencé leurs galipettes…
— Attendez, fait le veilleur de nuit. Cet individu mesure environ 1,80 mètre ?
— En effet.
— Il est très brun ?
— Oui, je crois.
— Il porte une grosse moustache ?
— C'est vrai.
— Il était vêtu d'un jean et d'un blouson de cuir noir ?
— Tout cela est exact.
— Peuh ! Alors je sais de qui il s'agit. C'est mon ami Patrick, un pauvre type qui couche avec n'importe qui !

——— **32**

– Je souffre d'un atroce complexe d'infériorité, raconte un homme.
– Et comment cela se traduit-il ?
– Par exemple, quand je fais l'amour avec ma femme, je fantasme en pensant à quelqu'un d'autre.
– Rien n'est plus fréquent : vous imaginez que votre femme est une personne différente...
– Non : je rêve que moi, je suis quelqu'un d'autre.

——— **33**

Une jeune fille demande à son nouveau copain :
– Avec combien de femmes as-tu fait l'amour, avant moi ?
– Hélas !
– Je ne te demande pas *comment,* je te demande *combien* ?

——— **34**

Un homme qui se croit irrésistible dit à la jeune femme dont il vient de faire la connaissance :
– En amour, tout est dans l'imagination.
– Voyons, répond-elle, je vous imagine plus grand de 20 centimètres, svelte, avec des cheveux et sans alliance. Eh bien, malgré tous ces efforts d'imagination, vous ne me plaisez pas du tout.

——— **35**

– Je comprends bien, dit un fabricant de contraceptifs masculins à son directeur de marketing, qu'il y a là un clin d'œil appuyé à nos éventuels acheteurs, mais je ne pense pas que ce soit une bonne idée de baptiser notre tout dernier produit : *À bas la cigogne* !

—— *36*

Par une nuit sans lune, deux amoureux sont adossés au volet d'une maison. Le garçon a glissé sa main dans la culotte de la fille et celle-ci pousse de petits cris extasiés :

– Ah ! c'est bon ! Que c'est bon ! Encore, chéri !

Tout à coup, le volet s'entrouvre et la tête d'une femme d'une cinquantaine d'années apparaît.

– Excusez-moi, dit le jeune homme, confus. Vous souhaitez sans doute que nous fassions moins de bruit.

– Au contraire, répond-elle. Si votre petite amie pouvait crier un peu plus fort, cela réveillerait mon mari et ça lui donnerait peut-être l'idée de me faire une petite gâterie.

—— *37*

Un homme très jaloux dit à la femme dont il est follement amoureux :

– Je suis sûr qu'il y a un autre homme dans ta vie. Assure-moi au moins que c'est avec moi que tu préfères faire l'amour.

– C'est difficile, répond-elle, de choisir entre plusieurs amants. Disons, simplement, que tu figures honorablement dans le Top 50.

—— *38*

– Ma fille, raconte une femme, adore déconcerter les gens en les affublant de surnoms inattendus. Ainsi, elle a surnommé un de ses fiancés qui se présentait toujours un bouquet de roses à la main « Fanfan la Tulipe », et un autre qui lui rendait régulièrement visite le vendredi « Robinson Crusoé ».

—— *39*

Profitant d'une absence de sa femme, un chef d'entreprise a convaincu sa jeune assistante de dîner en sa compagnie dans un restaurant renommé.

– Quand je suis avec un homme qui me plaît et qui me donne envie de faire l'amour comme une folle toute la nuit, déclare d'emblée la jeune femme, je me sens un appétit d'ogresse. C'est fou ce que je peux manger en une telle circonstance !

Le maître d'hôtel s'approche de leur table et demande :

– Madame a fait son choix ?

– Oui. Vous me donnerez juste une salade verte – sans huile.

——— 40

Le matin du jour prévu pour son mariage, une femme reçoit un coup de téléphone.

– J'ai toujours pensé, explique-t-elle à ses parents, que mon fiancé avait un faible pour les gâteaux, mais là, vraiment, il exagère.

– Comment cela ?

– Il m'a annoncé qu'il partait se marier à Tahiti avec la fille qui a surgi toute nue, hier soir, du gigantesque moka qu'il avait commandé pour enterrer sa vie de garçon avec quelques copains.

——— 41

Un adolescent dit à l'un de ses camarades :

– Tu as un bel œil au beurre noir ! Qui est-ce qui t'a fait cela ?

– Ma fiancée. Et tout cela à cause d'un baiser.

– Elle t'a poché un œil parce que tu tentais de lui dérober un baiser ?

– Pas à elle, à sa sœur.

——— 42

La petite amie d'un important chef d'entreprise est déjà au lit.

– Pendant que tu faisais ta toilette, lui dit-elle, j'ai feuilleté ton répertoire. Comment se fait-il que mon numéro n'y figure pas ?

– Mais, tu y figures, mon chou.

– Pas à Zouzou, en tout cas.

– Non, c'est vrai. Pas à Zouzou.

– Pas à Laetitia, non plus.

– Non, pas à Laetitia.

– Pas à Mlle Bargeton, non plus.

– Effectivement, pas à Mlle Bargeton.

– Mais alors, à quoi est-ce que je suis classée ?

– À « Bonne baise », voyons.

——— 43

Une adolescente dit au garçon qui lui a fait une vibrante déclaration d'amour :

– Supposons que l'action se passe dans un igloo et qu'on soit tous deux des Inuits. Je te dirais : « Dans la grande course qui met en rivalité mes nombreux fiancés, tu ne pars malheureusement pas en pôle position. »

C'EST DANS LA BOÎTE
Bri

——— 44

En éteignant son portable, une jeune femme dit au play-boy couché, tout nu, à côté d'elle :

– C'est maman qui s'inquiétait à mon propos. Je lui ai répondu que j'étais au lit à regarder de belles images. J'ai trouvé superflu de lui préciser qu'il s'agissait des tatouages en couleur dont ton magnifique corps est couvert partout, partout, partout.

——— 45

– Qu'est-ce qui te prend, demande un homme à sa femme, de regarder des films pornos, à la télé, depuis trois jours ?

– Tu sais bien que je vais diriger un camp de vacances pour garçons et filles de quinze à dix-sept ans, le mois prochain.

– Et alors ?

– Je dois avoir bien en tête ce qu'ils ont envie de faire – si je veux parvenir à les en empêcher.

——— 46

– Quand j'ai demandé à celle qui est aujourd'hui ma femme de m'épouser, raconte un homme à un collègue de travail, je m'étais dit que ce n'était pas grave si elle refusait parce que, manifestement, je ne déplaisais pas à sa meilleure amie.

– Comment cette amie s'appelle-t-elle ?

– Maria, mais, à l'époque, je l'avais surnommée « plan B ».

——— 47

Le préposé de la Poste, qui fait une cour pressante à une belle brune du quartier, trouve, un matin, l'appartement désert. Il se dirige vers la salle de bains et découvre la jeune femme, toute nue, dans la baignoire.

– Vous vous refusez encore à moi ? lui demande-t-il.

– Bien sûr !

– En ce cas, dit-il, en commençant à se déshabiller, poussez-vous un peu pour me faire une petite place. Mon désespoir est tel que je n'ai plus qu'une idée : me jeter à l'eau !

——— **48**

Une blonde en interroge une autre :

– Combien de temps ta belle histoire d'amour avec Frédéric a-t-elle duré ?

– Trois mois, mais nous ne nous sommes pas adressé la parole pendant quinze jours.

– Tiens, pourquoi cela ?

– Il était parti en vacances à Rome, avec sa femme.

——— **49**

– Certes, admet une femme, mon mari, le bon Dr Jekyll, se transforme parfois, quand il est en crise, en un horrible sadique M. Hyde. Mais il y a de bons côtés à cette situation. Il faut voir avec quelle tendresse, une fois la crise passée, la première de ses personnalités soigne mes fesses que la seconde a durement meurtries.

——— **50**

Une Française raconte :

– Au cours de vacances à Londres, j'avais fait la connaissance d'un petit brun charmant. Un jour, nous nous promenions, bras dessus, bras dessous, et nous sommes entrés dans un parc public alors qu'il y avait un brouillard à couper au couteau. Cela nous assurait une grande tranquillité.

– Et alors ?

– Eh bien, toujours dans ce brouillard épais, nous avons fait l'amour. Et, une fois sortis du parc, j'ai constaté que j'étais au bras d'un grand blond. Depuis je me demande…

– D'où pouvait bien venir un brouillard pareil ?

– Non, je me demande si l'enfant auquel je vais donner le jour sera brun ou blond.

——— **51**

Pour plaisanter, un homme qui vient de consulter un médecin dit à sa femme, restée dans la salle d'attente :

– Ce docteur est fabuleux. Regarde ce qu'il me prescrit : un whisky midi et soir, une alimentation à base de biftecks/frites et, surtout, faire l'amour deux fois par jour.

Un des patients, qui attend son tour, se lève et dit :

– Je suis chef d'entreprise et je fais de vous mon associé si vous me décrivez vos symptômes.

——— 52

– Ma fille, qui va se marier, raconte une femme, avait pris son après-midi pour que je fasse son éducation en lui racontant tout ce que je sais sur le sexe.

– Et ça n'a pas marché ?

– Si, mais ce qui m'a rendue rouge de confusion, c'est que cela m'a demandé moins de trois minutes.

——— 53

Une adolescente dit à une camarade de lycée :

– Pour la Saint-Valentin, j'ai reçu une carte enflammée d'un de mes admirateurs.

– Moi, j'en ai reçu 160.

– Tu mens : tu gonfles le nombre de tes amoureux pour m'impressionner.

– C'est vrai, mais avoue que c'est toi qui as commencé.

——— 54

Le juge dit à un fermier :

– Vous êtes accusé, lorsque vous avez trouvé votre fille couchée dans la grange avec un de vos ouvriers, d'avoir brisé le manche de votre fourche sur la tête de ce dernier.

– Ce n'était pas prémédité.

– Vous n'aviez pas l'intention d'assommer ce garçon ?

– Je n'avais surtout pas l'intention d'abîmer ma fourche.

——— 55

Au cours d'un cocktail, un homme dit à une belle invitée :

– J'aimerais passer une soirée romantique avec vous.

– Et qu'entendez-vous, demande-t-elle, par « une soirée romantique » ?

– Je vous laisse le soin de l'imaginer.

La femme ferme les yeux quelques instants puis, quand elle les rouvre, elle administre une solide paire de gifles à son admirateur, en lui disant :

– Vous n'avez pas honte, espèce d'obsédé !

—— 56

Dans le métro, une jeune femme dit, en souriant, à l'homme qui a glissé une main sous sa robe, en profitant de l'affluence de l'heure de pointe :

– Montez un peu plus haut.

Et comme il hésite, elle insiste :

– Allez-y, montez jusqu'au-dessus de ma culotte. Vous sentirez une ceinture. Détachez-la et regardez-la bien. C'est une ceinture noire de judo. Elle vous donnera une petite idée de la magistrale correction que je vais vous flanquer dès que nous serons en tête-à-tête sur un quai !

—— 57

Après qu'ils ont fait l'amour, une femme, apparemment très satisfaite, dit à son mari :

– 18, c'était parfait.

– Tu me donnes une note sur 20 pour la façon dont je t'ai amenée au plaisir ?

– Non, je te félicite pour le réglage de la climatisation à 18 °C.

—— 58

Dans un parc d'attractions, un adolescent dit à la fille qui l'accompagne :

– On va faire un tour de barque dans le Tunnel de l'amour ?

– D'accord.

– Il y en a pour une vingtaine de minutes, ajoute le garçon, mais, à tout hasard, j'ai mis dans mon sac à dos à boire et à manger pour 24 heures.

—— 59

Atrocement jalouse, une grosse femme a suivi son mari, sans se faire repérer, jusqu'au restaurant où il a emmené dîner sa ravissante secrétaire. Alors qu'ils viennent de s'asseoir à une table, elle surgit devant eux, un revolver à la main.

– Pitié, implore le mari… Tu ne vas pas nous tuer !

– Non, répond-elle en ricanant méchamment. J'ai trouvé mieux comme vengeance.

En braquant son arme sur la belle secrétaire, elle lui ordonne :

– Tu vois cette pièce montée, recouverte de crème Chantilly, qui doit peser au moins cinq kilos. Eh bien, tu vas la manger sans en laisser une miette ou je me fâche pour de bon.

60

Un homme un peu déplumé a fait, dans un cocktail, la connaissance d'une femme d'une quarantaine d'années.

– J'ai été mariée trois fois, lui confie-t-elle et, après mon troisième divorce, je me suis juré de ne jamais me remarier et de me contenter de faire l'amour comme une bête à la moindre occasion.

– En ce cas, dit l'homme, nous sommes faits pour nous entendre.

– Je dois vous préciser, ajoute la femme, que je me suis fixé une limite de 30.

– Trente fois l'amour par mois ?

– Non, pas plus de 30 ans pour chacun de mes partenaires.

61

– Bon, dit une femme à son jeune amant, ça y est, nous venons de faire l'amour. Mais tu n'as pas à te tracasser : je suis toujours la même femme qu'il y a…

Elle jette un coup d'œil à sa montre :

– 3 minutes et 27 secondes.

62

– Oh ! chéri, s'écrie une jeune femme, allongée toute nue sur le lit de la chambre nuptiale, je n'arrive pas à croire que nous sommes mari et femme.

Aucune réponse.

– Oh ! chéri, répète-t-elle, je n'arrive vraiment pas à croire que nous sommes mari et femme.

Aucune réponse.

– Oh ! chéri, dit-elle de nouveau, je n'arrive absolument pas à croire…

– Tu vas y croire, rugit son époux, dès que je serai parvenu à dénouer ce sacré lacet !

63

Un homme divorcé tchatte sur Internet avec une inconnue.

« La description que vous faites de vous me laisse penser que vous seriez la personne idéale pour prendre soin de mes trois enfants ».

Folle de joie, la femme qui reçoit ce message comme une demande en mariage, répond :

« Ce serait avec plaisir. »

Elle déchante en recevant ce nouveau message :

« Alors, rendez-vous le mardi 8, chez moi, à 10 heures, pour garder mes chers petits pendant que je me rendrai à l'église et à la mairie pour convoler avec la blonde de mes rêves. »

64

Dans une assemblée uniquement masculine, un homme lève son verre en portant ce toast :

– Buvons à nos femmes légitimes et à nos maîtresses – en souhaitant qu'elles ne se rencontrent jamais.

65

– Ça y est ! confie une jeune femme à une amie, je suis enceinte.

– Oh ! c'est merveilleux ! Mais comment cela s'est-il produit ? Depuis cinq ans que tu es mariée avec Stéphane, vous commenciez à craindre de ne jamais avoir d'enfant.

– Et nous n'en aurions sans doute jamais eu si un miracle ne s'était produit.

– Un miracle. Quelle sorte de miracle ?

– Tu sais que nos voisins ont une piscine. Un jour, alors que sa femme était allée faire des courses à Paris et que mon mari était au bureau, le voisin m'a proposé de venir y faire quelques brasses. J'ai accepté et voilà qu'au bout de quelques minutes, je me cogne la tête contre le rebord de la piscine et m'évanouis.

– Alors ?

– Le voisin, qui est un parfait gentleman, était très embarrassé. Il m'a raconté qu'il avait ôté mon maillot pour me permettre de mieux respirer, qu'il m'avait allongée, toute nue, sur le gazon et qu'il m'avait fait la respiration artificielle pour me ranimer. Et c'est le mois suivant que je me suis aperçu que j'étais enceinte.

– Et tu as dit à ton mari comment était arrivé ce miracle ?

– Oh ! non ! Il aurait été trop contrarié à l'idée que j'aie risqué de me noyer.

66

Un individu très riche dit à la jeune femme qu'il a convaincue de venir prendre un dernier verre dans son appartement :

– Tout en savourant le whisky que je vais vous servir, j'aimerais que vous lisiez avec attention cette disposition de mon testament dans laquelle je précise qu'au cas où je mourrais à la suite d'un excès de plaisir, la totalité de ma fortune reviendrait à la personne responsable de ma mort.

67

Deux jeunes femmes visitent la galerie des sculptures du Louvre et tombent en arrêt devant un hercule particulièrement bien bâti.

– À propos, dit l'une d'elles, j'ai demandé conseil à mon pharmacien ; il m'a indiqué le bon fortifiant dont, d'après ce que tu me disais, ton mari a le plus grand besoin.

——— 68

Les deux jambes et les deux bras dans le plâtre, un homme qui, a été victime d'un accident de voiture, frappe avec vigueur à la porte d'une maison de rendez-vous.

La patronne ouvre la porte et s'étonne :

– Qu'espérez-vous faire ici, dans votre état ?

– Je vais répondre à votre question : à votre avis, avec quoi croyez-vous que j'aie frappé ?

——— 69

Dans un cocktail, une femme dit à son mari :

– Regarde dans ce coin sombre là-bas, comme cet homme embrasse avec ardeur une superbe blonde. Pourquoi n'en fais-tu pas autant ?

– J'ai essayé pendant que tu étais aux toilettes, mais elle m'a flanqué une paire de claques.

——— 70

Un chasseur, qui vient de pique-niquer avec sa femme, laisse celle-ci près de la voiture, pendant qu'il va taquiner quelques lapins dans la forêt.

Quand il revient, trois heures plus tard, il s'étrangle de fureur en trouvant son épouse, allongée toute nue sur l'herbe, en train de faire l'amour avec un garde-chasse.

Le mari arme son fusil et s'apprête à tuer les deux coupables quand le garde-chasse, vêtu d'un seul maillot de corps, se lève, met son képi et, d'un ton sans réplique, ordonne :

– Montrez-moi d'abord votre permis vous autorisant à pratiquer la chasse au gros gibier.

——— 71

Une belle blonde, très naïve, a été arrêtée sur l'autoroute pour excès de vitesse par deux motards qui l'entraînent dans un fourré.

En voyant l'un d'eux défaire la fermeture Éclair de son pantalon, elle proteste :

– Ah non ! Il n'y a pas une demi-heure que vos collègues m'ont déjà fait subir le test pour vérifier que je ne conduisais pas en état d'ivresse !

——— 72

– Bien sûr, dit une jolie brunette au garçon avec lequel elle a passé la soirée, il faut qu'on se revoie bientôt. En attendant cet heureux jour, je vous souhaite de joyeuses Pâques, un 14 Juillet pétaradant, une Toussaint pas trop brumeuse, un Noël neigeux et une bonne année.

73

Dans un camp de naturistes, une jeune femme est allongée sur le dos pour se bronzer aux chauds rayons du soleil.

Un dragueur s'installe en face d'elle et passe une bonne heure à la reluquer avec gourmandise.

La belle nudiste, estimant que le côté pile a suffisamment bronzé, se met sur le ventre, toujours sans se soucier de son admirateur. Puis, elle recommence. À la fin de la journée, elle se lève.

– Quelle femme mystérieuse vous êtes, lui dit le dragueur.

– Vraiment ? répond-elle, flattée.

– Jugez plutôt : nous allons nous quitter quelques heures après avoir fait connaissance, et je ne connais même pas la couleur de vos yeux.

74

Faisant irruption dans la salle de bains, au moment où sa femme sort de la douche, un homme se met à ricaner, en lui tâtant les seins :

– Si seulement, ils étaient plus fermes, tu pourrais te passer d'un soutien-gorge.

Vexée, elle ne répond rien.

Mais, le lendemain, alors que son mari, tout nu, s'apprête à se sécher après avoir pris sa douche, elle lui saisit le sexe à pleine main et s'écrie :

– Si seulement il était plus ferme, je pourrais me passer de ton ami Laurent.

75

– Ma chérie, dit un homme à sa femme, j'ai décidé de suivre tes excellents conseils et de me cultiver un peu.

– Tu es allé à la bibliothèque municipale ?

– Oui.

– Et tu y as trouvé de quoi passer des soirées intellectuelles ?

– Oh oui !

– En prenant un bon livre ?

– Non. En prenant la bibliothécaire pour maîtresse.

76

– Au cours d'un grand rangement, raconte une femme, j'ai retrouvé mes partitions qui m'ont rappelé le temps où mon professeur de piano pensait que je deviendrai une grande concertiste. Puis j'ai retrouvé un gros livre de cuisine qui m'a rappelé le temps où ma mère s'imaginait que j'ouvrirais un grand restaurant. Et puis, j'ai retrouvé mes cours d'éducation sexuelle qui m'ont rappelé le temps où je rêvais d'épouser un homme grand, fort, riche et beau. J'en rêve toujours, vingt ans après, mais si, par extraordinaire, je rencontrais un jour cet homme idéal, que pourrais-je bien faire de mon mari actuel ?

ZONES HUMIDES.
AT... ATCHOUM!
Bridenne

Animaux

——— 77

Un homme tente de raisonner son chat qui, tenant dans ses pattes deux aiguilles à tricoter, est en train de se confectionner un pull-over.

– Mais, enfin, Titou, même si tu es très frileux, tu ne peux pas te contenter, comme le font tous les chats du monde, de jouer avec ta pelote de laine ?

——— 78

Un joyeux célibataire raconte à un ami :

– Je suis invité à participer, demain, à un bal costumé. Je vais me déguiser en éléphant.

– Pourquoi en éléphant ?

– En glissant habilement une main dans la trompe, c'est fou les bons moments qu'on peut passer à faire semblant de chercher des cacahuètes dans le corsage des belles invitées.

——— 79

Un chasseur dit à un autre :

– Tu as eu une bonne idée en nous incitant à nous réfugier dans un arbre pour échapper à ce grizzly, en arguant que les ours ne savent pas grimper.

– C'est vrai et je suis content que tu le reconnaisses.

– À présent, tu vas me dire combien de temps nous allons rester à l'abri dans cet arbre quand tu auras vu la taille des dents du castor que le grizzly est allé chercher, afin qu'il vienne nous déloger en attaquant le tronc pour le faire tomber.

——— 80

Deux oiseaux qui se promènent en forêt aperçoivent un sabot, abandonné là par un paysan.

La femelle montre son esprit pratique en disant à son compagnon :

– Dès qu'il aura plu un bon coup là-dedans, ça pourra nous faire une belle baignoire.

81

En fin d'après-midi, un pigeon se présente dans un centre d'appels téléphoniques :
– Bonjour, dit-il, gaiement aux employés. Pas de messages pour moi ?

82

– Mon mari est totalement obsédé par son métier, dit une femme à une voisine.
– Que fait-il donc ?
– Il est directeur d'un chenil. Et, hier, il m'a tendu un bouquet de fleurs en me disant : « Voilà 25 ans que nous sommes mariés. »
J'attendais un commentaire du genre : « Tu m'as donné 25 ans de bonheur. » À la place, il m'a posé cette question surprenante : « À ton avis, ça ferait combien de temps, 25 ans, pour un chien et une chienne ? »

83

Exaspéré, un écureuil dit au pivert qui tape du bec depuis un bon moment sur le tronc d'un arbre creux :
– Arrête de faire ce boucan ! Si tu veux entrer, annonce-toi plus discrètement : regarde, à l'entrée de mon appartement, j'ai installé une clochette.

84

Un homme explique au directeur d'un muséum d'histoire naturelle :
– Mon chien a l'habitude de faire de grands trous dans le jardin pour y cacher ses os.
– Ce n'est pas très original. En quoi cela me concerne-t-il ?
– J'ai pensé que si vous pouviez sortir de vos réserves un gros os de dinosaure dont vous n'avez pas l'usage et que vous me le donniez, mon chien pourrait s'amuser à l'enterrer dans mon jardin.
– Je ne comprends toujours pas.
– Eh bien, avec ce gros os, mon brave toutou pourrait me creuser de quoi installer une piscine.

85

Une girafe qui dépasse ses congénères de près de un mètre, se fait interpeller :
– Rosalie, tends ton cou au maximum et, quand tu seras là-haut, scrute l'horizon pour voir s'il risque de faire de l'orage ou si l'on peut aller casser la croûte en toute tranquillité.

——— **86**

Alors qu'il accueille dans l'Arche les deux tortues et les deux escargots qui vont échapper au Déluge, Noé dit à sa femme :

– Bon, on n'attend plus que les deux lièvres – toujours à la bourre – et dès qu'ils seront là, on lève l'ancre.

——— **87**

– Je me sens mal aimée, confie une vache à son psy. Dans la ferme où je vis, l'éleveur a donné un nom à toutes les vaches du troupeau. Il y a ainsi : Marguerite, Géraldine, Blanchette, Noiraude…

– C'est une idée charmante de sa part. Et vous, comment vous a-t-il appelée ?

– Hamburger.

——— **88**

– La Nature a tout prévu, dit un grand voyageur. En Australie, une herbe très dure, de quelques centimètres, pousse, en de nombreux endroits, sur de petites surfaces correspondant à celle d'un de nos paillassons.

– Et quelle en est l'utilité ?

– Permettre aux jeunes kangourous, qui viennent de courir la campagne, d'essuyer leurs pattes boueuses avant d'aller se réfugier dans la poche ventrale de leur mère.

——— **89**

Une araignée dit à une autre :

– Regarde où je me suis installée ! Sur la vitre blindée qui protège le tableau de Léonard de Vinci, *La Joconde.* Mon père sera fier d'apprendre qu'une de mes toiles est exposée au Louvre.

——— **90**

Un père emmène son fils, Arthur, au zoo où il lui fait découvrir successivement les énormes gorilles, l'immense girafe, les lions et les tigres aux dents acérées, l'hyène rieuse, l'ours brun devant sa caverne, le loup menaçant…

Quand ils rentrent à la maison, la mère de l'enfant lui demande :

– Quel est l'animal qui t'a le plus impressionné ?

Le gamin réfléchit un instant puis répond :

– Je mangeais un petit pain au chocolat que papa m'avait acheté et j'en ai fait tomber des miettes par terre. Et un adorable petit moineau est venu les manger.

——— 91

– Je suis allé chez des amis qui ont un chien très intelligent, raconte un homme.
– Qu'est-ce qui te fait dire cela ?
– Eh bien, quand cet animal s'est précipité sur moi en découvrant ses canines menaçantes, son maître m'a expliqué qu'il voulait dire par là : « Tu es assis sur mon fauteuil. » Et lorsqu'il s'est mis à déchirer mes vêtements, ça signifiait, sans erreur possible : « Je te donne trente secondes pour le libérer. »

——— 92

Un escargot voit, pour la première fois de sa vie, une limace et il s'attendrit :
– Ça fait longtemps, lui demande-t-il, que vous êtes sur une liste d'attente pour l'attribution d'un logement ?

——— 93

– Certes, dit une femme à son mari, en immergeant ton avant-bras dans le bocal de notre poisson rouge, tu peux faire admirer ta nouvelle montre étanche à nos invités. Mais songes-tu qu'en agissant ainsi, tu traumatises cette petite bête en lui soulignant l'implacable marche du temps ?

——— 94

Un soir, un fermier pénètre dans le poulailler.
– Pour demain, dit-il au coq, Météo France annonce de la pluie, en début d'après-midi. Alors, je veux me lever de bonne heure afin de liquider la moisson de mon champ de blé dans la matinée. Pour me réveiller à l'heure, prévois donc exceptionnellement, de commencer à chanter à quatre heures du matin, au lieu de cinq comme tu le fais d'habitude.

——— 95

Un homme au nez énorme se présente au service des urgences d'un hôpital en expliquant à l'infirmière :
– Je me suis penché sur une fleur et j'ai été piqué par une guêpe.
– Un poète oublierait cette banale histoire de guêpe, lui dit l'infirmière, et retiendrait plutôt le parfum de la fleur qu'il a respirée : était-ce une rose, une jacinthe ou encore du jasmin ?

——— **96**

Le directeur d'un zoo entre dans une boutique de vélos.
– Je voudrais, dit-il, une boîte de 100 rustines.
– Vous allez courir le Tour de France ? interroge le vendeur.
– Non. Un de mes éléphants a eu la fâcheuse idée de mettre sa trompe dans un autre bassin que le sien, et il se l'est fait mordre par un crocodile.

——— **97**

Deux amoureux se promènent dans une forêt quand leur attention est attirée par deux oiseaux en train de faire l'amour.
– Ce serait bien qu'on en fasse autant, suggère le garçon avec une mine gourmande.
– Sûrement pas, répond la fille. J'aurais trop peur de me casser une jambe en tombant de la branche.

——— **98**

Une chienne labrador fait le tour de son quartier en compagnie d'un cocker.
Après avoir longuement flairé une borne d'incendie, elle ne dissimule pas sa satisfaction :
– C'est bon d'être aimée, dit-elle. J'ai eu six messages.

——— **99**

– Cette tortue est faite pour vivre 120 ans, dit le vétérinaire au propriétaire de l'animal. C'est dire qu'en ce qui la concerne, il n'y a pas d'urgence. Je lui prescris un fortifiant. Surveillez bien ses réactions et si, dans une vingtaine d'années, elle est encore un peu faible, ramenez-la-moi.

——— **100**

– Mon chien sait admirablement se faire comprendre, dit un homme à un autre. Regarde : il court à 20 mètres de nous. Je lui crie : « Titus, tu viens, oui ou non ? »
– Et alors ?
– S'il se rapproche de moi, c'est qu'il veut dire oui, et s'il s'éloigne, c'est que c'est non.

101

– Mon fils, raconte une femme, a pris l'habitude de s'entraîner à jouer du trombone à coulisse dans notre jardin.

– Et vos voisins n'aiment pas cela ?

– C'est surtout que les hirondelles qui nichent sous notre gouttière, en entendant le boucan qu'il fait, partent désormais pour leur migration annuelle au mois de mai au lieu d'attendre la fin du mois de septembre.

102

– J'étais dans la cage aux tigres, raconte un dompteur, quand ces bêtes féroces se sont soudain mises à trembler.

– Lorsque vous les avez menacées avec votre fouet ?

– Non. Quand elles ont vu surgir ma femme, hurlant comme une furie que si je ne venais pas à table immédiatement, le déjeuner serait complètement froid.

103

Un employé d'un institut de sondages a sonné à la porte d'un pavillon de banlieue.

Quand la propriétaire paraît sur le seuil, le sondeur aperçoit une douzaine de chiens de toutes races qui se livrent à un concert d'aboiements.

– Je vais vous demander votre avis sur divers aspects de la politique gouvernementale, explique-t-il à la femme. Vu que, manifestement, vous êtes une amie des bêtes, vous n'aurez qu'à me répondre par « ouah » ou par « non ».

104

En Inde, deux serpents sont enfermés dans un panier d'osier. Alors que leur charmeur commence à tirer de sa flûte des sons mélodieux, le serpent mâle demande à la femelle :

– Mademoiselle, me ferez-vous l'honneur de m'accorder cette danse ?

105

Une vingtaine de poissons-scies se sont réunis à proximité de l'Arche de Noé qui abrite tous les animaux.

– À mon signal, dit leur chef, nous attaquons la coque de bois pour y percer un grand trou. Et quand toute cette bande se sera engloutie dans les flots, nous, les poissons, serons les maîtres du monde.

LES DÉGÂTS DE LA TRAITE ÉLECTRIQUE

——— **106**

Une femme dit à son mari :
– Notre chien a avalé les clés de la voiture. Qu'allons-nous faire ?
– De l'auto-stop pour emmener cette sale bête chez le vétérinaire afin de récupérer notre trousseau.

——— **107**

La caissière du Muséum d'histoire naturelle demande à l'homme qui veut acheter un ticket d'entrée :
– Pouvez-vous me jurer sur l'honneur que vous n'avez pas un rhume de cerveau ?
– Certainement, mais pourquoi cette question ?
– Le gardien ne supporte plus les visiteurs enrhumés depuis que l'un d'eux a si violemment éternué qu'il a fait voltiger les 36 000 os du squelette du Tyrannosaure Rex exposé dans la grande salle en l'obligeant à tout remettre en place.

——— **108**

Une vieille dame vient se plaindre au directeur d'une oisellerie :
– Le perroquet que vous m'avez vendu ne parle pas.
– Voilà qui m'étonne, répond le commerçant. Avant que vous ne l'adoptiez, cet animal a appartenu au mime Marco et, d'après ce qu'on m'a dit, ils avaient ensemble de passionnantes conversations.

——— **109**

– Ça y est, papa, dit un gamin, j'ai fait ma bonne action de la journée.
– Déjà ! Mais il n'est que 8 heures du matin.
– Eh oui ! J'ai vu cette pauvre Mme Lambertot qui marche toujours très lentement et, en passant, elle m'a dit qu'elle avait bien peur de manquer le train de 7 heures 40.
– Et toi, bon petit cœur, tu lui as offert ton bras pour qu'elle prenne appui dessus et avance plus vite ?
– Non, pas vraiment. J'ai détaché notre chien pour qu'il lui morde les mollets. Et je t'assure que cela a été efficace.

——— **110**

En voyant arriver un volatile marqué d'un grand R majuscule, un éleveur de pigeons voyageurs dit à sa femme :
– Passe-moi mon stylo. Manifestement, je vais avoir à signer un recommandé.

111

Une araignée voit tomber devant elle une autre araignée, le fil au bout duquel elle se balançait s'étant rompu.

– Pour un fil vraiment solide, lui crie-t-elle, je vous conseille ce mélange : 60 % de soie naturelle et 40 % de polyamide.

112

– J'ai eu tort, dit un clown à la retraite, d'adopter ce chien de cirque.

– Pourquoi ? Il a l'air bien gentil.

– Certes, il m'apporte mes chaussons quand je lui demande, mais il le fait en se tenant sur ses pattes arrière et en jonglant avec eux. Il fait pareil, avec ma pipe, mon paquet de tabac et le journal du jour.

113

Dans une oisellerie, une femme est tentée par les canaris.

– S'il vous plaît, demande-t-elle au vendeur, comment reconnaît-on un canari mâle d'un canari femelle ?

– C'est enfantin. Vous introduisez dans la cage un ver mâle et un ver femelle. Le canari mâle se précipite sur le ver femelle et inversement.

– Ah ! c'est simple, en effet, dit la dame.

Puis, après un instant de réflexion, elle interroge :

– Mais… comment reconnaît-on un ver mâle d'un ver femelle ?

– Madame, réplique le vendeur, ironiquement, demandez cela à un marchand de vers. Moi, je suis marchand d'oiseaux. Je vous renseigne sur les oiseaux, c'est tout.

114

– Quel genre de pâtes pourrait être apprécié des singes ?

– Les macaqueronis.

115

Une agricultrice fait visiter son exploitation à ses cousins, venus de Paris.

– Nous avons douze vaches, leur dit-elle, et, comme j'aime beaucoup l'histoire de France, je leur ai donné des noms de célébrités. Tenez, celle-ci, c'est Joséphine et voici Marie-Louise.

– Et le bœuf, là-bas, demande le cousin parisien en riant, c'est Napoléon ?

– On l'appelait ainsi tant que c'était un fringant taureau, mais depuis qu'il a « abdiqué », nous l'avons surnommé Abélard.

116

Le directeur du zoo sursaute en entendant un vacarme infernal dans l'enclos aux éléphants, tandis que le sol est périodiquement secoué, comme par un tremblement de terre.

– C'est ma faute, aussi, dit-il à son adjoint. Jamais je n'aurais dû accepter qu'un chercheur croise un de nos éléphants avec un kangourou.

117

Un chien est allongé sur le divan d'un psy pour animaux.

– Toute ma vie, explique-t-il, j'ai couru, en aboyant après les voitures. Et puis, un beau matin, je me suis posé la question : « Et que ferais-tu si jamais tu en attrapais une ? »

118

En rentrant chez lui, un soir, un homme s'étonne et demande à sa femme :

– Qu'est-ce qui t'a pris de déplacer tous les meubles de la maison, y compris l'armoire à glace de la chambre et le piano, et de les regrouper pour qu'ils bloquent totalement la porte de la cuisine ?

– C'est, explique la femme, pour y enfermer un horrible monstre.

– Un monstre ? Quel genre de monstre ?

– Une araignée.

119

Dans une station balnéaire de l'Atlantique, un moine pousse d'un bon coup dans le dos un chien saint-bernard, portant autour du cou le traditionnel tonnelet de rhum, et juché en équilibre sur deux skis nautiques.

– Un jour, explique-t-il, j'ai eu une illumination : pourquoi réserver les secours aux seuls naufragés de la montagne et négliger ceux de la mer ?

120

À l'intérieur d'une pendule tyrolienne, la femelle coucou dit au mâle qui s'apprête à sortir pour chanter les douze coups de minuit.

– Vas-y, mon chéri, et, surtout, ne rentre pas trop tard.

——— 121

Trois tortues partent pique-niquer. Soudain, l'une d'elles s'écrie :
– Nous avons oublié la salade.
– Ça ne fait rien, dit l'aînée. Agathe, tu vas retourner au village la chercher. Nous t'attendrons pour passer à table.
Trois ans passent. La tortue n'est pas revenue.
– Quand même, cette Agathe, dit la vieille tortue, quelle lambine !
– C'est vrai, approuve l'autre.
À ce moment, on entend une voix furieuse. C'est Agathe qui s'écrie :
– Si vous profitez que j'ai tourné les talons pour dire du mal de moi, je n'y vais pas, moi, chercher votre salade !

——— 122

Un journal de province publie cette annonce :
« Chien perdu, deux enfants pleurent. Ramenez-nous le vite, SVP.
En le voyant, vous serez tenté de l'appeler Lassie. Surtout n'en faites rien ; il se vexerait et partirait : vous perdriez alors une belle prime de 200 euros. Si vous voulez vraiment cette prime, appelez-le plutôt Tom. »

——— 123

– C'est curieux, dit un touriste qui visite une grotte préhistorique. Sur cette paroi, à côté des classiques dessins de chevaux, d'aurochs, de rhinocéros et de mammouths, je crois discerner un petit oiseau au plumage gris, tenant une valise sous son aile.
– Et alors, répond sa femme, qu'est-ce qui te prouve qu'à l'époque des cavernes, les pigeons voyageurs n'existaient pas ?

——— 124

Un vétérinaire qui doit procéder à l'insémination artificielle d'une génisse demande au propriétaire de l'animal :
– Elle est calme ?
– Très calme.
Rassuré, le vétérinaire s'approche de la génisse, mais celle-ci lui lance un grand coup de patte dans le ventre.
– Mais, gémit le vétérinaire, vous m'aviez assuré qu'elle était calme.
– Je crois que vous l'avez surprise, fait le fermier. Jusqu'à ce jour, elle n'avait jamais vu un taureau avec un béret.

——— 125

Un lévrier de race pure demande à un chien des rues :

– Est-ce que tu as un pedigree ?

– Non, avoue le bâtard, mais, en cas de besoin urgent, je peux te laisser utiliser mon arbre généalogique.

——— 126

En voyant sa femme ranger soigneusement de la vaisselle dans un panier, un homme lui dit :

– Quand tu vas lancer du pain rassis aux moineaux du parc, je peux t'assurer qu'ils n'attachent aucune importance au fait que tu leur serves cette nourriture dans ta plus belle porcelaine de Chine.

——— 127

Noé regarde avec étonnement la colombe qu'il a lâchée quelques jours plus tôt.

– Je ne crois pas, dit-il à sa femme, que le Déluge soit près de cesser.

– Qu'est-ce qui te fait dire cela ?

– Regarde ce qu'elle tient dans son bec.

– Un rameau d'olivier ?

– Non, un parapluie.

——— 128

Deux chattes de gouttière bavardent.

– Je vais bientôt avoir des bébés, dit la première. S'ils ressemblent à leur père, ce seront d'adorables angoras.

– Moi aussi, je vais avoir des bébés, enchaîne l'autre, mais je me demande bien à quoi ils ressembleront.

– Vous ne connaissez pas leur papa ?

– C'est surtout que, pendant tout le temps qu'il s'affairait, moi, j'avais la tête dans une boîte de pâtée pour chats.

——— 129

Une femme, qui a acheté un perroquet, lui fixe un ruban bleu à la patte droite et un ruban rouge à la patte gauche. Puis, elle passe de longs mois à lui enseigner trois choses :

1) à interpréter la chanson de Johnny Hallyday, *Gabrielle,* quand on tire sur le ruban bleu ;

2) à réciter le poème de Victor Hugo, *Après la bataille,* quand on tire sur le ruban rouge ;

3) à hurler très fort : « Voulez-vous me lâcher, espèce d'imbécile ! » au cas où un farceur aurait l'idée de tirer sur les deux rubans en même temps.

——— 130

Dans la salle d'opération du Jardin zoologique, un chirurgien arrive en courant et demande à un collègue :

– Vous avez fini de recoudre entièrement le ventre du crocodile ?

– Oui. Pourquoi ?

– Je suis terriblement inquiet. L'anesthésiste que j'avais chargé d'endormir cette bête vorace a disparu.

——— 131

Un auteur de bandes dessinées rapporte à l'animalerie un chien qu'il a acheté quelques jours plus tôt.

– Il ne me convient pas du tout, explique-t-il au vendeur.

– Pour quelle raison ?

– Depuis plus de quinze ans, quand je fais manger sa soupe à un chien, dans une de mes BD, il fait : « Slurp, slurp. » Or, j'ai bien écouté le chien que vous m'avez vendu. Il fait : « Glop, glop » en mangeant sa soupe.

——— 132

Effrayées par un prédateur, 49 autruches ont enfoui leur tête dans le sol quand arrive un cinquantième volatile qui s'étonne :

– Qu'est-ce qui se passe ? Il n'y a personne ici ?

——— 133

– À quoi peut bien servir ce que tu appelles un « briquet » ? demande une femme des cavernes à son compagnon.

– Tu ne te rends pas compte que c'est génial ? Quand on voudra avoir de la lumière pour éclairer notre grotte, le soir, avec ce genre d'engin, ce sera beaucoup plus pratique pour aller à la recherche de vers luisants.

POM POM DOG

——— 134

Un soir, le téléphone sonne chez un vétérinaire.

– Docteur, dit une voix de femme, très excitée, mon adorable petite chienne yorkshire est en train de se faire couvrir par un affreux bâtard. Comment puis-je les séparer ?

– Tapez-leur dessus avec un manche à balai, répond brièvement le vétérinaire.

Et il raccroche.

Dix minutes plus tard, la femme rappelle :

– J'ai essayé de les séparer à coups de manche à balai mais je ne suis arrivée à rien. Que me conseillez-vous ?

– Jetez-leur le contenu d'un seau d'eau froide ! répond le vétérinaire.

Dix minutes plus tard, nouveau coup de téléphone :

– Docteur, le manche à balai n'a pas eu d'effet, l'eau froide non plus, je ne sais plus que faire pour séparer ces deux chiens. J'ai besoin de votre aide…

– Je ne vois qu'une solution, dit le vétérinaire. Approchez-vous d'eux et dites au mâle qu'on l'appelle au téléphone.

– Et vous croyez que cela suffira pour qu'il s'arrête ?

– En tout cas, fait le vétérinaire, avec moi, le coup du téléphone, ça a marché les trois fois !

——— 135

Un homme dit à sa femme :

– J'ai vu le chat se diriger d'un air furieux, en tenant une fourchette entre les dents, vers l'aquarium où évoluent nos poissons rouges. Tu es sûre que tu lui as donné sa pâtée, ce matin ?

——— 136

Un pivert a tout juste frappé du bec contre le tronc d'un gros chêne quand un orage éclate.

La foudre tombe sur le chêne, qui s'abat à grand fracas sur le sol.

– Eh bien, dit fièrement le pivert à sa compagne, je ne connais vraiment pas ma force.

——— 137

Un pique-niqueur dit à sa femme :

– Il doit y avoir une forme de guérilla chez les fourmis.

– Qu'est-ce qui te fait dire cela ?

– Regarde cette colonne d'ouvrières qui rapportent bien sagement des aiguilles de pins pour bâtir la fourmilière. Et là, ces quatre fourmis à l'œil sournois, qui arrivent en traînant un pétard allumé.

——— **138**

Dans un jardin zoologique, l'assistante du grand patron dit à l'employé qui est venu solliciter une augmentation :

– Maintenant que vous m'avez exposé votre problème, je vous introduis dans la gueule du loup – je veux dire dans le bureau de Monsieur le directeur.

——— **139**

Un collégien croit coller un copain en lui ressortant la vieille blague :

– Comment peut-on faire entrer quatre éléphants dans une Clio ?

Plus malin que lui, son ami répond :

– Tu en mets deux derrière et deux devant mais en faisant bien attention.

– Attention à quoi ?

– À installer au volant l'éléphant qui a le permis de conduire.

——— **140**

Au zoo, le pélican vient trouver un pingouin.

– J'ai un dîner officiel, ce soir, lui dit-il. Est-ce que, exceptionnellement, tu pourrais me prêter ton smoking ?

——— **141**

Dans une métropole surpeuplée où les tours de plus de cent étages poussent comme des champignons, un homme dit à un ami :

– J'apprends par Facebook que demain, pour protester contre les impôts excessifs, une femme chef d'entreprise va renouveler le geste de lady Godiva en remontant la grande rue, toute nue sur un cheval.

– Je ne vais pas manquer cela, s'écrie l'autre. Cela doit valoir la peine : voilà bien dix ans que je n'ai pas vu un cheval.

——— **142**

Un requin femelle se plaint à son compagnon :

– Nous avons la chance d'habiter l'océan Pacifique, le plus grand océan du monde, et toi, tu ne m'emmènes jamais nulle part !

——— 143

Le propriétaire d'une ferme revient de la ville avec un jeune coq qu'il introduit dans la basse-cour.

Un vieux coq va trouver le nouvel arrivant et lui dit :

– On ne va pas se battre entre volatiles bien élevés. Voilà ce que je te propose. On fait une course sur cent mètres. Je pars à toute allure. Tu démarres juste derrière moi. Et si tu termines le premier sur la ligne d'arrivée, je te cède la place sans discussion. Je quitte la basse-cour et tu n'entendras plus jamais parler de moi.

Naïvement, le jeune coq répond :

– D'accord.

Le vieux coq prend le départ. L'autre se précipite derrière lui.

Le fermier, qui avait suivi la scène, prend son fusil et, d'un coup bien ajusté, abat le nouveau coq, en soupirant :

– C'est quand même extraordinaire. Voilà le sixième coq homosexuel que je ramène.

——— 144

Deux poissons rouges regardent avec attention un verre qu'on a posé à côté de leur bocal :

– Ce serait bien, dit la femelle, comme chambre d'enfant pour notre futur bébé.

——— 145

Dans une forêt, le coucou fait retentir son cri :

– Coucou, coucou, coucou, coucou, coucou.

Une fauvette dit à son compagnon :

– Il ne comprendra jamais qu'on est repassé à l'heure d'été. En réalité, il est déjà six heures.

——— 146

Des abeilles de retour de leur première expédition exécutent une série d'acrobaties pour raconter à celles qui sont restées dans la ruche ce qui leur est arrivé.

Une jeune ouvrière questionne :

– Que disent-elles au juste ?

– Elles ont trouvé toutes les fleurs encore endormies avec ce message odoriférant :

« Ouverture le 21 mars. »

——— 147

Une femme bavarde avec son mari :

– À répéter tout ce qu'on dit, ce perroquet me fatigue. C'est bien la dernière fois que je prends un tel oiseau chez moi... À répéter tout ce qu'on dit, ce perroquet me fatigue. C'est bien la dernière fois que je prends un tel oiseau chez moi... À répéter tout ce qu'on dit...

——— 148

Venu chasser le gros gibier au Kenya, un débutant reçoit sa première leçon du guide, chargé de mener le safari.

– Supposez, dit le guide, que vous vous trouviez brusquement face à face avec un léopard. Que faites-vous ?

– Je lui ajuste une balle entre les deux yeux.

– Vous le manquez.

– Alors, je tire ma deuxième balle.

– Vous le manquez de nouveau.

– Eh bien, je sors mon poignard...

– Vous l'avez oublié au campement.

– En ce cas, je grimpe en haut d'un arbre pour m'y mettre hors d'atteinte.

– Le léopard grimpe derrière vous comme un chat.

– Écoutez, s'écrie le chasseur, excédé, il faudrait savoir qui vous paie : c'est moi ou le léopard ?

——— 149

– Il est beau, ton hamster, dit Lucas (10 ans) au copain qui l'accueille dans sa chambre. Comment l'appelles-tu ?

– Au début, je l'appelais simplement Hamster.

– Et à présent ?

– Depuis que le vétérinaire m'a dit que c'était une femelle, je l'ai rebaptisé Hamster-dame.

——— 150

– C'est extraordinaire, dit un employé de bureau à un collègue, tu sais tout, absolument tout, sur le comportement des poissons rouges vivant dans un bocal.

– Tu en saurais autant que moi si leur observation avait été ta seule distraction pendant les quinze jours où tu attendais qu'on vienne réparer ton téléviseur.

151

Un vétérinaire reçoit un appel téléphonique :
– C'est pour mon chien de garde qui est malade. Faites-vous des visites à domicile ?
– Bien sûr.
– Je veux dire, même si vous avez un peu de mal à entrer dans sa niche qui est un peu étroite ?

152

– Alors, demande un jeune homme à un de ses anciens camarades d'école, tu travailles toujours dans ton oisellerie ?
– Ah non ! C'était impossible, avec tous ces perroquets.
– Pour quelle raison ?
– Eh bien, à chaque fois que j'arrivais en retard le matin, il y avait toujours une de ces sales bêtes qui me dénonçait au patron.

153

Une maman mille-pattes, folle de joie, dit à son compagnon :
– Notre plus jeune fils a fait ses premiers pas.
– Avec ses mille pattes ?
– Non, pour commencer, avec 128 seulement.

154

Au zoo, un visiteur s'étonne devant une cage vide :
– Il n'y avait pas un lion, là-dedans ?
– Si, mais un avocat, payé par la Société protectrice des animaux, a réussi à lui faire accorder le régime de semi-liberté. Il est 17 heures 55, vous n'allez pas tarder à le voir rentrer pour la nuit.

155

Deux escargots sont en extase devant un troisième dont la coquille est recouverte d'une toile d'araignée.
– Ah ! dit l'un d'eux, ce qu'elle peut être sexy, cette petite, avec ses bas résille.

156

Un chevalier du Moyen Âge tente d'amadouer un terrible dragon cracheur de feu :
– Je ne te veux que du bien, lui dit-il. La preuve : je t'ai apporté un bon sirop contre les inflammations de la gorge, qui ont l'air d'être ton point faible.

Anniversaires

157

– Quel est, demande un homme à un médecin, le secret pour devenir centenaire ?

– Ne pas boire d'alcool, ne pas fumer, manger modérément, surtout des fruits et des légumes, ne pas abuser du sexe…

– Merci, docteur. Croyez bien qu'après que vous m'avez dit cela, je vais changer du tout au tout.

– Changer de comportement ?

– Non. Changer de médecin.

158

– Ma jeunesse, confie une femme à une amie, est passée comme un éclair.

– J'éprouve exactement la même sensation : ma jeunesse est passée comme passent, à la fin d'un bon déjeuner, un éclair au chocolat, trois choux à la crème, un fraisier, deux paris-brest…

159

Un vigneron dit à la femme avec laquelle il correspond « en vue d'un mariage » sur Internet :

– Je ne me permettrais en aucun cas d'avoir la goujaterie de vous demander votre âge. Pourriez-vous, simplement, me révéler votre millésime ?

160

Un psychologue explique à un homme qui se plaint de son grand âge :

– L'âge n'a aucun rapport avec la date de naissance. Pour connaître exactement votre âge véritable, partez de celui que vous donne l'état-civil puis branchez votre radio sur les différentes stations musicales. Et retranchez-vous dix ans à chaque fois que vous tombez sur une chanson qui vous plaît.

161

Une femme téléphone à un pâtissier pour lui commander un gâteau destiné à son mari. Elle précise :

– Écrivez-moi dessus : BON ANNIVERSAIRE – en gros.

Quand le gâteau est livré, c'est avec cette inscription :

« BON ANNIVERSAIRE MON GROS ! »

162

– Quel âge a ta femme ? demande un employé à un collègue.

– Je n'en sais rien du tout.

– Comment est-ce possible ?

– J'ai eu tellement de mal à la convaincre d'entrer dans la trentaine que je n'aurai jamais le courage de vouloir l'en faire sortir.

163

– J'ai la chance, dit une femme, que mon anniversaire tombe au beau milieu de la période des soldes. Alors, à chaque fois, je fais la tournée des boutiques de vêtements et je m'offre des cadeaux pour les cinq années à venir.

164

Au Paradis, un élu dit à un autre :

– Que signifient ces 60 bougies allumées, plantées sur votre auréole ?

– Simplement que, si j'étais resté sur terre, je fêterais aujourd'hui mon soixantième anniversaire.

165

– C'est très gentil, dit un homme à son petit-fils, de m'offrir, pour mon anniversaire, un CD qui me rappelle les airs qui ont bercé ma jeunesse. Mais je m'attendais à Johnny Hallyday – pas à Mozart que je n'ai pas vraiment connu.

——— 166

Un automobiliste à cheveux blancs s'arrête, pour faire le plein, dans une station-service au fin fond de l'Auvergne.

Le pompiste l'interroge :

– 95 ou 98 ?

– Voyons, proteste la femme du conducteur, un peu de respect pour vos aînés. Mon époux vient tout juste de passer les 80 !

——— 167

– En rédigeant ma page d'accueil sur Facebook, raconte une jeune femme à une amie, j'ai tout révélé de moi, sans aucune pudeur.

– Absolument tout ?

– Presque. Il n'y a qu'une chose sur laquelle j'ai jeté un voile pudique.

– Cette photo de vacances, prise à Saint-Tropez, où l'on te voit toute nue ?

– Non, ma date de naissance.

——— 168

Un homme des cavernes se couche sur un lit de feuillages en disant à sa compagne :

– Je laisse tomber les recherches pour inventer la roue. Je viens d'inventer quelque chose de bien mieux que cela.

– Quoi donc ?

– La retraite anticipée.

——— 169

Un vieux monsieur dit à sa femme :

– J'ai vu un bibelot ravissant dans la vitrine d'un antiquaire, je vais voir combien il coûte. Il y avait beaucoup de monde quand je suis passé devant cette boutique, hier. J'espère que je vais réussir à y entrer.

– Dans l'état où tu es, répond sa femme, je me tracasserais surtout à propos de ce marchand de vieilleries, en me demandant : « Me laissera-t-il sortir ? »

170

– J'ai réussi, raconte un homme, à dresser mon arbre généalogique.
– En remontant loin ?
– Jusqu'à l'époque où mes ancêtres descendaient de leurs branches.

171

Après avoir payé ses achats avec un chèque, une vieille dame tend sa carte d'identité à la caissière du magasin. Celle-ci dit en riant :
– Vous avez vu : il est écrit sur ce document que vous êtes née le 12 novembre 1832.
– C'est une stupide erreur d'un employé de l'état civil que je n'ai jamais jugé bon de rectifier, répond la cliente. En fait, c'est un *12 octobre* que je suis née.

172

– Je me suis rendu compte que je prenais de l'âge, raconte un homme, le soir où un de mes amis m'a téléphoné, en débutant ainsi : « J'espère que je ne te réveille pas… » J'ai regardé ma montre : il était un peu moins de 20 heures.

173

– Mon mari m'inquiète, explique une femme à son médecin. Il a de plus en plus de mal à retrouver instantanément les prénoms des personnes qu'il connaît le mieux.
– Quand vous en êtes-vous rendu compte ?
– Un jour où, en jetant un coup d'œil par la fenêtre, il a vu ma sœur, Jocelyne, et son mari, Jean-Paul, se diriger vers la maison. Et, pris de court, il a improvisé : « Ça bouge dans la jungle : voici la girafe et l'hippopotame ».

174

– À mon âge, dit un septuagénaire, j'aime toujours dîner en compagnie d'une jolie femme ; j'aime toujours boire un bon vin en compagnie d'une jolie femme ; ensuite, j'aime me mettre au lit – heureux d'avoir bien mangé et bien bu.

175

– Le jour de mon 32e anniversaire, raconte une femme à une voisine, j'ai pris un tournant.

– Que voulez-vous dire ?

– J'ai décidé qu'à partir de cette date, au lieu d'avouer que j'avais 32 ans, j'affirmerai que j'en ai seulement 23.

ÇA FAIT
COMBIEN ?
Bni

Argent

176

Le patron d'un restaurant triplement étoilé appelle un de ses meilleurs clients.

– Tout va bien ? s'inquiète-t-il.

– Très bien.

– Je vous demande cela parce qu'on ne vous a pas vu venir dîner chez nous depuis un certain temps.

– C'est vrai, admet le client, mais il y a à cela une bonne raison : *elle* avait absolument besoin d'un peu de repos.

– Vous parlez sans doute de votre femme.

– Non, de ma carte de crédit.

177

– Tu m'as raconté, l'autre fois, que tu gardais toutes tes économies dans une enveloppe, sous ton matelas, dit un homme à sa vieille maman. C'est d'une folle imprudence. Alors, je t'ai apporté un gadget génial.

– De quoi s'agit-il ?

– C'est un pot portant l'étiquette « Peinture blanche ». Tu glisses tes billets dedans et, ainsi, tu peux être sûre que si un cambrioleur vient dans ta maison, il n'aura pas l'idée d'en vérifier le contenu.

– Merci beaucoup, répond la vieille dame, mais cette boîte métallique est bien grosse. Tu ne penses pas que cela risque de me faire mal au dos quand je l'aurai glissée sous mon matelas ?

178

Un homme raconte :

– J'ai connu une blonde qui a paniqué en entendant, pour la première fois, le mot *syntaxe.* Elle croyait que c'était un impôt que le gouvernement allait mettre sur les grosses poitrines.

——— ***179***

Le commanditaire d'un faux-monnayeur lui dit :

– Ça y est, j'ai fourgué tes 10 000 faux billets de 500 euros, parfaitement imités. C'était du très bon boulot. Cela dit, crois-tu que tu serais capable de me fabriquer deux fausses invitations pour que ma femme et moi puissions assister gratuitement au prochain Bal de la police ?

——— ***180***

– Quand j'étais enfant, raconte un homme, j'aimais jouer au yo-yo. Je m'imaginais que j'étais le maître du monde et que je dominais ainsi toute l'économie en faisant, à mon gré, monter ou descendre la Bourse. Si bien que, devenu adulte, j'ai choisi le métier de trader dans une grande banque.

– Et alors ?

– J'ai vite abandonné le yo-yo pour les échecs.

——— ***181***

Le roi d'un petit pays qui a besoin d'accroître ses ressources reçoit la visite d'un alchimiste qui lui fait part du résultat de ses travaux :

– Sire, j'ai enfin réussi dans mes tentatives de transmutation.

– À changer du plomb en or ?

– Mieux que cela : à changer de l'or en obligations de la Banque centrale de Pékin, qui vous assureront un revenu garanti de 7 % par an.

——— ***182***

Dans la forêt de Sherwood, Robin des Bois dit à son plus fidèle lieutenant :

– Une délégation de riches, furieux que je prenne leur argent pour le distribuer aux pauvres, se dirige vers notre campement, avec des pierres à la main, prêts à me faire un mauvais parti.

– Que va-t-on faire ?

– Pour me protéger, passe-moi mon bouclier fiscal.

——— ***183***

– Ma petite amie, explique un homme, m'a quitté pour incompatibilité…

– Incompatibilité d'humeur entre vous deux ?

– Non, entre sa nature dépensière et le pitoyable état de mon compte en banque.

——— 184

Un enfant montre cet énoncé d'un problème à son père : « Combien faut-il de billets de dix euros pour payer une somme de huit mille sept cent quatre-vingt-dix euros ? »

– C'est facile, dit le père, considère cette somme et enlève-lui un zéro.

– Ce serait facile si c'était en chiffres, mais tu vois bien que c'est écrit en lettres.

——— 185

– Je cherche partout notre livret de mariage, dit un homme à sa femme. Je ne le trouve ni dans le dossier « Papiers officiels » ni dans le dossier « État civil ».

– Cherche-le donc plutôt, conseille paisiblement sa femme, dans le dossier « Placements improductifs ».

——— 186

Dans une entreprise, un employé dit à l'un de ses collègues :

– Tiens, voilà Sudoku qui vient vers nous.

– Qui appelles-tu Sudoku ?

– Le comptable. À force de jongler avec les chiffres pour équilibrer ses comptes, il a bien mérité son surnom.

——— 187

– Ça y est ? demande une femme, ton patron t'a accordé une augmentation ?

– Oui et, pour nos prochaines vacances en voiture, cette augmentation devrait nous payer l'essence, à condition, toutefois, qu'avant de partir, on n'en prenne pas plus de 40 centilitres.

——— 188

En désignant, sur un tableau, une courbe qui descend de façon vertigineuse, un industriel dit aux membres de son conseil d'administration qu'il a réunis :

– Bon, assez parlé de ma vie sentimentale qui est catastrophique. Maintenant, nous allons étudier la dégringolade de notre chiffre d'affaires, qui est encore pire.

L'ARGENT EST PARTOUT!
donne la papatte
donne la pépète avant!

189

– Quel est le comble pour un usurier ?
– Prêter beaucoup d'attention à une chose sans intérêt.

190

Un homme a composé un numéro de téléphone. Il dit à son correspondant :

– Je voudrais parler à Bertrand.
– Je suis Bertrand.
– Vraiment ? Je ne reconnais pas ta voix. Tu es bien Bertrand ?
– Je t'assure que je suis Bertrand.
– C'est bizarre. Tu n'as pas du tout la voix de Bertrand.
– Tu commences à m'énerver, à la fin ! Puisque je te dis que je suis bien Bertrand !
– Alors, Bertrand, je voulais te demander : pourrais-tu me prêter mille euros ?
– Soyez tranquille. Dès qu'il rentrera, je transmettrai votre demande à Bertrand.

191

– Après des années bien sombres, raconte un banquier, l'éclaircie est enfin arrivée. J'ai retrouvé ma joie de vivre quand ça s'est mis à remonter.
– La Bourse ?
– Non. Les jupes de ma secrétaire.

192

À la fête foraine, un homme lit ce commentaire issu d'une machine annonçant : « Découvrez votre caractère. »

« D'une intelligence supérieure, irrésistible auprès des femmes, vous êtes taillé pour réussir dans tout ce que vous entreprendrez. »

À ce moment, sa femme l'interroge :

– Alors, cette machine a-t-elle accepté, sans discuter, ta fausse pièce de 2 euros ?

——— 193

En commençant à lire le testament d'un riche industriel, le notaire dit, en riant :

– De deux choses l'une : ou ce monsieur était très affectueux avec sa femme ou il aimait beaucoup les animaux. Toujours est-il qu'il a ainsi exprimé ses dernières volontés :

« Je lègue toute ma fortune à ma Minette chérie. »

——— 194

À la fin du mois d'août, à Porto-Vecchio, lieu de séjour très prisé des vacanciers, une femme donne une pièce d'un euro à un SDF.

– Demain, lui dit-elle, vous ne me verrez pas. Je serai à Paris, dans ma résidence du VIIe arrondissement.

– Quelle coïncidence ! s'écrie l'homme. Moi aussi !

——— 195

Un inspecteur des contributions directes classe les dossiers qu'il a sur son bureau dans deux fichiers baptisés respectivement, selon le traitement qu'il compte infliger aux contribuables :

« SIMPLEMENT DÉPOUILLÉS »
et
« ÉCORCHÉS VIFS. »

——— 196

Une vieille dame s'est installée dans une allée très fréquentée par des joggeurs pour y vendre des pommes.

Chaque matin, un homme s'arrête de courir quand il arrive à hauteur de la dame, dépose une pièce de 50 centimes dans sa sébile et repart sans jamais prendre de pomme.

Un jour, la vieille dame l'interpelle :

– Monsieur, Monsieur…

– Je vois, dit-il, en riant. Vous voulez savoir pourquoi je ne prends jamais la pomme que je vous achète.

– Pas du tout. Je voulais juste vous signaler que le prix des pommes est passé de 50 à 70 centimes.

197

– Je me destinais à la poésie, raconte un des hommes les plus riches du monde. À vingt ans, je cherchais désespérément une rime à ce vers : « J'ai rêvé dans mon bain... » En désespoir de cause, j'ai fait appel à ma muse qui m'a suggéré : « De Suez et Saint-Gobain ».
– Vous avez donc pu ainsi terminer votre poème.
– En fait, cela m'a surtout donné l'idée de tenter ma première opération de Bourse. Et, en réinvestissant constamment mes bénéfices, j'en suis arrivé à gagner mon premier milliard.

198

– Maman, toi qui as si bon cœur, dit Killian (7 ans), tu t'attendrirais certainement si tu voyais un porcelet sur le point de mourir de faim.
– Bien sûr.
– Alors, peux-tu demander à papa de me donner un euro pour alimenter mon cochon-tirelire ?

199

– J'avais été très flatté, raconte un chef d'entreprise, en apprenant que j'allais être appelé à siéger parmi les Quarante. Appartenir à l'Académie française a toujours été mon rêve.
– Et cela ne s'est pas fait ?
– Non. C'était le directeur du Service des contributions directes qui montait, pour Noël, une pièce inspirée d'un conte des *Mille et une nuits, Ali Baba et les quarante voleurs.* Et il demandait aux contribuables qui avaient le plus triché les années précédentes sur leur déclaration de revenus de jouer le rôle d'un des voleurs.

200

Un trader qui sait que la chance ne couronnera pas toujours ses investissements hasardeux, a disposé dans son bureau un casier avec cet avis :

EN CAS DE DANGER, BRISER LA GLACE

Il est le seul à savoir qu'à la moindre alerte, il peut y trouver 100 000 euros en liquide, son passeport et un billet pour les Bahamas.

201

Après six heures passées devant son ordinateur à tenter d'équilibrer son budget, une femme dit à son mari :
– Ça y est ! J'ai enfin réussi à joindre les deux bouts. Mais quel trou au milieu !

202

– C'est bizarre, dit sa femme à un dompteur. Tu viens de tenir tête aux tigres féroces sans montrer la moindre appréhension. Et voilà qu'à peine sorti de leur cage, tu te mets à trembler de tous tes membres.

– On voit bien que tu ne sais pas dans quel état de fureur se met le directeur du cirque quand on va, comme je m'apprête à le faire, lui demander une augmentation.

203

Une jeune femme dit à son mari :

– Décide-toi à écrire à ton père pour lui demander qu'il augmente notre allocation mensuelle en lui expliquant que tu dois faire face à des charges nouvelles en raison de l'accroissement de notre famille – tu n'as pas besoin de lui préciser que c'est notre chatte qui a eu six petits.

204

Un inspecteur du fisc répond à un appel téléphonique :

– Allô ? Quel est le contribuable inquiet qui sanglote ainsi à l'appareil ?

205

Un jeune journaliste est introduit dans le bureau d'un homme d'affaires multimillionnaire qui affiche sur son bureau cet avis, à l'intention de ses visiteurs : « Le temps, c'est de l'argent. »

– Ma première idée, dit le jeune homme, était de vous demander de me dévoiler longuement les secrets de votre réussite. Mais, pour vous faire gagner du temps, je ressors tout de suite si vous me donnez un billet de 50 euros.

206

Un trader arrive, accablé, à la banque qui l'emploie et confie à l'un de ses collègues :

– Je suis lessivé.

– Que se passe-t-il ? Tu as fait de mauvais investissements ?

– Pire que cela. J'ai appris, en lisant le journal, que j'avais gagné 12 millions à Euromillions. Je me suis précipité à la maison pour récupérer mon billet que j'avais glissé dans la poche d'une de mes chemises.

– Et alors ?

– Ma femme m'a dit que, la veille, elle avait mis cette chemise dans la machine à laver.

207

– Les conseils de mon agent de change sont précieux, raconte un investisseur. Il me fait toujours penser à ce responsable de la Météo que Noé avait consulté à la veille du Déluge, et qui lui avait annoncé un temps variable avec, parfois, une légère menace d'averse.

208

Les contribuables qui se rendent dans un Centre des contributions directes sont accueillis par cet avis, sur la porte d'entrée :

« VEUILLEZ NOUS EXCUSER
Mais… nous sommes ouverts, comme d'habitude. »

209

Un député, opposé à l'impôt sur la fortune, proteste :

– Il est vain de vouloir juger du bonheur d'un homme à l'importance de ses biens. En toute franchise, pensez-vous qu'un homme qui possède 75 millions d'euros soit tellement plus heureux que celui qui n'en a que 70 ?

210

Au moment de quitter la maison pour se rendre à son bureau, un homme se met à hurler :

– Quelqu'un a-t-il vu mon portefeuille ?

– Ne crie pas comme cela, lui dit sa femme. Voyons, si je ne me trompe pas, ton portefeuille est en cuir noir et il contenait 50 euros en billets de 10.

– Exactement.

– Je l'ai ramassé, alors qu'il traînait sur la table de la cuisine.

– Formidable !

Et son épouse d'enchaîner :

– Tu peux constater par toi-même que c'est bien ton portefeuille et qu'il est toujours en cuir noir. Et encore merci de m'avoir permis de m'offrir une nouvelle petite robe.

Armée

——— 211

Le chef d'une armée qui fait, depuis plusieurs jours, le siège d'un château fort envoie un messager aux assiégés.

« Vous avez, leur dit-il, 50 litres d'huile bouillante. De notre côté, nous disposons d'un bœuf et de 100 kilos de pommes de terre. Que penseriez-vous d'une petite trêve où nous nous réunirions autour d'une table pour nous régaler d'un bon bifteck-frites ? »

——— 212

L'épouse d'un général participe à un jeu télévisé.

– Pouvez-vous, lui demande l'animateur, me citer une très petite unité de longueur ?

– Le millimètre.

– Très bien. Maintenant, une petite unité de poids.

– Le milligramme.

– Parfait. Et, pour terminer, une petite unité d'intelligence.

– Le militaire.

——— 213

Le commandant d'un régiment de la Légion étrangère dit à un de ses hommes qui sanglote, alors que son engagement est venu à expiration :

– Allons, Hans, ne pleurez pas comme cela. Une fois rendu à la vie civile, je suis sûr que vous ne tarderez pas à nous oublier.

——— 214

– Je suis fiancée avec un sous-marinier, confie une jeune femme à une amie.

– Et tu n'as pas peur, quand il part en plongée, qu'il ne remonte pas à la surface ?

– Pas du tout. Mais, pour son anniversaire, j'ai quand même vérifié que la montre que je lui offrais était bien étanche.

215

Le chef d'un escadron de Tuniques bleues ordonne :
– Allez, clairon, sonnez la charge.
– Impossible.
– Pourquoi donc ?
– C'est peut-être une ruse des Indiens que nous voulions attaquer mais, dans tout le défilé, on a planté des pancartes « Hôpital-Silence ».

216

L'hôtesse dit à ses invités :
– Je suppose que mon ancien colonel de mari vous a un peu lassés avec l'interminable récit de ses diverses campagnes.
Et elle ajoute, en relevant sa robe :
– Que penseriez-vous de vous changer un peu les idées avec un autre terrain d'opération que je nommerais tout simplement : Opération Appendicite ?

217

Avant de se lancer à la tête de ses hommes à l'assaut de Fort Apache, un chef indien va trouver le grand sorcier de la tribu.
– Plutôt que ces habituelles peintures de guerre sur le visage, lui dit-il, pourriez-vous me prévoir quelque chose d'un peu original, dans le genre *Impression, soleil levant* ?

218

Un lycéen est interrogé en histoire.
– Racontez-moi, lui demande le professeur, en quelles circonstances, pendant la Grande Guerre, les Allemands ont expérimenté sur les troupes françaises un gaz asphyxiant que l'on a appelé, par la suite, ypérite.
– Cela se passait en 1915, dans une ville de Belgique appelée Bipe…
– Le vrai nom de cette ville est Ypres, rectifie le prof.
– Les Allemands encerclaient Bipe…
– Ypres…
– C'est alors qu'ils ont expérimenté des gaz asphyxiants auxquels on a donné un nom dérivé de celui de la ville de Bipe…
– Ypres, corrige une fois de plus le prof. Bon, enchaîne-t-il, l'essentiel y est. Je vous mets 18.
– Merci, Monsieur, fait l'élève, mais, si vous me permettez de vous donner un conseil, vous devriez faire soigner votre hoquet.

——— 219

Un soldat américain envoyé dans un pays du Moyen-Orient ajoute, au bas d'une lettre à sa femme, ces quelques lignes, destinées à leur fils de quatre ans :

« Si tu veux avoir une idée de ce que je fais, imagine-moi en train de jouer au soleil dans un bac à sable – un bac à sable de grandes dimensions : 3 000 kilomètres de long sur 2 000 de large. »

——— 220

D'anciens militaires évoquent leurs exploits.

— Une mission ultra-secrète, dit l'un d'eux, j'en ai eu une alors que j'étais le commandant d'un sous-marin, pendant la guerre. Mon ordre de mission, venant de l'amirauté, m'avait été remis dans une enveloppe scellée – avec interdiction absolue d'ouvrir cette enveloppe tant que je n'aurais pas mené cette mission à son terme.

——— 221

Une coiffeuse dit, en riant, à l'une de ses collègues :

— La femme du général vient se faire faire le grand jeu alors qu'on l'a déjà vue il y a une quinzaine de jours. Pas de doute : son coureur de mari a fait une nouvelle conquête et son épouse lance sa contre-attaque avec ses armes de destruction massive.

——— 222

— Nous n'avons aucune chance de nous en tirer, dit un soldat des Tuniques bleues, dont la compagnie est cernée par des Indiens. Cette fois, avant de nous attaquer, ils se sont dopés à mort.

— Qu'est-ce qui te fait penser cela ?

— Ils ne nous envoient pas des flèches avec leurs arcs, mais des seringues hypodermiques usagées.

——— 223

— Il ne manquait plus que cela, dit un soldat, nouvellement engagé : le gouvernement s'affole parce que les retraités, dont l'inflation grignote le pouvoir d'achat, ont décidé de se mettre en grève.

— Et alors ?

— Comme un pays ne peut pas vivre sans retraités, c'est la troupe qui va les remplacer. Et ça ne me dit rien du tout. M'installer sur un banc de square à rouspéter à propos des caprices du temps, passe encore, mais je ne me vois pas jouer aux boules en buvant un pastis !

224

Au temps des chevaliers en armure, un chercheur annonce à son seigneur :
– J'ai imaginé une arme qui va assurer à nos vaillants guerriers la supériorité sur leurs ennemis.
– Une version encore plus terrifiante de l'huile bouillante ?
– Mieux que cela : j'ai inventé l'ouvre-boîtes.

225

Un général, qui a fait une carrière héroïque, va consulter le médecin de la base.
– C'est extraordinaire, s'écrie celui-ci, votre tension, qui était anormalement basse, est devenue tout à fait normale.
– Et ce renouveau d'énergie, explique le général, m'est venu peu de temps après que j'ai eu l'idée de remplacer toutes mes décorations inutiles par des mini-batteries solaires.

226

Le directeur du service de contre-espionnage dit à l'un de ses adjoints :
– Voici le nom d'un informateur que j'ai recruté au Moyen-Orient. Nous l'appellerons X.
– Mais, proteste l'adjoint, je le connais : c'est un agent double.
– En ce cas, nous l'appellerons 2X.

227

L'œil fixé au périscope, la vigie d'un sous-marin lance un cri d'alarme :
– Notre système de navigation automatique doit être déréglé : nous fonçons droit au milieu du désert sur le Sphinx de Gizeh !

228

Au cours de la guerre qui oppose deux tribus d'hommes préhistoriques, un des combattants reçoit en pleine figure un gros morceau de granit sur lequel sont inscrits ces mots : « Veuillez m'excuser. »
– Ça y est, s'écrie-t-il, manifestement nous venons d'entrer dans l'ère de la pierre polie.

HEP!
... IMPÔT DÉFENSE

229

Un envoyé d'Attila vient lui rendre compte de sa mission :
— J'ai transmis votre ultimatum au commandant de la garnison du château que vous voulez attaquer.
— Et alors ?
— Ça ne l'a pas du tout impressionné.
— Mais tu lui as dit, au moins, que où passait Attila l'herbe ne repoussait pas ?
— Cela l'a fait beaucoup rire et il m'a dit : « Excusez-moi de vous bousculer un peu, mais j'ai à faire : pour entretenir mes pelouses, il faut que j'aille acheter une tondeuse à gazon. »

230

Dans une tranchée, deux soldats, un Français et un Écossais, subissent un terrible bombardement.
— Il faut faire quelque chose, dit le Français. Récite une prière.
— Je ne sais pas réciter de prière, répond l'Écossais. Je ne suis ni curé ni pasteur.
— Alors, chantons un cantique.
— Je ne suis pas chanteur d'opéra.
— Enfin, dit le Français, il faut absolument que nous fassions quelque chose pour attirer sur nous la bénédiction du Ciel.
— Alors, ça, c'est mon rayon, dit l'Écossais : je vais faire la quête.

231

Une douzaine d'hommes des cavernes s'apprêtent à affronter, à coup de matraques de granit, leurs ennemis de la tribu voisine.
— Ce qui est beau, s'écrie le chef de la première troupe, c'est de se dire qu'après cette ultime bataille, il n'y aura plus jamais de guerre.

232

Un de ses subordonnés soumet au nouveau chef du service de contre-espionnage un message codé à déchiffrer.
— C'est d'une telle simplicité, dit le chef, qu'un enfant de six ans serait capable de le mettre au clair. Allez me chercher un enfant de six ans.

233

– Le 11 novembre 1918, raconte la professeure d'histoire, l'Armistice ayant mis fin à la Grande Guerre, les armes se turent d'un coup. Imaginez-vous les sentiments que vos arrière-grands-parents ont pu éprouver en cette circonstance ?

– Facile, dit Jérôme (14 ans), ce devait être exactement ce que ressent notre mère quand, le samedi, sur le coup de midi, ma sœur et moi cessons d'écouter nos groupes de rock favoris, que nous avons mis à fond dès 9 heures du matin.

IL SENT LE NEZ
EXACT !
BMi

Art ménager

——— 234

– À quoi penses-tu ? dit un homme à sa femme, tu passes l'aspirateur toute nue alors que les voisins d'en face peuvent te voir par la fenêtre !

– C'est vrai, répond-elle, qu'il y a de quoi avoir honte. Cet après-midi, je t'emmène dans notre supermarché au rayon des articles ménagers pour que tu me débarrasses de cette vieillerie en m'achetant un aspirateur neuf.

——— 235

– Lorsque je t'ai demandé tout à l'heure de sortir la poubelle, dit une femme à son mari, tu m'as répondu : « Quand le sport sera terminé. »

– En effet.

– J'ai compris que cela signifiait : « À la fin du match de football que diffusait la télévision. »

– Ah oui ? Moi, dans mon idée, cela voulait dire : « Après la fin du championnat qui se termine… au mois de mai. »

——— 236

Dans une brocante, une ménagère achète une grande bassine à confitures en cuivre.

– Voulez-vous un bon conseil ? lui demande le marchand.

– Oui, lequel ?

– Avec tous les vols de métaux qui ont lieu en ce moment, ne posez pas cette bassine bien en évidence sur votre buffet de cuisine, mettez-la plutôt à l'abri, dans un coffre à la banque.

——— 237

En collant sur le nez de son mari un Post-it sur lequel elle a dressé la liste des courses, une femme s'écrie :

– Sois un peu patient, Benoît. Tu sais bien que, demain, nous allons acheter un réfrigérateur ; je pourrai, de nouveau, y fixer mes pense-bêtes avec un magnet.

——— 238

– Ma grande fille, raconte une femme, a enfin consenti à me laisser pénétrer dans sa chambre où, depuis des mois, elle tenait à faire seule le ménage. S'il est vrai que nous venons de la poussière, je crois qu'on peut appeler le dessous de son lit : *Naissance d'une nation.*

——— 239

Un homme sonne à l'interphone d'un pavillon :
– Qu'est-ce que c'est ? demande la femme qui lui répond.
– Je viens réparer votre système de climatisation.
– Je n'ai pas la climatisation.
– En ce cas, je tombe à pic : je viens vous proposer de vous l'installer pour une somme ridiculement basse, payable en 36 versements modiques.

——— 240

– Rends-moi service, dit une femme à son mari : pulvérise un peu du contenu de cet aérosol dans la penderie. C'est un produit qui tue net tous les parasites. Fais bien attention de ne pas t'en envoyer sur toi.

——— 241

On interroge un extraordinaire acrobate :
– Qu'est-ce qui vous a donné l'idée de ces folles évolutions avec de multiples sauts périlleux ?
– Une tranche de pain de mie que mon grille-pain avait projetée jusqu'au plafond, un jour où il était totalement déréglé.

——— 242

Au mois de décembre, Yoann (6 ans) remplit le congélateur des boules de neige qu'il a confectionnées.
– Je peux te jurer, dit-il à sa petite sœur, qu'on se fera plein d'argent de poche quand on les vendra à prix d'or aux copains pour qu'ils fassent une bonne bataille de boules de neige en plein mois d'août.

——— 243

– Ma femme, raconte un homme, est à la maternité depuis trois jours, et je dois m'occuper seul de nos trois enfants. Ah ! la maison me semble aussi vide que l'évier est plein avec la vaisselle sale qui s'y accumule.

244

– Tu peux sortir la poubelle ? demande une femme à son mari.
– Ah non, c'est trop lourd ! Et puis, il faut que je m'entraîne si je veux participer, demain, au championnat d'haltérophilie.

245

Un représentant explique à une jeune ménagère :
– La machine à laver le linge que je vous propose est d'une telle simplicité d'emploi que même un enfant de quatre ans pourrait la faire marcher.
– Un enfant de quatre ans, dites-vous ? Bon, alors, dans un premier temps, on va se mettre au lit, mon mari et moi. Pouvez-vous repasser, avec votre machine, dans un peu moins de cinq ans ?

246

Une ménagère est tentée par un grille-pain. Elle interroge un vendeur :
– Est-ce que, si j'utilise cet appareil, mes tranches de pain une fois dorées sauteront en l'air ?
– La preuve vous en est fournie par la prime qui accompagne ce grille-pain.
– Quel genre de prime ?
– Une épuisette pour récupérer vos tranches de pain en plein vol.

Automobile

——— *247*

Un couple de vacanciers s'est installé, pour casser la croûte, sur une table pliante, au bord d'une route nationale très fréquentée.

À un moment, la femme, excédée, s'écrie :

– C'est insupportable ! Fais-les taire, par pitié !

– Ces 35 tonnes qui défilent en faisant un vacarme infernal ?

– Non. Ces deux pinsons qui n'arrêtent pas de siffloter.

——— *248*

Un automobiliste dit à un policier :

– Je souhaiterais me garer, là, entre deux voitures, mais que signifie cette bande jaune peinte sur le trottoir ?

Le policier explique :

– « Défense de stationner. »

– Et, à côté, que veulent dire ces *deux* bandes jaunes ?

Le policier cherche longuement une explication valable puis il avance cette explication :

– « Défense de stationner, s'il vous plaît. »

——— *249*

– C'est entendu, dit un designer, je vais vous dessiner une nouvelle voiture aux courbes voluptueuses mais, pour cela, j'ai besoin…

– D'un bon ordinateur ?

– Non, d'une jolie fille qui pose toute nue, devant moi, pour me donner des idées.

——— *250*

Un garagiste facétieux accueille un automobiliste qui lui dit :

– Le moteur de ma 206 Peugeot fait un drôle de bruit.

– Quel genre de bruit ?

– Cric, crac, trumph…

– Ce n'est pas drôle du tout, fait le garagiste. Vous pourriez me le refaire, ce bruit, mais, cette fois, en prenant l'accent belge ?

251

— À la suite d'un récent accident de voiture, dit un homme, j'ai cessé de manger de la viande ; je mange du poisson à la place.

— Quel est le rapport ?

— Lorsque je rentre du bureau au volant de ma Golf et que je vais faire les courses pour le dîner, le carrefour où je tourne pour aller à la poissonnerie est beaucoup moins dangereux que celui qu'il faut emprunter pour aller à la boucherie.

252

Un pompiste confie à sa femme :

— Je me demande ce que veut dire cet individu à six jambes et cinq bras, qui a garé sa soucoupe volante devant notre station-service, quand il demande que je lui fasse le plein de sans-plomb 927 388 412 659 ?

253

Se relevant péniblement, une femme dit à l'amie qui l'accompagne :

— J'ai été soulagée quand on a retiré son permis de conduire à notre voisine de 80 ans : c'était un véritable danger public quand elle se mettait au volant de sa Citroën C3. Mais je crois qu'elle est encore plus redoutable depuis qu'elle se déplace sur les trottoirs avec sa patinette.

254

Un émir du Moyen-Orient, enrichi dans le commerce du pétrole, confie à son psy :

— Depuis quelque temps, je fais le même cauchemar atroce…

— Lequel ?

— Toutes les voitures fonctionnent désormais à l'eau – comme les chameaux.

255

— Jusqu'alors, raconte une femme, j'acceptais que mon mari réserve ses regards chargés de désir aux BMW exposées dans un magasin près de chez nous. Mais j'ai vu rouge quand, au cours d'une réception, j'ai constaté qu'il lançait le même genre de regards énamourés à mon amie Céline.

256

En commençant à fouiller dans son grand sac à main, une automobiliste dit au policier qui l'a fait stopper pour vitesse excessive :

– Bien sûr que je vais vous montrer mes papiers, dès que je les aurai retrouvés.

Comme le policier s'impatiente, elle ajoute :

– En attendant, si vous alliez faire un petit jogging de cinq à six kilomètres, ça me laisserait du temps tout en vous aidant – comme vous êtes un peu enveloppé – à perdre au moins 100 grammes.

257

Une dizaine de jeunes gens font de l'auto-stop au bord d'une nationale.

Le conducteur d'une minuscule Smart s'arrête et leur dit :

– Je suis représentant en sardines en boîtes. Je dois pouvoir vous prendre à bord, tous les dix, à condition que vous vous serriez un peu.

258

Un arbre de 3 mètres de long, mal attaché sur le pick-up d'un pépiniériste, est tombé sur le capot d'une voiture qui roulait juste derrière, sur une nationale.

Les deux conducteurs s'arrêtent pour constater les dégâts.

L'automobiliste, très contrarié, s'interroge :

– Comment pourrais-je bien faire croire à ma femme que, cette fois, c'est un platane qui a embouti notre voiture et pas l'inverse ?

259

Alors que leur voiture se retrouve sur un morceau d'iceberg dérivant dans l'Antarctique, une femme dit à son mari :

– Espèce de tête de mule, si tu avais mis le prix pour acheter un GPS de qualité, à cette heure-ci, nous y serions, à Saint-Tropez !

260

À la suite d'une fausse manœuvre, un automobiliste a complètement défoncé la petite boutique d'un marchand de fruits et légumes.

Alors qu'il sort, un peu chancelant, de son véhicule, le marchand, furieux, s'écrie :

– Eh bien, dites quelque chose !

– Heu… fait l'automobiliste maladroit, d'où vos tomates viennent-elles ? d'Espagne ou du Maroc ?

4 x 4 = 16
16 Fois plus
DÉBILE
44
Bni

——— 261

– Je regrette, Mademoiselle, dit l'assureur, mais, en aucun cas, notre compagnie ne peut prendre en charge le bébé que vous vous êtes fait faire en couchant avec votre cousin Olivier, sur la banquette arrière de votre voiture.
– Mais alors, gémit la jeune maman, que couvre donc exactement ce que vous appelez une assurance *Tous risques* ?

——— 262

Un automobiliste maladroit a précipité la Ford Mondeo familiale dans un étang.
Alors qu'ils sont au fond de l'eau, sa femme lui dit :
– J'espère que ton Titanic est équipé d'au moins un canot de sauvetage ?

——— 263

– Voici, dit un concessionnaire, notre tout nouveau modèle hybride, particulièrement écologique.
– Ah ! fait le candidat acheteur, je suppose que cette voiture fonctionne aussi bien au sans-plomb 95 qu'à l'électricité ?
– Non, mais quand souffle un vent fort, vous pouvez continuer d'avancer en coupant le moteur à essence et en hissant la grand-voile.

——— 264

– D'après la pancarte que vous brandissiez, dit un automobiliste à l'auto-stoppeur qu'il a pris à son bord, vous allez à Colmar.
– Oui, enfin, juste à côté : à Urschenheim. Mais quand j'ai fabriqué ma pancarte, je ne savais pas comment l'écrire.

——— 265

Un agriculteur, qui avait pris un billet de loterie à 2 euros, a gagné le gros lot : le dernier super modèle de Mercedes avec tous les perfectionnements imaginables.
Après un mois d'utilisation, l'heureux gagnant est interrogé :
– Qu'est-ce qui vous plaît le plus dans cette magnifique voiture ?
– La vitre qui se lève pour séparer le conducteur des passagers à l'arrière.
– Pourquoi ce gadget particulièrement ?
– C'est que, lorsque j'emmène mes porcs au marché, si je monte cette vitre, ça empêche ces grosses bêtes de me souffler dans le cou.

266

Un automobiliste dit au garagiste auquel il a confié sa vieille voiture à réparer :

– Elle est assurée tous risques.

– Dans l'état où elle est, il vaudrait mieux qu'elle soit en longue maladie.

267

Un disciple de l'illusionniste Harry Houdini présente un numéro au cours duquel il se délivre, en quelques minutes, des lourdes chaînes dont on l'a enserré.

– Comment, lui demande-t-on, avez-vous eu l'idée de ce numéro ?

C'est sa femme qui répond :

– Cela se passait un jour où mon mari nous conduisait en voiture, avec nos enfants, dans une station de sports d'hiver. Quand la neige s'est mise à tomber en abondance, il a tenté de mettre des chaînes aux roues de la voiture, mais il est tellement maladroit que c'est lui qui s'est trouvé complètement ficelé.

268

– Ta voiture est drôlement poussiéreuse, dit un employé de bureau à un collègue.

– Certes, et je ne suis pas près de la briquer. La dernière fois que j'ai eu cette idée, j'ai demandé à ma femme si elle avait des chiffons à me donner. Elle m'a répondu que je n'avais qu'à choisir au hasard dans sa penderie, en ajoutant que, puisqu'elle n'avait plus rien à se mettre, elle allait y remédier, pour peu que je lui confie ma carte de crédit.

– Et alors ?

– Je lui ai donné ma carte bleue. Là-dessus, elle est partie pour une tournée de soldes et elle est rentrée, le soir, avec six robes, trois jupes, quatre corsages et deux soutiens-gorge.

269

Un automobiliste dit au policier qui l'a arrêté pour excès de vitesse :

– Je suis affligé d'un dédoublement de la personnalité. Moi, je ne demandais qu'à respecter le Code de la route mais c'est mon second moi qui, à mon insu, appuyait comme un dingue sur l'accélérateur.

– J'accepte votre explication, fait le policier à une condition : que vous ayez encore quelques points sur votre permis, *tous les deux.*

270

Une femme, qui s'est mise en tête d'apprendre à conduire à sa fille, lui dit :

– Attends, avant de mettre le contact. La conduite d'une voiture demande beaucoup de concentration. Tu ne peux pas te lancer sur la route avec une main cramponnée à la poignée de la porte.

– Mais… maman, c'est *toi* qui te cramponnes ainsi.

– Justement. Attends un peu que je me décontracte.

271

– Il y a quelques années, encore, raconte un homme, je n'avais besoin de mes lunettes que pour conduire ma voiture. Aujourd'hui, elles me sont indispensables pour la retrouver sur un parking.

272

Voulant échapper aux embouteillages des grandes routes, un automobiliste parisien, conduisant sa petite famille vers la mer, s'est engagé dans un raccourci.

Après avoir tourné en rond pendant près d'une heure, il aperçoit un paysan auquel il demande :

– Pardon, mon brave, pourriez-vous m'indiquer le chemin pour Saint-Joseph-en-Choupommé ?

Le paysan le regarde, d'un air affolé.

– Vous voulez vraiment aller à Saint-Joseph-en-Choupommé ?

– Oui. Je viens de vous le dire. Alors, que feriez-vous à ma place ?

– Eh bien, moi, à votre place, si je voulais aller à Saint-Joseph-en-Choupommé, je ne partirais pas d'ici.

273

Un automobiliste adresse ce constat à sa compagnie d'assurances :

« Alors que j'effectuais une manœuvre pour me garer sur le parking de la place du Marché, j'ai été violemment heurté à l'arrière par un mystérieux agresseur. Selon des témoins dignes de foi, il s'agirait d'un lampadaire. »

274

– Je sais bien, dit un homme à sa femme, que deux mois après avoir obtenu mon permis, je suis encore un peu maladroit pour conduire une voiture. Mais je trouve que tu exagères de détacher de l'arrière de notre Renault Mégane le A, signalant un jeune conducteur, pour le fixer sur le chariot que je pousse, quand nous faisons nos courses dans notre grande surface.

275

Une femme téléphone à son mari :

– Apprête-toi à rire, lui dit-elle. Tu te rappelles, mardi dernier, comme tu t'es esclaffé quand notre ami David nous a raconté la blague de cette femme qui appelle son époux pour lui annoncer : « J'ai un peu noyé le moteur de notre voiture » ? Il s'inquiète : « Mais d'où m'appelles-tu ? » Elle répond : « Du fond du lac. »

– Je m'en souviens, en effet. Et alors ?

– Eh bien, tu ne devineras jamais d'où moi je t'appelle ! Toujours est-il que je suis complètement trempée !

276

– Vous m'assurez, dit le psy, que vous n'avez en tête que l'automobile. Donnez-moi une preuve de cette obsession.

– Je peux vous la donner facilement, mais d'abord, je vous conseille de quitter votre fauteuil au plus vite si vous ne voulez pas risquer une contravention pour stationnement illicite sur ma place de parking.

277

– Mon mari est un très mauvais conducteur, raconte une femme. Un jour où nous roulions sur la route des vacances, nous avions chargé un auto-stoppeur. Ce brave garçon a tenu à nous donner deux billets de 10 euros.

– Pour vous remercier de l'avoir pris à bord ?

– Non, parce que nous l'avions autorisé à redescendre rapidement de notre voiture.

278

Un routier vient de garer son 35 tonnes quand un agent surgit et lui dit :

– Vous ne pouvez pas rester là : vous gênez la circulation.

– Ça m'étonnerait, s'esclaffe le routier. Voyez vous-même, c'est un cul-de-sac.

– Oui, eh bien, dit sévèrement le policier, même si c'était un Calberson, vous n'auriez pas le droit de le garer là.

279

Un automobiliste facétieux a collé cet avis sur la vitre arrière de sa voiture :

« MÉFIEZ-VOUS DE L'IMBÉCILE QUI ME SUIT. »

280

Un homme raconte au dépanneur qui vient chercher sa voiture dont tout l'avant est en accordéon :

– Je roulais gaiement en pensant que j'avais tout l'avenir devant moi.

– Et alors ?

– Il y avait aussi un platane.

281

Un candidat à un poste de policier chargé de la circulation est interrogé sur ses lectures.

– Citez un livre qui a pu déterminer votre vocation.

– Sans aucun doute, un roman de Stendhal : *Le Rouge et le Vert.*

282

Un homme téléphone à un concessionnaire de voitures allemandes :

– Quand je vous ai acheté votre tout dernier modèle, vous m'avez bien parlé de quelques gadgets inédits. Mais pas de celui où – quand la carrosserie est sale – une petite voix s'élève de l'ordinateur de bord pour suggérer au conducteur : « J'aurais bien besoin d'une douche. »

– C'est drôlement pratique, n'est-ce pas ?

– Eh bien, quand j'ai entendu cela pour la première fois, j'ai été tellement surpris que j'ai tourné brusquement mon volant et, en fait de douche, je me suis retrouvé, avec ma voiture, dans la rivière qui borde la route.

LANGAGE DES SOURDS

« Je ne peux pas l'encadrer »

Aviation

283

Le contrôleur du ciel demande à un jeune pilote qui veut atterrir :
– Indiquez-moi votre altitude et votre position.
Après quelques instants d'hésitation, le jeune pilote répond :
– Je mesure 1,79 mètre et pour ce qui est de ma position, je me tiens assis dans le cockpit, devant le tableau de bord.

284

Dans un aéroport, un homme se présente, tout nu, au bureau de police, en disant :
– On m'avait bien prévenu de me méfier d'une bande de voleurs qui sévissent en ce lieu. Mais je m'étais bêtement persuadé que cela ne concernait que les bagages.

285

Une hôtesse s'inquiète auprès d'un passager :
– Vous êtes verdâtre, vous claquez des dents et vous tremblez de tous vos membres. Que se passe-t-il ?
– Je ne supporte pas les voyages en avion.
– Eh bien, s'écrie l'hôtesse, qu'est-ce que ce sera quand nous aurons décollé !

286

Dans un aéroport, un voyageur rencontre un de ses amis qu'il interroge :
– Où vas-tu ?
– À Pékin.
– Pour tes affaires ?
– Non, pour acheter un chien : un pékinois.
– Mais, voyons, tu aurais facilement trouvé un pékinois à l'animalerie de l'avenue Victor-Hugo.
– Je suis allé dans ce quartier avec cette intention mais c'était vraiment trop compliqué.
– Pourquoi ?
– Je n'ai pas réussi à trouver une place pour garer ma voiture.

ON A INCLUS LE SERVICE APRÈS-VENTE DANS LA CHAÎNE
ÇA C'EST DU DURABLE !

287

– Mon mari, raconte une femme, apprend à voler aux jeunes pilotes : certains sont de très jolies femmes.

– Quand ils sont en l'air, il ne doit pas faire grand mal.

– C'est ce que j'ai naïvement cru – jusqu'à ce que l'on me dise qu'il pouvait mettre son appareil en pilotage automatique.

288

Dans un avion transatlantique, les passagers sont réveillés en sursaut par un message qui leur annonce :

– Ici, le commandant de bord. J'ai deux nouvelles pour vous, une bonne et une mauvaise. La bonne, d'abord. Notre avion repose sur la terre ferme. La mauvaise, à présent : nous avons 50 mètres d'eau au-dessus de nous.

289

Dans un pays lointain, un touriste qui a pris un avion d'une compagnie locale dit à l'hôtesse :

– Nous devions décoller il y a plus de deux heures. Qu'est-ce qui justifie ce retard ?

– Le pilote avait remarqué que l'un des réacteurs de cet appareil était complètement nase mais, rassurez-vous, on l'a changé.

– Le réacteur ?

– Non, le pilote.

290

Deux gamins facétieux demandent à une femme de ménage cramponnée à son balai :

– Pouvez-vous nous dire à quelle heure vous allez vous envoler en chevauchant votre Airbus ?

291

Dans un Boeing, un passager terrorisé demande à l'hôtesse :

– Qu'est-ce qui provoque ces turbulences : un trou d'air, un gros orage ?

– C'est beaucoup plus simple que cela. Le commandant, qui a une forte grippe, s'est rappelé qu'avant de prendre son sirop pour la toux, il aurait dû secouer énergiquement le flacon.

——— **292**

Léonard de Vinci, après s'être équipé d'une paire d'ailes de sa fabrication, a réussi à s'élever à plusieurs mètres dans les airs. Après quoi, il s'écroule, lourdement, sur un rocher.

– Je n'ai pas pris les choses dans le bon ordre, s'écrie-t-il. J'aurais dû commencer par inventer le parachute.

——— **293**

À bord d'un Airbus A320, l'hôtesse explique aux passagers :

– Le commandant a des difficultés à couper sa tranche de rosbif qui est dure comme une semelle. Y aurait-il parmi vous un pirate de l'air dont le couteau, bien aiguisé, aurait échappé à tous les contrôles ? Dans ce cas, pourrait-il le prêter à notre pilote pour l'aider à poursuivre son déjeuner ?

——— **294**

– Docteur, dit un homme, je voudrais que vous me donniez un remède : j'ai constamment les mains froides et cela me handicape dans mon travail.

– En quoi ce travail consiste-t-il ?

– Je fais des fouilles.

– Vous êtes archéologue ?

– Non, je suis employé à l'aéroport de Roissy pour vérifier que les gens qui s'apprêtent à prendre l'avion n'ont pas d'arme sur eux.

——— **295**

Sachant combien ses conseils sur la conduite à tenir en cas de catastrophe suscitent peu d'intérêt, un steward dit aux passagers qui viennent de prendre place dans l'avion de la ligne Paris-New York :

– J'arrive un peu en retard parce que, dans le hall 6, une superbe blonde, après avoir ôté successivement tous ses vêtements, s'est mise à embrasser les voyageurs présents en leur disant qu'elle quêtait pour une organisation caritative. Bon, maintenant que j'ai réussi à capter votre attention, je vais vous montrer comment passer une ceinture de sauvetage.

——— ***296***

Un homme dit à sa femme qui va s'envoler, à l'aéroport d'Orly :

– Je te charge de toutes mes amitiés à transmettre à ta mère – et je peux t'assurer qu'avec une telle charge, tu ne risques pas que l'on te compte un excédent de bagage.

VOUS AVEZ VRAIMENT LES CHEVEUX PLATS
Bmi

Barbe et cheveux

297

– Tandis que je me rasais, raconte un homme, la bombe toute neuve que j'utilisais s'est bloquée et la salle de bains a été complètement envahie par de la mousse à raser.

– Ça a eu des suites ?

– Une seule : cela m'a dégoûté de mettre de la crème Chantilly sur mes fraises.

298

Un homme rentre chez lui avec le crâne complètement rasé.

– On avait, raconte-t-il à sa femme, commencé de discuter politique, le coiffeur et moi, tandis qu'il me coupait les cheveux.

– Et alors ?

– À un moment, ce qu'il disait était tellement stupide que je n'ai pas pu me retenir de lui dire : « Vous êtes un parfait crétin ! » Il l'a mal pris et le duel était inévitable. Insulté, il avait le choix des armes. Il a choisi la tondeuse et voilà le résultat !

299

– Tu es superbement coiffée, dit un homme à sa femme. Au fait, comment ton coiffeur s'appelle-t-il ?

– Georges, mais je l'ai surnommé Al Capone.

– Al Capone, comme le célèbre gangster de Chicago ?

– Oui.

– Pourquoi ce surnom ?

– Je voudrais que tu voies sa façon de tenir un sèche-cheveux. On croirait qu'il tient une mitraillette.

300

En vacances dans un pays étranger, un homme, amusé de voir opérer un barbier à l'ancienne mode, a décidé de faire appel à ses services.

– J'espère, lui dit-il en prenant place dans le fauteuil, qu'entre deux clients, vous désinfectez soigneusement votre rasoir.

– C'est inutile, répond le barbier. Ce rasoir est tellement effilé qu'il coupe en deux les plus petits microbes.

301

Avant de partir pour participer à un bal costumé, une femme dit à son mari :

– Le coiffeur ne t'a vraiment pas arrangé avec sa coupe dernier cri. Mais ce n'est pas grave : sachant pertinemment de quoi il est capable, je t'ai pris, chez le costumier, une belle tenue de scaphandrier.

302

– Quand ma fille a commencé de porter les cheveux longs, je n'ai rien dit, raconte une mère de famille. Quand les cheveux de ma fille ont atteint ses épaules, je n'ai rien dit. Quand elle les a laissés pousser un peu plus bas que les omoplates, je n'ai rien dit. Mais le jour où je me suis rendu compte que celle que j'avais prise jusqu'alors pour ma fille était, en réalité, mon fils – cette fois, je me suis fâchée.

303

Une femme arrive chez son coiffeur en tenant à la main une brosse à long manche, destinée à épousseter les toiles d'araignée.

– Regardez bien, dit-elle, la coupe que je lui ai faite. Je voudrais que vous réalisiez exactement la même sur moi.

304

– Je voudrais, dit une femme, une lotion après-rasage pour mon mari qui est sommelier dans un grand restaurant. En auriez-vous une au millésime de 2004 ?

305

– On m'a signalé, raconte une femme à une amie, un nouveau coiffeur qui fait des merveilles.

– Cela va te changer, quand on voit comment tu es coiffée en hérisson.

– Mais, tu m'as mal comprise. J'en sors justement de chez ce coiffeur !

306

En prenant place dans le fauteuil, un professeur de mathématiques dit à son coiffeur :

– J'aimerais que vous me fassiez une raie, avec un huitième de mes cheveux partant sur la gauche et les sept autres huitièmes franchement à droite.

307

Alors que deux époux sont au lit, la femme porte une main à ses cheveux :

– Ne t'obstine pas avec ce poste de radio, dit-elle à son mari, tu n'arriveras pas à le faire fonctionner. Manifestement, quand tu as changé ses piles tout à l'heure, tu as pris un de mes bigoudis à la place d'une des piles neuves.

308

– Quand j'étais jeune, raconte un représentant de commerce totalement chauve, avant d'être reçu par un client, je me donnais un coup de peigne et je rectifiais ma cravate.

– Et aujourd'hui ?

– Je n'ai plus rien à faire, notamment parce que personne ne porte plus de cravate.

IL N'Y A PAS QUE
LE RAISIN QUI
VA PASSER SOUS
LE PRESSOIR
Bri

Beauté

309

Dans un cocktail, un homme dit à sa femme :

– On m'a présenté à une certaine Mme Renard. Comment pourrais-je retenir son nom avec ma mémoire défaillante ?

– C'est facile. Pense qu'elle a un corps beau.

– Génial.

Quelques semaines plus tard, le couple est invité dans une autre réception.

Très étonnée, la femme demande à son mari :

– Qu'est-ce qui t'a pris d'appeler cette femme que je t'avais présentée la dernière fois Angelina ?

– C'est à cause du truc mnémotechnique que tu m'avais indiqué, à propos de sa beauté. En la voyant, tout ce qui m'est venu à l'esprit c'est qu'elle est très Jolie !

310

En se contemplant dans un miroir, une femme dit à un tatoueur :

– Cette reproduction de la *Vierge au lapin* de Titien que vous m'avez tatouée dans le dos est une pure merveille. Elle enchantera tous les hommes avec lesquels j'aurai l'occasion de me mettre au lit. Encore faut-il qu'ils aient l'idée de la regarder.

– En effet. Et que suggérez-vous ?

– Eh bien, je voudrais que vous me tatouiez, en majuscules, sur la poitrine ces quatre lettres : T.S.V.P.

311

Une jeune femme demande à une vendeuse d'un grand magasin :

– Auriez-vous un excellent parfum qui ne coûte pas plus de 10 euros le flacon ?

– En voici un, mais je vous avertis que, lorsque vous le porterez, les hommes qu'il vous permettra d'attraper ne vaudront pas cher non plus.

312

Un spécialiste des contes de fées raconte à un collègue :

– Dans un vieux grimoire, j'ai découvert une version de *Cendrillon* qui laisse entendre que le Prince charmeur n'était pas si charmant que cela.

– Vraiment ?

– Dans cette version, Cendrillon, après avoir un peu dansé avec lui, le regarde attentivement et le trouve si peu engageant qu'elle rentre chez sa belle-mère faire le ménage, sur le coup de dix heures du soir, alors qu'elle avait la permission de minuit.

313

– J'aimerais, dit une femme, que mes rides soient moins apparentes, quand je me regarde dans la glace le matin.

– En ce cas, dit l'esthéticienne, je vous conseille cette crème.

– À m'étaler, chaque soir, sur le visage ?

– Non, à tartiner largement, chaque matin, sur votre miroir.

314

En se frottant la joue, rougie par une bonne claque, un adolescent explique :

– J'ai fait une erreur en voulant complimenter ma petite amie.

– Laquelle ?

– J'avais prévu de lui dire : « Tu es beaucoup plus belle que ta sœur » et je me suis embrouillé. Je lui ai dit : « Ta sœur est beaucoup plus moche que toi. »

315

Une femme d'une soixantaine d'années se présente dans un institut de beauté en tenant en laisse un chien shar-peï au corps et à la tête pleins de plis.

– Je voudrais me faire traiter au Botox, explique-t-elle, mais j'aimerais que vous expérimentiez d'abord ce produit miracle sur mon petit Trésor. Si ça marche pour lui, alors, ça marchera pour moi.

316

Une belle blonde dit à un tatoueur :

– Le coucher de soleil que vous m'avez tatoué sur le ventre a enchanté mon mari qui le contemple, chaque soir, pendant des heures.

– C'est parfait.

– Oui, mais je voudrais autre chose. Pourriez-vous me représenter la même scène, cette fois-ci sur les deux seins ?

– Bien sûr.

– Vous savez, on n'arrête pas le progrès. Mon mari veut absolument passer à la 3D.

——— ***317***

Les élèves d'une école de mannequins vont apprendre à marcher en tenant en équilibre un livre sur la tête.

– Je suis une intellectuelle, dit l'une d'elles à la directrice.

– Et alors ?

– Pourrais-je remplacer le roman-feuilleton de Christian Jacq, que vous m'avez remis, par la *Critique de la raison pure* d'Emmanuel Kant ?

——— ***318***

Un spécialiste en chirurgie esthétique dit à l'épouse d'un général qui vient de faire appel à lui pour la cinquième fois :

– Pour employer un langage familier à votre mari, il est un moment où, après avoir constaté l'inutilité de quelques éphémères victoires, une reddition sans condition s'impose.

——— ***319***

– Ma grande fille, raconte une femme à une voisine, a eu hier son premier bouton d'acné. Aussitôt, elle a couru…

– Consulter un dermatologue ?

– Non. S'acheter un passe-montagne.

——— ***320***

La méchante reine de *Blanche-Neige* questionne :

– Miroir, mon beau miroir, dis-moi quelle est la plus belle femme du royaume – à l'exception, bien sûr, de toutes les sales tricheuses qui ont eu recours à la chirurgie esthétique.

——— ***321***

– Un jour où je gonflais un pneu de ma bicyclette, raconte un homme, je m'étais étonné de voir avec quelle attention ma femme me regardait opérer. Manifestement, cela lui avait donné une idée.

– De s'acheter un vélo ?

– Non, de se faire augmenter les seins.

——— ***322***

– J'avais cru, raconte une femme, avoir un coup de génie en m'enduisant chaque soir les fesses de la crème que j'utilisais jusqu'alors comme antirides pour le visage.

– Et alors, ça a marché ?

– Magnifiquement, mais mon mari ne m'a pas regardée dans les yeux depuis.

ESPRIT ..... ESPRIT
QUI DOIT PAYER
SA TOURNÉE ?
Bmi

Boisson

323

Dans une boutique de vins fins, une femme hésite :
– Montrez-moi un bon sancerre.
– Voici, Madame.
– Non, je vais plutôt prendre un chablis.
– C'est une excellente idée. Je vous donne notre meilleur chablis. Un premier cru.
– À moins que, peut-être, un sylvaner…
– Là, évidemment, c'est toute l'Alsace.
– Non, finalement, je vais choisir un graves.
En enveloppant la bouteille de bordeaux, le marchand dit à la femme :
– Vos hésitations témoignent du plaisir que vous voulez réserver à vos invités en leur servant ce bon vin.
– Quels invités ? Je dois juste briser cette bouteille contre la coque d'un navire qui va être lancé demain.

324

– J'ai vu votre mari dans la rue cet après-midi, dit une femme à une voisine. Il a un bras dans le plâtre. Que lui est-il donc arrivé ?
– Avant-hier, il est rentré, sur le coup de deux heures du matin, d'un repas bien arrosé avec des camarades de régiment et il a violemment heurté la porte du garage.
– Votre voiture est très abîmée ?
– Pas du tout, d'autant que, ce soir-là, mon mari était à pied.

325

Un pompier téléphone à la caserne pour rendre compte de l'intervention qui vient d'avoir lieu dans le chai d'un vigneron :
– Ça y est, chef, on a réussi à l'éteindre.
– L'incendie ?
– Non, notre soif.

326

Dans un cabaret, un consommateur solitaire demande à une serveuse, vêtue en petit lapin :

– Est-ce que, lorsque vous aurez terminé votre service, on pourrait aller boire un dernier verre dans votre clapier – je veux dire dans votre studio ?

327

Un homme qui a l'habitude de traîner au café avec des copains est, exceptionnellement, resté un soir chez lui et s'est couché de bonne heure.

En pleine nuit, sa femme le réveille :

– Louis, lui dit-elle, j'ai peur. J'entends du bruit en bas.

– Quelle heure est-il ?

– Deux heures du matin.

– Alors, ne t'inquiète pas et rendors-toi tranquillement. À cette heure-là, ce ne peut être que moi qui rentre.

328

À la fin du repas, un homme dit à sa femme :

– Ce que j'aimerais, pour couronner ce succulent déjeuner, c'est un express.

– Tout de suite, mon chéri. Le temps de chausser mes rollers, et je te le sers.

329

Après qu'un pétrolier s'est fracassé sur un rocher, son capitaine est appelé à témoigner sur les circonstances de cette catastrophe.

– Selon plusieurs membres de votre équipage, lui dit le président, le jour du drame, vous étiez, comme à votre habitude, encore plus noir que la marée que vous avez provoquée. Jurez de dire la vérité, rien que la vérité, toute la vérité. Levez le coude droit et dites : « Je le jure. »

330

– C'est entendu, dit un spécialiste du réchauffement climatique, j'accepte de venir dans votre ville faire un exposé pour expliquer que, dans les prochaines années, nous suffoquerons littéralement sous un soleil de plomb. Mais ce genre de conférence n'est pas sans influence sur le comportement des auditeurs.

– Cela risque de les effrayer ?

– Non, de leur donner soif. C'est bien pourquoi, outre mon cachet de conférencier, j'exige 10 % sur le chiffre d'affaires de la buvette.

——— **331**

Un sommelier dit à un dîneur :
– Ceci est un vin rouge d'Australie.
– Et vous me le conseillez ?
– Et comment ! Quand vous en aurez bu une bouteille, vous serez persuadé que le laideron qui vous accompagne est l'actrice australienne Nicole Kidman.

——— **332**

– La vie de mon mari est terrible, confie une femme à une voisine. Quand nous sommes invités chez des amis, ou bien il ne boit pas et reste obstinément silencieux. Ou bien, après avoir bu plusieurs coupes de champagne, il se met à parler.
– Et alors ?
– Dans le premier cas, les autres invités pensent confusément qu'il est stupide et, dans le second cas, ils en sont totalement convaincus.

——— **333**

Un automobiliste s'est fait arrêter alors qu'il roulait en état d'ébriété sur une route de Bourgogne.
Après l'avoir fait souffler dans l'éthylomètre, le gendarme lui dit :
– Vous allez avoir un retrait de six points sur votre permis de conduire. Par contre, je peux vous délivrer une attestation pour que vous obteniez, sans aucune formalité, le titre de chevalier du Tastevin.

——— **334**

Le barman raccroche le téléphone et dit en riant à un homme qui en est à son sixième whisky de la soirée :
– C'est Juliette qui vient d'appeler.
– Juliette ?
– J'enjolive un peu mais, en gros, elle m'a demandé : « Savez-vous où est, à une heure pareille, mon beau Roméo ? » Au ton de sa voix, je te conseillerais de décaniller immédiatement si tu ne veux pas que cela tourne à la tragédie.

335

Un SDF dit à un autre, assis à côté de lui :

– Si seulement je recevais un euro pour chacune des femmes avec lesquelles j'ai fait l'amour, aujourd'hui, je pourrais m'offrir ce qui me fait tellement envie.

– Une belle voiture, comme une BM ?

– Non. Un demi de bière bien tiré.

336

Deux amies boivent un Coca dans un bar quand l'une d'elles glisse à l'oreille de l'autre :

– L'homme à ma droite qui est en train de siroter un double whisky vient de me dire qu'il me trouvait très sexy.

La copine se penche pour voir la tête de l'individu en question et dit :

– Tu ne vas pas prendre au sérieux les élucubrations d'un ivrogne qui a déjà au moins 2 grammes d'alcool dans le sang !

– Il a ajouté qu'avec une allure comme la mienne, j'aurais fait un très bon mannequin.

Son amie enchaîne :

– Excuse-moi. Je me suis trompée sur son compte. Je voulais dire 3 grammes, bien tassés.

337

Un ingénieur qui travaille à la mise au point d'une superbombe nucléaire est convoqué d'urgence par son chef de service, qui lui dit :

– La Troisième Guerre mondiale n'est pas pour demain. Alors, laissez tomber votre bombinette et employez plutôt vos talents à réparer la machine à café qui est en panne.

338

À la fin d'une soirée bien arrosée, une femme dit à son mari :

– Appelons un taxi. Tu n'es pas en état de nous ramener en voiture à la maison.

– Mais, proteste-t-il, j'ai mon GPS.

– Je le sais que tu as ton GPS mais ce qui m'inquiète, c'est que je t'ai vu l'utiliser à cinq reprises pour te guider vers le buffet où, à chaque fois, tu prenais un whisky.

ROBE LUMINEUSE ET BRILLANTE
BIEN CHARPENTÉ BIEN CARROSSÉ
NOTE FRAÎCHE DE FRUIT ROUGE
IL EST HORRIBLEMENT BON!!
Brudenne

339

Un fermier qui accueille des cousins de la ville dit au moment où ils vont passer à table :

— Attendez-moi un instant : je vais à Cana.

— Qu'appelles-tu Cana ? demande le Parisien.

— Le puits d'où je tire de l'eau. J'espère toujours qu'un miracle se produira et que j'en remonterai un seau plein de beaujolais.

340

Dans un parc d'attractions, deux individus bien éméchés ont pris place dans une voiture d'un petit train qui escalade et dévale des montagnes russes.

— Tu vois, dit un des buveurs à son copain, ce que je reprocherais au chauffeur de ce bus, c'est qu'il ne freine pas suffisamment en abordant les virages.

341

Une serveuse de bar se plaint :

— À longueur de journée, je vois défiler des hommes et pas un seul ne s'avise de ce que je peux penser.

— Vous avez tort, s'écrie un des habitués. Tenez, mon ami et moi, nous nous disions que, manifestement, en vous habillant ce matin, vous pensiez avoir mis un soutien-gorge alors que, lorsque vous vous penchez pour nous servir à boire, on voit bien qu'il n'en est rien.

342

Un naufragé du désert qui rampe depuis plusieurs jours dans le sable, sous un soleil brûlant, voit apparaître devant lui un garçon de café portant deux demis de bière sur un plateau.

— Chacun son tour, lui dit l'apparition. Il faut d'abord que j'aille servir les victimes d'un autre mirage, qui halètent derrière la grande dune.

343

— Ça y est, dit une femme à une amie, j'ai rompu avec Franck.

— Mais, en me parlant de lui, tu m'avais dit qu'entre vous, cela avait été le grand amour au premier coup d'œil.

— C'est vrai, mais ce premier coup d'œil, je l'avais porté sur lui un soir où j'avais abusé du beaujolais nouveau.

— Et alors ?

— Quand, une fois dégrisée, je lui ai jeté un second coup d'œil, j'ai compris mon erreur et j'en ai tiré les conséquences.

——— ***344***

Le téléphone sonne dans une caserne de pompiers.
– Allô, dit une voix affolée, un camion-citerne transportant 30 hectolitres de whisky s'est renversé dans un virage, à hauteur du 12 avenue Jules-Renard, et son contenu se répand sur la chaussée.
– Compris, répond le chef des pompiers, nous prenons nos verres et des olives et nous arrivons.

——— ***345***

Un Irlandais se promène avec sa femme. Celle-ci remarque :
– Nous allons passer devant un pub.
– Plus exactement, corrige-t-il, *tu* vas passer devant un pub. Moi, j'y entre.

——— ***346***

Deux sommeliers ont eu une sévère dispute qui s'est terminée par un échange de gifles. Ils décident de régler leur différend par un duel.
Au petit matin, en arrivant sur le pré, l'un d'eux demande à ses témoins :
– Vous avez apporté les épées ?
– Il n'est pas question d'épées dans votre cas : vous vous battrez avec deux tire-bouchons.

——— ***347***

Dans un bar, un homme qui s'est fait servir un cognac le boit d'une seule lampée.
Un de ses voisins s'étonne auprès du barman :
– Il boit toujours de cette façon ?
– Oui, depuis son accident.
– Quel accident ?
– Un jour qu'il tenait son verre plein à la main, un homme qui se rendait aux toilettes l'a violemment heurté en lui faisant bêtement renverser la moitié de son cognac.

——— ***348***

– Pour mon anniversaire, ma femme m'a offert une affreuse cravate de couleur bordeaux, raconte un homme. Je la mets une fois par an.
– À quelle occasion ?
– Quand mon épouse et moi allons à la Foire aux vins, dans notre grande surface, acheter douze bouteilles de saint-émilion.

349

Dans un cocktail, une belle blonde dit à un invité :

– Si, au cours de la soirée, vous essayez de m'embrasser et que je me laisse faire, tapez-moi légèrement sur l'épaule : je comprendrai ainsi que j'ai trop bu et qu'il faut absolument que je m'arrête.

350

Un œnologue averti assure :

– Je considère 1990 comme la meilleure année pour un amateur de vin.

– C'est vrai que ce millésime est particulièrement savoureux.

– C'est surtout que, cette année-là, après un bon repas dans un grand restaurant, j'ai fait une formidable partie de jambes en l'air avec la sommelière.

351

– J'ai deux personnalités totalement différentes, raconte un homme. La première de ces personnalités aime le pastis, le martini, le gin, le whisky, le champagne et les chips.

– Et votre deuxième personnalité ?

– Elle n'aime pas les chips.

352

Sortant d'une soirée très arrosée, un homme s'est glissé dans une poubelle. Tenant devant lui, verticalement, le couvercle comme un volant, il s'impatiente :

– Avec toute cette électronique, où peut bien être le démarreur sur cette bagnole ?

353

Au bureau, un employé s'étonne auprès d'un de ses collègues :

– Je t'ai vu tirer de ta poche une flasque de scotch. Tu bois de l'alcool dès 10 heures du matin ?

– Eh, oui, et cela depuis que ma femme m'a quitté.

– Mais tu m'as dit qu'elle était partie il y a vingt-sept ans de cela !

– Tu vois, je crois bien que je ne l'oublierai jamais.

ALLER...
IL FAUT BOURRER
LES URNES!!!

354

Dans un bar, un homme fait le joli cœur auprès de la serveuse.
– Ma femme, dit-il, me trouve stupide et ennuyeux.
– Aime-t-elle le chocolat ?
– Oui.
– Alors, conclut la serveuse, elle et moi, ça nous fait déjà *deux* points communs.

355

Dans un restaurant, le sommelier dit à un dîneur qui vient de commander son repas :
– Puis-je me permettre de vous conseiller, comme boisson, un bon chablis Fourchaume ?
– Non, donnez-moi plutôt un gewurztraminer.
Le sommelier sursaute :
– C'est un vin d'Alsace assez particulier.
– Je n'en doute pas mais, après tous les efforts que j'ai accomplis pour vaincre mon bégaiement, je tenais absolument à vérifier que je pouvais désormais prononcer correctement le nom de gewurztraminer. Maintenant que c'est fait, vous avez raison, servez-moi donc un bon chablis.

356

Commentaire d'un critique sur l'auteur d'un roman :
« Son éditeur nous apprend que, c'est un alcoolique de longue date. Cela serait excusable s'il avait eu le bon goût de rester anonyme. »

357

Un homme demande à l'employé du bureau des objets perdus :
– On ne vous aurait pas rapporté, par hasard, une bouteille de whisky ?
– Hic... fait l'employé, d'une voix pâteuse... À la vôtre ! Je veux dire... C'est la vôtre... cette bouteille à moitié vide ?

358

Au cours d'une réception, une jeune femme, serrée de près par un invité, refuse la flûte de champagne qu'un serveur lui propose, en expliquant :
– J'ai prévu de rentrer en voiture avec Monsieur.
– Et vous voulez être sûre de bien conduire ?
– Je veux surtout être certaine de bien *me* conduire.

359

Le responsable d'un centre de secours en montagne raconte :

– Un de nos saint-bernard a été mis prématurément à la retraite.

– Qu'avait donc fait ce chien ?

– Nous l'avions envoyé, avec le traditionnel tonnelet de rhum au cou, à la recherche de la victime d'une avalanche.

– Et alors ?

– Quand nous sommes arrivés sur les lieux, le tonnelet était vide, l'alpiniste était glacé et le chien avait 2,80 grammes d'alcool dans le sang.

360

Un sommelier farceur ne se lasse pas de ce gag.

Quand il a débouché une bonne bouteille, il en porte le bouchon à ses narines et, après quelques instants, il fronce les sourcils.

– Que se passe-t-il ? demande le dîneur.

– Ça m'inquiète.

– Quoi donc ?

– Ce bouchon sent nettement le pomerol.

361

Un Américain, qui a participé au Débarquement, revient en pèlerinage en Normandie. Il entre dans une auberge et dit, en riant, à la serveuse :

– Ici-même, j'ai commandé un calvados il y a 67 ans de cela.

– Avec tous les clients que nous avons, répond la serveuse, je sers aussi vite que je peux.

362

En sortant d'une réception chez des amis, une femme dit à son mari :

– Tu ne comptes pas prendre le volant alors que, manifestement, tu es complètement bourré ?

– Voyons, proteste-t-il, comment peux-tu dire cela alors que je n'ai bu que trois ou quatre tartimis… heu… marnitis… heu… nartimis… alors que je n'ai bu que trois ou quatre verres d'eau minérale.

——— 363

Le barman dépose trois tasses sur le plateau du garçon de café et, en les changeant de place entre elles, il annonce :

– Un express... un déca... un express... un express... un déca... un express... Alors, où est-il, le déca ?

– Je t'en prie, fait le garçon, cesse de jouer au bonneteau avec tout ce qui te tombe sous la main et sers-moi simplement les trois cafés, dont un déca, que je t'ai commandés.

——— 364

– Mon mari, raconte une femme à une amie, est très raisonnable en ce qui concerne la boisson. Il ne boit que lors de grandes occasions. Aujourd'hui, par exemple, il arrose le sixième anniversaire de notre caniche. Demain, cela fera un an que j'ai gagné, à la fête foraine, deux poissons rouges : ça s'arrose. Après-demain, c'est la saint Philippe. Or, justement, Philippe le Bel est son roi préféré...

——— 365

Un amateur de boissons exotiques dit au barman :

– Je voudrais un brevurschintzlimoni-tskibourbonnastrumph à l'eau.

Le barman lui répond :

– Excusez-moi, mais j'ai mal compris. Vous voulez un brevurschintzlimoni-tskibourbonnastrumph à quoi ?

——— 366

Deux piliers de bistrot, tous deux bien éméchés, se sont pris de querelle. Ils sortent de l'établissement pour se battre alors que tombe une violente averse.

Au bout d'un moment, celui qui a pris le dessus dit à son adversaire :

– Alors, tu as ton compte ?

– Non, fait l'autre.

Ils se remettent à se battre tandis que la pluie redouble. Le premier, qui a toujours le dessus, demande à son adversaire :

– Cette fois, tu l'as, ton compte ?

– Non.

La bagarre recommence et les deux hommes sont complètement trempés. Le premier, qui a toujours le dessus, dit à l'autre :

– Ça suffit. Considérons que tu as gagné et que tu me demandes si j'ai mon compte. Je te jure que j'ai tellement envie de me mettre au sec que je te répondrai : « Oh ! oui ! » et que je suis même prêt à te faire des excuses en plus.

Bureau

367

Un homme d'affaires terriblement pressé pénètre dans un des douze ascenseurs qui desservent une tour de cent étages.

– Vite, ordonne-t-il au liftier, menez-moi au 97e, en n'hésitant pas, au besoin, à griller les feux rouges.

368

Appelé d'urgence à la clinique où sa femme vient d'accoucher, un employé a quitté son travail en toute hâte sans en demander la permission à son chef de service.

Le lendemain, il présente à celui-ci un mot d'explications rédigé par sa femme :

« Monsieur. Veuillez excuser l'absence de mon mari à son bureau hier après-midi. La raison est que j'ai donné le jour à un beau bébé mais je puis vous assurer que mon mari n'y est pour rien. »

369

– Quand j'ai eu à inventer un mot de passe très personnel pour utiliser mon ordinateur, raconte un homme, je me suis rappelé qu'à l'école primaire, où j'étais très turbulent, mes copains m'avaient surnommé « la Terreur ».

– Et alors ?

– Mon code secret s'imposait : ROBESPIERRE1794.

370

Un chef d'entreprise se fâche après un de ses collaborateurs :

– Vous êtes d'une lenteur qui me désespère. Depuis huit jours que je vous ai chargé d'étudier ce dossier, vous n'avez encore rien fait. Pouvez-vous me donner une bonne raison à ce retard ?

– Sûrement, mais, pour cela, il faudrait que vous me laissiez deux ou trois jours.

ALORS, ON LA VOTE, CETTE DÉLOCALISATION ?
Bri

——— *371*

Une femme répond à la secrétaire de son mari qui l'appelle au téléphone :

– Mon époux s'est réveillé très en retard. Je l'ai vu partir précipitamment à 8 heures 20 pour le bureau, mais je m'attends à le voir revenir d'une minute à l'autre.

– Qu'est-ce qui vous fait penser cela ?

– Avant de quitter la maison, il a oublié d'enfiler son pantalon.

——— *372*

Une assistante de direction demande à une couturière :

– Pourriez-vous me broder, en grosses lettres, avec du fil rouge, le mot BILAN au fond de cette petite culotte ?

– Certes, mais pourquoi ?

– Les affaires de mon patron marchent très mal. Alors, un soir, pour lui remonter le moral, je vais lui tourner le dos et relever ma jupe en lui disant : « Un jour ou l'autre, vous serez amené à déposer votre bilan. Alors, autant vous y entraîner dans la joie ».

——— *373*

Dans une grande entreprise, on fait circuler, d'un ordinateur à l'autre, ce mail vengeur :

« Si personne ne vous contredit jamais, n'en déduisez pas que vous êtes supérieurement intelligent mais, plus simplement, que vous êtes le directeur. »

——— *374*

Un patron fait des reproches à sa secrétaire :

– Qu'est-ce qui vous a pris de m'appeler « mon gros baigneur » en plein conseil d'administration ! Vous savez bien que je ne sais pas nager !

——— *375*

Un homme d'affaires, qui ne se sort pas du calcul dans lequel il s'est imprudemment lancé, demande à son assistante :

– Mademoiselle Karine, qu'enlèveriez-vous pour obtenir 6,25 % de 300 000 euros ?

Sans hésitation, la jeune femme répond :

– Tout, sauf mes chaussures à talons.

——— 376

Voulant licencier en douceur un de ses employés, un patron convoque celui-ci et lui dit :

– Monsieur Machavoine, je me rends compte que vous perdez votre temps dans une petite maison comme la nôtre.

— Et que me suggérez-vous, Monsieur le directeur ?

— D'aller le perdre, mais dans une entreprise beaucoup plus grande.

——— 377

— C'est quand même un comble, confie une assistante à une collègue, je me rappelle parfaitement les quelque 250 mots de passe que j'ai utilisés pour mon ordinateur dans les entreprises dans lesquelles j'ai travaillé, alors qu'à l'école je n'ai jamais été fichue de retenir les deux premiers vers du *Corbeau et du Renard.*

——— 378

Un employé jette un coup d'œil aux mails qui se sont accumulés sur son ordinateur.

— Je suis sûr, dit-il à un collègue, que celui-ci a été envoyé par une jolie blonde.

— Qu'est-ce qui te fait penser cela ?

— Elle a joint un timbre pour la réponse.

——— 379

Un homme rentre chez lui un soir, l'air penaud et explique à sa femme :

— J'ai eu une sévère discussion avec mon patron et c'en est arrivé à un point où le mot de « crétin » a été lâché.

— Et il t'a mis à la porte pour l'avoir traité de crétin ?

— Non, Dieu merci, c'est lui qui a prononcé ce mot. Alors, je m'en suis tiré en lui faisant des excuses.

——— 380

Dans un bureau réunissant plusieurs dizaines d'employés, chacun d'eux a, devant les yeux, un avis lui intimant cet ordre :

PENSEZ

Une superbe fille, aux jambes largement découvertes, a préféré donner ce bon conseil à ses collègues qui ont souvent les yeux tournés vers elle :

RÊVEZ

C'EST NOTRE PATRON VOYOU.
BM

——— 381

Une secrétaire dit à l'une de ses collègues :

— Je me sens terriblement déprimée, ce matin. Pour me remonter le moral, dis-moi comment, si tu étais le directeur, tu virerais à coups de pied mon odieuse chef de service.

——— 382

Un employé qui fayote va trouver son patron pour lui dire :

— Savez-vous, Monsieur le directeur, comment vous surnomme votre personnel ?

— Dites-le moi.

— « Monsieur Je-sais-tout. »

— Ça, fait le directeur, je le savais.

——— 383

En découvrant son nouvel ordinateur de la toute dernière génération, un homme demande à l'installateur :

— Et à quoi cette icône sert-elle ?

— Elle vous indique le temps que vous avez bêtement perdu à naviguer sur Internet alors que vous auriez pu consacrer vos loisirs à une activité intelligente comme, par exemple, lire un bon bouquin.

——— 384

En se réveillant un matin, un employé de bureau se met à rêvasser :

— Ce que je pourrais faire, c'est consulter un psychanalyste. Je lui exposerais longuement mes problèmes et lui, alors, me ferait comprendre que je dois prendre mon travail plus à cœur, aimer mes collègues et respecter mon patron.

Un temps puis il enchaîne :

— Ils en font vraiment un sale boulot, ces psys !

Y A LE MULOT
QUI CLIQUE LA SOURIS !
Bri-

——— 385

À l'issue d'un entretien, le chasseur de têtes dit à un demandeur d'emploi :

– Cette conversation me confirme dans l'idée que m'avait donnée la lecture de votre C.V. Celui-ci est tout à fait remarquable et je suis prêt à engager la personne qui l'a rédigé à votre place.

——— 386

– Mademoiselle Cindy, dit un patron à son assistante, j'aurais absolument besoin de consulter le dossier Panouillet.

– Oui, Monsieur.

– Pourriez-vous tenter de le retrouver dans ce que vous appelez pompeusement votre rangement – ce que, par expérience, j'appelle pour ma part votre petit Triangle des Bermudes ?

——— 387

Un homme qui sollicite une place explique à la personne chargée du recrutement :

– J'ai passé les quatre dernières années à l'Institut pour l'étude des cerveaux fêlés.

– Et qu'avez-vous étudié là-bas ?

– En fait, ce sont *eux* qui m'étudiaient.

——— 388

– J'ai bien calmé les ardeurs amoureuses de mon patron, raconte une assistante à une amie, en lui montrant une photo de mon frère qui a l'aspect d'un vrai gorille.

– Tu lui as dit que c'était un champion de boxe et qu'il pourrait venir lui mettre une bonne correction ?

– Non, je l'ai assuré que c'était moi avant mon opération.

——— 389

– Ici, dit le directeur d'une petite entreprise à un collaborateur qu'il vient d'engager, nous formons une grande famille. Quand vous aurez travaillé quelques jours chez nous, je suis sûr que vous m'appellerez aussi, par le surnom que m'ont donné vos collègues : *Vito Corleone*, dit « le Parrain ».

—— 390

Un employé qui mène, depuis une heure, un combat sans espoir avec le nouvel ordinateur dont on l'a équipé finit par s'agenouiller en implorant :

– Je vous en supplie, Maître, soyez indulgent en considérant qu'après tout, je ne suis qu'un être humain.

HARG EN 3D
LE RETOUR
DÉBILE
DÉSASTREUX
DÉPRIMANT !
BMI

Cinéma

——— 391

Une jeune starlette vient d'épouser un acteur aux cheveux grisonnants.

– Tu n'as plus assez de punch pour tourner toi-même les scènes d'action, lui dit-elle. Je pense que, dans cet esprit, pour notre nuit de noces, il serait prudent que tu fasses appel à ta doublure.

——— 392

Alors qu'on vient de lui remettre un oscar, un comédien prend le micro :

– On m'a demandé, dit-il, au cas où je recevrais ce trophée, d'être bref dans mes remerciements. J'ai donc prévu de vous dire simplement : « Merci. » J'espère que vous ne m'en voudrez pas si j'abuse un peu de votre patience en vous disant : « Merci beaucoup. »

——— 393

– J'ai toujours détesté, lorsque j'étais enfant, la scène où la sorcière empoisonne Blanche-Neige avec une pomme, dit un producteur hollywoodien. Alors, je vais tourner une nouvelle version de cette histoire, où la tendre héroïne des frères Grimm sera bien à l'abri des tentatives d'assassinat de sa marâtre.

– Et comment l'appellerez-vous ?

– *Blanche-Neige et les 7 mercenaires.*

——— 394

– On a retrouvé, raconte un cinéphile, le tout premier western qui ait jamais été tourné.

– Qu'est-ce qui permet de penser cela ?

– L'animal que chevauche le John Wayne de l'époque : ce n'était pas un cheval, mais un dinosaure.

395

Une femme, qui revient du marché, voit des traces de pas au plafond de la pièce où son mari est resté devant la télévision.

– Mais, enfin, s'écrie-t-elle, vas-tu comprendre, un jour, quand tu regardes une de ces vieilles comédies musicales dont tu raffoles, qu'à ton âge, tu ne peux plus espérer rivaliser avec Fred Astaire ?

396

Un cinéma annonce :

Au programme
LE GRAND FRISSON
(Salle chauffée)

397

– J'ai, dans ma classe, raconte une institutrice, le fils d'un cabotin de la pire espèce. Quand je fais l'appel, le matin, chaque élève répond : « Présent ! »

– Et lui ?

– Eh bien, sous prétexte que son père a eu, un jour, une nomination aux Césars, il se lève quand il entend son nom, monte sur son pupitre et salue en attendant que ses copains l'applaudissent.

398

Un spectateur s'écrie, accablé, après avoir vu le 50e film de karatékas, venu tout droit de Hong-Kong.

– Si ces individus qui s'agitent dans tous les sens avaient seulement, dans la cervelle, le centième de l'habileté qu'ils ont dans les bras et les jambes, ils arriveraient peut-être à faire de bons films.

399

Une femme qui aime les sensations fortes cherche un film qui pourrait correspondre à ses goûts. Elle se connecte sur le site www.sadomaso.com et note, parmi les suggestions, ce titre alléchant :

Oh oui ! Faisons l'amour, ce soir, chéri. J'ai tellement mal à la tête !

——— 400

Un producteur raconte :

– J'avais alloué à un réalisateur très dépensier un budget illimité pour son nouveau film.

– Et alors ?

– Il a réussi à le dépasser de 40 %.

——— 401

En sortant d'une salle de cinéma, une femme exprime son indignation à l'amie qui l'accompagne :

– Ce film est vraiment obscène. J'ai pensé cela la première fois que je l'ai vu et je n'en démords pas après la sixième représentation.

——— 402

– Moi, dit un jeune metteur en scène, j'ai tout appris de ce grand gourmand d'Alfred Hitchcock.

– Alors, vous sentez-vous capable de nous offrir un nouveau *Psychose* ?

– Heu, non, pas vraiment. Par contre, quand on me sert un cassoulet ou un bœuf en daube, j'en prends toujours une seconde portion.

——— 403

Deux critiques parlent d'un réalisateur.

– C'est vraiment, dit l'un, le maître du suspens.

– Qu'est-ce qui vous fait dire cela ?

– Hier, il s'est marié. Et quand le prêtre lui a demandé s'il voulait épouser sa fiancée, avant de donner une réponse, il a sorti une pièce de sa poche pour tirer à pile ou face.

——— 404

Une salle de cinéma annonce ainsi son nouveau spectacle :

Un grand film d'anticipation : *La machine à remonter le temps.*
La séance débute à 20 h 30 et se termine à 17 h 45.

——— 405

– Alors, demande une jeune actrice, ça y est ? Tu épouses ton producteur ?

– Presque.

– Comment cela ?

– Je l'ai déjà convaincu de passer le mois d'août à Palerme en voyage de noces.

406

Un Américain, spécialiste du sous-titrage des films étrangers, raconte :

– Ce qui me frappe le plus, dans les films français, c'est l'intensité et la variété des jurons.

– Et vous arrivez à faire ressentir cela dans vos sous-titres ?

– Oui. En les traduisant uniformément par : « Oh ! my God ! »

407

Un acteur minable rentre chez lui, après une journée passée en vaines auditions. Il voit son appartement dans un indescriptible désordre. Quant à sa femme, elle est allongée sur le lit, les vêtements lacérés, et sanglote convulsivement.

– Oh ! mon chéri ! dit-elle, c'est horrible. J'ai lutté de toutes mes forces, mais il était si violent…

– Voyons, fait l'acteur, bouleversé, qui ? Quel est cet homme qui a pu faire une chose pareille ?

– Je ne me méfiais pas, explique la femme, en larmes. Il m'avait dit qu'il avait quelque chose pour toi. Il a commencé de t'attendre et puis, me voyant sans défense, il s'est jeté sur moi et m'a prise sauvagement.

– Mais qui est-ce ? Son nom, vite !

– C'est ton impresario.

À ce moment, le visage de l'acteur s'épanouit :

– C'est merveilleux, dit-il. Alors, il m'a enfin trouvé un engagement ?

408

Un producteur annonce à un scénariste :

– Par souci d'économie, nous tournerons notre prochain film à Rome. Pour vous, cela ne change rien. Dites-moi quel est le fil de cette intrigue que vous aviez d'abord située au Groenland ?

– Si vous me laissez une soirée, dit le scénariste, je vais changer ce fil en un spaghetti.

409

En prenant sa retraite, un homme explique :

– J'avais tout juste dix-huit ans quand j'ai vu *Et Dieu créa la femme,* un film de Roger Vadim avec Brigitte Bardot, alors au comble de sa splendeur. De voir tous ces gens qui n'étaient pas couverts a déterminé ma vocation.

– Laquelle ?

– Je suis devenu agent d'assurances.

——— ***410***

Un célèbre acteur gémit :
– La vie de comédien est épouvantable.
– Vraiment ?
– Réfléchis. Un jour, tu passes une matinée à tenir dans tes bras Isabelle Carré et puis, le soir, tu rentres chez toi. Le lendemain, tu passes six heures à recommencer une scène d'amour avec Isabelle Adjani, et puis tu rentres chez toi. Et, le surlendemain, tu es tout l'après-midi, dans un lit, en petite tenue, avec Emmanuelle Béart, et puis tu rentres chez toi.
– Mais, enfin, qu'y a-t-il de si terrible là-dedans ?
– Eh bien, de rentrer chez soi, pour coucher avec sa femme.

——— ***411***

À Hollywood, une chroniqueuse s'extasie :
– Ce jeune comédien, qui tient le rôle principal dans une nouvelle version de *L'homme invisible,* est tout à fait celui qui convenait à ce rôle.
– Qu'est-ce qui vous fait dire cela ?
– Son producteur a organisé une grande soirée dont ce jeune prodige était l'invité d'honneur, et personne ne l'a vu.

——— ***412***

Lors du tournage d'un film classé X, un acteur vient de faire l'amour à sa partenaire. La scène se termine dans un silence glacial de l'assistance.
Seule la jeune actrice, victime des sévices de son partenaire, bat des mains en criant :
– Bis… Bis…

——— ***413***

Devant une pyramide, un touriste confie à son guide :
– J'ai toujours aimé *Casablanca*, le film de Michael Curtiz, avec Humphrey Bogart et Ingrid Bergman. C'est lui qui m'a incité à visiter l'Égypte.
– Mais… objecte le guide, Casablanca est au Maroc.
– Vraiment ? C'est trop bête ! Voilà deux fois que je fais une telle confusion. La première, c'était quand j'ai ressenti une folle envie de découvrir le Sénégal – après avoir vu *Nanouk l'Esquimau.*

EN DIRECT DU TOURNAGE DE MICKEY EN LIVE !
Bmi

414

Sur un plateau de cinéma, on tourne une scène porno. Un acteur, seulement vêtu d'une veste de pyjama, fait l'amour fiévreusement avec sa partenaire, nue sous un affriolant déshabillé noir.

Et pendant une pause, le comédien dit à la jeune femme :

– J'aimerais bien faire connaissance avec vous. Quand on aura fini, on pourrait peut-être aller boire un café au tabac du coin.

415

Un scénariste appelle un producteur pour lui annoncer :

– J'ai écrit le scénario d'un thriller, avec un suspens extraordinaire.

– Racontez-moi vite cela.

– Ah non ! Il va vous falloir attendre la semaine prochaine !

416

On tourne la première scène d'un film. À la dixième reprise, le metteur en scène se fâche après la comédienne :

– Enfin, bon sang, le rôle que vous avez à jouer est très simple. Vous êtes en tête-à-tête avec un beau mec qui veut absolument faire l'amour avec vous. Il vous le dit sur tous les tons, il vous embrasse, il vous caresse et, vous, vous refusez. Ce n'est pas difficile à jouer ce genre de choses !

– C'est que, pleurniche la jeune actrice, ça ne m'est jamais arrivé…

– Qu'un homme veuille coucher avec vous ?

– Non. Que je refuse.

Collègues et amis

417

Alors qu'ils sont en visite chez des amis, un homme dit à sa femme :
– Après s'être absentés quelques instants, Caroline et François reviennent, lui en bermuda, elle en string. Ce sont des détails qui ne trompent pas. Je suis sûr qu'ils vont nous imposer de regarder les films de leurs vacances à Tahiti.

418

Une commerçante à la retraite dit à sa voisine qui a l'habitude de bavarder avec elle par-dessus la haie qui sépare leurs deux pavillons.
– Vous devriez profiter d'une offre exceptionnelle qui ne sera pas renouvelée : je vous propose deux potins bien croustillants sur nos amies et connaissances, contre un seul ragot de votre part. Avouez que c'est tentant !

419

– Mes chers amis, dit un homme au couple qu'il a invité, avant de passer à table, voudriez-vous avoir l'amabilité de signer ce document qui décharge ma femme de toute responsabilité pour d'éventuels dommages causés à vos estomacs délicats ?

420

L'oreille collée à la cloison qui sépare leur logement de celui de leurs voisins, une femme lance avec indignation à son mari :
– Les Martinot sont encore en train de dire du mal de nous.
– Que disent-ils, au juste ?
– Je n'en sais rien : ils parlent à voix si basse que je n'entends pas un mot de leur conversation.

——— **421**

Une employée de bureau qui part en retraite organise un pot d'adieux au cours duquel ses collègues lui font des cadeaux.
En les déballant, elle a les larmes aux yeux :
— Merci, Charlotte, dit-elle, pour cette belle boîte de chocolats.
— De rien. Tu me manqueras.
— Merci, Alexandra, pour ce sèche-cheveux.
— De rien. Tu me manqueras.
— Merci, Nicolas, pour cet ours en peluche.
— De rien. À ma petite sœur, qui ne m'a pas vu le lui faucher, il manquera.

——— **422**

Une invitée dit à la maîtresse de maison :
— Quel magnifique diamant vous avez-là ! A-t-il un nom ?
— Oui, c'est le diamant Bourniquet. Malheureusement, il est frappé d'une malédiction.
— Quel genre de malédiction ?
— Édouard Bourniquet, l'homme que j'ai dû épouser pour avoir ce diamant.

——— **423**

Au cours d'une réception, un homme, séduit par une belle invitée, lui dit :
— N'attachez aucune importance à l'air sinistre que je prends en vous disant qu'on pourrait peut-être faire plus ample connaissance en se retrouvant, demain, vers 5 heures, à l'hôtel Bibise. Si jamais ma femme se rendait compte de la jubilation que je ressens intérieurement, elle me ferait le coup de la migraine subite, ce qui nous obligerait à rentrer tout droit à la maison.

——— **424**

— J'ai un secret à te confier, dit une femme à une amie.
— Quel genre de secret ?
— Si je le mettais en ligne, ce serait dans le fichier : « Oh ! mon Dieu ! »

425

Un couple, invité chez des amis, est très déçu quand la maîtresse de maison leur annonce :

– Notre lecteur de DVD sur lequel nous avions prévu de vous passer le film de James Cameron, *Avatar,* est tombé en panne mais rassurez-vous : mon mari a appris, dès son plus jeune âge, l'art des ombres chinoises. En poussant des cocoricos sonores, il va vous faire sur le mur, avec seulement trois doigts, une imitation d'un coq à l'aurore, absolument saisissante.

426

– J'ai convié à dîner les Dubois, mardi, dit une femme à son mari, en prenant bien soin de leur préciser que j'accepterais n'importe quelle excuse, fût-ce la plus farfelue, si jamais ils avaient la bonne idée de vouloir se décommander.

427

Une femme, qui donne une réception, s'adresse à l'un de ses invités :

– On m'a assurée que vous étiez un célèbre comique.

– C'est, effectivement, ma réputation.

– Je vous en prie, dites-moi quelque chose de drôle.

– Votre demande me rappelle une époque où j'exerçais le métier de plombier. Lorsque j'étais convié quelque part, la maîtresse de maison, en apprenant cela, me disait : « Allez donc dans la cuisine déboucher mon évier. »

428

Une femme, qui a invité des amis, dit avec accablement à sa voisine de table :

– Décidément, ce pauvre Sébastien n'a aucune conversation. Mais quel intarissable bavard !

VOUS AVEZ UN ITINÉRAIRE PRÉFÉRÉ ?
CADY TAXI
SUIVEZ LE CADY QUI EST DEVANT NOUS.
Bri

Commerce

429

Un représentant raconte à un ami :

– J'avais fait réaliser un beau bénéfice à l'un de mes clients de province. Quand je suis repassé le voir, il m'a dit : « Pour vous remercier, je vous ai retenu une chambre dans le meilleur hôtel de la ville. Attendez-vous à une surprise. »

– Et alors ?

– Eh bien, quand j'ai pénétré dans ma chambre, j'y ai trouvé trois belles blondes complètement nues, qui m'attendaient en jouant aux cartes.

– Formidable !

– Non, car, comme tu le sais, je suis marié et j'ai des principes. J'ai donc obligé une de ces jeunes femmes superbes à se rhabiller et à s'en aller.

430

– Quand on est habitué aux grandes surfaces avec leurs hôtesses de caisse qui scannent chaque produit, raconte un collègue de travail, on a du mal à trouver du charme au petit commerce à l'ancienne.

– Qu'est-ce qui te fait dire cela ?

– Récemment, alors que je faisais étape dans un village, je suis allé à l'épicerie-buvette pour acheter une baguette, du jambon et une bouteille de bière. La vieille épicière m'a remis mon compte d'un montant exorbitant qu'elle avait rédigé à la main sur un morceau de papier. Après quoi, j'ai vu que, consciente de son méfait, elle essuyait ses empreintes digitales sur son crayon.

431

Une femme demande à l'amie avec laquelle elle fait des courses dans un supermarché :

– Quelle heure est-il ?

– Je ne sais pas. D'habitude, je regarde l'heure sur mon portable mais, ce matin, j'ai oublié de le prendre.

– Et moi, je n'ai pas de montre.

– Attends, j'ai une idée. Choisis un article au hasard et emprunte pour le payer la file la plus rapide. Ensuite, nous n'aurons qu'à consulter le ticket de caisse pour savoir à quelle heure tu es passée.

——— **432**

Un couple est tiré de son sommeil, à 3 heures du matin, parce que l'on a sonné à sa porte.

Le mari se lève, va ouvrir et se trouve en face d'un homme qui lui dit :

– J'appartiens à une société de télémarketing. Je n'arrivais pas à m'endormir tant j'étais rongé par le remords : je vous en prie, veuillez m'excuser de vous avoir dérangé, hier soir, alors que vous dîniez tranquillement, en vous appelant au téléphone pour vous proposer de changer vos fenêtres.

——— **433**

Le directeur d'un hypermarché dit à deux de ses vigiles :

– Que vous arrêtiez cet homme qui dévalisait nos rayons, bravo ! Mais, pour le garder enfermé en attendant la police, vous auriez pu trouver autre chose qu'un chariot renversé.

——— **434**

Dans une petite ville, deux magasins rivalisent de publicité pour attirer les clients.

L'un d'eux proclame :

« Si vous avez besoin de quoi que ce soit, nous l'avons. »

Et celui d'en face :

« Si vous ne trouvez pas chez nous ce que vous cherchiez, réfléchissez un peu et vous constaterez que vous n'en avez pas vraiment besoin ».

——— **435**

Un poissonnier dit à sa femme :

– J'ai acheté, à Rungis, une caisse de poissons douteux, en provenance de Russie. Manifestement, ils ont passé beaucoup de temps dans la glace. Pour faire bonne impression auprès de nos clientes, passe-moi mes palmes et mon masque de plongeur sous-marin, que j'aie l'air de rentrer de la pêche.

——— **436**

Cet avis est affiché dans une supérette :

« LES CLIENTS QUI TROUVENT QUE NOS HÔTESSES DE CAISSE SONT DÉSAGRÉABLES DEVRAIENT VOIR LA PATRONNE. »

——— 437

Un représentant en brosses assure à une ménagère qui lui a ouvert sa porte :

— Cette brosse a été conçue pour atteindre les endroits les plus inaccessibles.

— Faites m'en la démonstration.

— Volontiers. Si vous n'êtes pas trop chatouilleuse.

——— 438

Une femme entre dans une animalerie et demande :

— Avez-vous des serpents venimeux ?

La vendeuse répond :

— J'ai cette vipère du Gabon, particulièrement redoutable.

— Je la prends.

Après avoir attentivement regardé la tête peu aimable de l'acheteuse, la vendeuse questionne :

— Je vous fais un emballage-cadeau ?

——— 439

Un marchand de fruits et légumes a décidé de se présenter aux élections législatives. Il conclut ainsi son premier discours :

— [...] et je fais toute confiance au peuple de mon pays.

— En ce cas, lui crie un de ses auditeurs, commencez donc par enlever de votre boutique ces odieuses caméras de surveillance que vous utilisez pour être bien sûr que vos clients ne vous chapardent pas trois cerises ou deux tomates.

——— 440

Le propriétaire d'une animalerie publie cette annonce :

« Pour 10 euros, évaluez le Q.I.
de votre chien par rapport au vôtre. »

Les acheteurs de ce gadget reçoivent une petite boîte dans laquelle se trouve ce commentaire ironique :

« Si vous avez dépensé 10 euros pour ce genre d'escroquerie, soyez sûr que votre chien est plus malin que vous. »

441

Une ménagère dit au propriétaire d'une épicerie :

– Je lis, sur cette boîte de pâté de foie :

« À consommer de préférence avant le 30 juin 2052. »

– Oui, et alors ?

– Je me posais la question : est-ce bien sûr que ce produit ne contient aucun conservateur ?

442

Ayant récemment emménagé, une femme téléphone à la supérette locale pour demander :

– À quelle heure fermez-vous ?

– À 20 heures, lui répond la patronne, mais mon mari et moi commençons à regarder les clients de travers à partir de 19 h 45.

443

Dans un grand magasin, un chef de service interpelle un homme :

– Que faites-vous là, planté depuis ce matin au même endroit, à marmonner des nombres toujours croissants. Je vous entendais, il y a encore une minute, dire : 12 347… 12 348… 12 349…

– Je fais une chose que vous n'avez certainement jamais eu l'idée de faire…

– Quoi donc ?

– Je compte les marches de votre escalator.

444

Un nouveau livreur de pizzas dit à un homme très avare :

– Le collègue qui s'occupe d'habitude de vous m'a averti que vous ne donniez jamais de pourboire.

– En effet.

– Cela n'a aucune importance. Tenez, vous trouverez, dans cette boîte, la pizza marghareta que vous avez commandée coupée en six parts. Il vous en reste cinq : j'en ai pris une pour me dédommager.

——— ***445***

Alors que s'achève une folle après-midi de soldes, le propriétaire d'un magasin de vêtements sermonne ses employées :

– En une telle circonstance, vous ne devez avoir qu'une seule obsession : vendre, vendre, vendre. Une seule d'entre vous a vraiment compris cela : Mademoiselle Tribouillet. Voyez : dans son ardeur à satisfaire nos clientes, elle termine la journée totalement nue.

——— ***446***

En faisant ses courses dans un supermarché, une femme dit à son mari :

– Je te fournis les données à introduire dans ta machine à calculer. D'une part, je peux acheter, en les choisissant une à une, 5 pêches extra à 4,99 euros le kilo. D'autre part, on me propose une barquette de 6 pêches à 2,99 euros, en sachant bien, que, comme d'habitude, sur les 6 fruits, 2 sont déjà gâtés et 2 ne mûriront jamais. Alors, quelle est l'offre la plus avantageuse ?

——— ***447***

– Ma femme m'avait chargé, quand je rentrerais du bureau, de passer à la supérette pour lui rapporter une bouteille de 50 centilitres de lait. Afin de ne pas risquer d'oublier cette commission, j'ai imaginé, toute la journée, que je me promenais en tenant une vache en laisse. Cet aide-mémoire a été efficace : le soir, je n'ai pas manqué d'entrer dans la supérette en question.

– Et alors ?

– Ne me rappelant plus exactement ce que ma femme m'avait demandé, j'ai acheté une boîte de *Vache qui rit.*

——— ***448***

– Je peux vous assurer, dit un vendeur d'une parfumerie à une séduisante jeune femme, que ce rouge à lèvres est absolument indélébile… Venez avec moi, cinq minutes, dans l'arrière-boutique et je vais vous le démontrer.

——— ***449***

– Personne ne doute de vos talents de jongleur, dit sèchement une hôtesse de caisse à un client d'un supermarché. Mais, maintenant que vous avez fait votre numéro avec trois boîtes de conserve, un melon et deux paquets de margarine, posez tous ces articles sur le tapis roulant pour que je puisse les scanner.

——— 450

Le visage couvert de taches bleues, violettes et noires, l'employé chargé des réclamations au rayon papeterie d'un grand magasin explique :

– Je redoute particulièrement les clients mécontents qui me braquent sur la figure un stylo dont l'écoulement de l'encre, assurent-ils, fonctionne mal – alors qu'en réalité, il marche parfaitement.

——— 451

Vu cette affiche sur la vitrine d'une animalerie :

« EH, LES ENFANTS
Si vous souhaitez que vos parents vous offrent un chien,
Commencez par les exaspérer en leur répétant que vous voulez
un petit frère. »

——— 452

Dans une épicerie de campagne, une Parisienne en vacances se demande si elle a assez de monnaie sur elle. Désignant à la commerçante un panier contenant des œufs, elle lui demande :

– Ça fait combien une demi-douzaine ?

L'épicière répond en haussant les épaules devant tant d'ignorance :

– Six, bien sûr.

——— 453

Un farceur écrit sur un mur des toilettes d'une grande surface :

« J'AIME LES FILES
et avec les interminables attentes aux caisses
qu'on nous inflige, je suis servi. »

——— 454

Dans une papeterie, un homme dit à la vendeuse :

– Je n'ai pas trouvé la carte que je cherchais pour féliciter un ami qui vient de se marier, mais je crois que celle-ci conviendra parfaitement.

– Qu'y a-t-il d'écrit dessus ? questionne la vendeuse.

– « Je te souhaite un prompt rétablissement après tant d'épreuves. »

—— 455

Après avoir ôté sa chemise, un homme dit à un tatoueur :
– Voilà quelques années, alors que je jouais dans un orchestre symphonique, vous m'aviez tatoué une harpe dans le dos. Aujourd'hui, j'ai abandonné la musique pour tenir une caisse dans un supermarché.
– Oui. Et en quoi puis-je vous être utile ?
– Cela doit être facile, pour vous, de transformer les cordes de cette harpe en codes-barres.

—— 456

Un vendeur par téléphone demande à une ménagère qu'il a déjà harcelée précédemment :
– Pensez-vous à vos portes et fenêtres ?
– Souvent, en m'imaginant que mon mari a forcé à coups de pied, un enquiquineur de votre espèce, à prendre la porte et que, dès que cet individu est dans le jardin, moi, d'une fenêtre, je lui déverse sur la tête le contenu d'une bassine d'eau glacée.

—— 457

– Pourquoi, s'étonne un homme, cours-tu toujours quand tu vas faire tes achats à la supérette ?
– En agissant ainsi, répond sa femme, j'espère toujours que, dans la course aux prix, j'arriverai avant l'inflation.

—— 458

– Je connais bien votre méthode de vente, dit le directeur d'une fabrique d'aspirateurs à l'un de ses représentants : vous placez un grand nombre d'appareils en baratinant les ménagères à qui vous faites croire qu'en raison de leur éclatante beauté, vous les avez prises pour Marion Cotillard.
– En effet.
– Le problème, enchaîne le directeur, c'est que la banque nous retourne les chèques qu'elles vous ont remis : se prenant au jeu, elles n'ont pas signé de leur nom – Isabelle Durand ou Pauline Lanterneau – mais Marion Cotillard.

—— 459

– J'ai fait des affaires au supermarché, dit une femme à son mari, en profitant des réductions exceptionnelles sur les « gros volumes ». Alors, à midi, on mange des petits pois, ainsi que ce soir, demain midi, demain soir, après-demain midi, après-demain soir…

—— 460

Le patron d'une petite boutique met cette annonce dans sa vitrine :

ICI, NOUS RÉPARONS TOUT

Réflexion faite, il la complète ainsi :

FRAPPEZ FORT : la sonnette ne fonctionne plus.

—— 461

– Félicitations, dit le directeur d'une grande surface au responsable du rayon des conserves : la pyramide que vous avez réalisée en empilant 300 boîtes de haricots verts est très réussie.

– Merci, Monsieur le directeur.

– Pourtant, j'ai un reproche à vous faire.

– Lequel ?

– Parce que vous craignez que votre pile ne dégringole, vous empêchez les clients de s'en approcher, à moins de 2 mètres, en la protégeant par une triple barrière de fil barbelé.

—— 462

Au cours d'un défilé, des syndicalistes brandissent des pancartes énumérant leurs diverses revendications.

L'un d'eux s'étonne en voyant que la pancarte que tient un homme, à côté de lui, ne porte aucune inscription. Il l'interroge :

– Vous avez peur de perdre votre place en exprimant vos opinions ?

– Pas du tout : je tiens une boutique d'articles de nouveautés. Et j'annonce ainsi l'ouverture de la grande saison du blanc.

—— 463

Un homme arrive devant un bureau de poste et lit, sur la porte :

« POUSSEZ. »

Cette manœuvre ne donnant rien, il lit ce qui est écrit en dessous :

« À tout hasard, essayez de : TIRER ».

La porte restant obstinément close, l'homme lit les dernières lignes :

« Si ça ne s'ouvre toujours pas, c'est que nous sommes en grève… Pour la sauvegarde du service public, bien sûr. »

——— **464**

Dans un grand magasin, un inspecteur demande à une cliente :
– Qu'est-ce qui vous prend de vous exhiber ainsi en petite culotte complètement déchirée ?
– Je cherche le bureau des réclamations, explique-t-elle, pour me plaindre d'un de vos ascenseurs dont les portes se referment un peu trop brutalement quand on en veut sortir.

——— **465**

Un client excédé dit à l'hôtesse de caisse d'un hypermarché :
– Sous le prétexte que le montant total de mes achats dépasse 2 000 euros, vous me réclamez deux pièces d'identité. Les voici et, pour faire bon poids, j'ajoute cette radiographie de mon pied droit avec lequel j'aurais plaisir à vous botter les fesses.

——— **466**

– C'est entendu, dit l'horloger à son client, je vais réparer votre montre en or. Vous avez eu raison de vous adresser à un artisan qui fait de la précision sa spécialité.
– Et quand pourrai-je récupérer ma montre ?
– Dans 47 heures, 28 minutes et 35 secondes.

——— **467**

Au moment où un homme s'en va pour faire les courses dans sa grande surface, sa femme lui dit :
– Tu aimes toujours autant les romans policiers ?
– Bien sûr.
– Et quel est le surnom que l'on donne communément aux flics ?
– Les poulets.
– Poulet. Garde bien ce mot en tête pour te souvenir que je t'ai demandé de m'acheter un canard.

——— **468**

Une étrangère, qui ne parle pas un mot de français, entre dans une charcuterie et relève sa robe pour découvrir ses cuisses.
– De deux choses l'une, dit la commerçante à son mari, ou elle veut se faire vacciner ou elle veut acheter du jambon. Comme tu ne sais pas faire les piqûres, sers-lui donc quatre belles tranches de jambon de Bayonne.

469

Au rayon livres d'un grand magasin, un homme est attiré par un ouvrage intitulé : *Comment devenir un parfait kleptomane.* Pour en voir le prix, il le retourne et lit ce conseil :

« Si vous parvenez à dissimuler ce livre quand vous passerez à la caisse, vous êtes sur la bonne voie. »

470

– Mon père, dit un homme au curé auquel il vient se confesser, j'ai eu beaucoup de mal à vaincre mes mauvais instincts qui me poussaient à devenir un terrible dictateur qui aurait terrorisé des milliers de gens.

– Et vous avez renoncé, mon fils ?

– En partie. Je travaille, désormais, dans une entreprise de télémarketing.

– En quoi votre travail consiste-t-il ?

– Je passe mes journées à harceler d'innocentes personnes au téléphone pour les convaincre de s'abonner à des magazines, parfaitement inutiles à l'heure d'Internet.

471

– Certains sites de vente sur Internet ont vraiment des délais incroyables, soupire une jeune femme.

– Qu'est-ce qui vous fait dire cela ?

– Trois mois avant mon mariage, j'avais commandé un manuel d'éducation sexuelle : *L'Amour sans risques.*

– Et alors ?

– Eh bien, le temps qu'il me soit livré, je l'ai lu à la clinique où je venais d'accoucher de mes jumeaux.

Correspondance

472

Alors qu'il vient de se réfugier, avec ses compagnons, dans la forêt de Sherwood, Robin des Bois remarque un trou percé par un pivert dans le tronc d'un chêne.

– Formidable, s'écrie-t-il. Même si elle n'est pas exactement aux normes de la poste, cela nous fera une boîte aux lettres parfaite pour notre courrier.

473

– Ça y est, dit une assistante à son patron, j'ai mis sous enveloppe les 300 invitations incitant nos adhérents à participer au prochain congrès des Timides.

– Très bien. Inutile de les leur envoyer. De toute façon, ils sont tellement timides qu'ils n'y viendront pas.

474

Une femme lit la lettre que sa mère vient de lui envoyer de son lieu de vacances.

– À la fin, dit-elle à son mari, maman ajoute : « Fais un bisou à cette grosse bête qui me montre les dents quand elle me voit. » Fait-elle allusion à notre bouledogue ou veut-elle te donner un témoignage de son affection ?

——— 475

— À chaque fois que j'ai besoin d'une petite somme, dit une femme à une amie, je propose à mon mari de me racheter une des lettres d'amour enflammées qu'il m'adressait quand nous étions fiancés.
— Et que fait-il de cette lettre ?
— Il en fait une boulette qu'il avale goulûment – pour être sûr qu'elle disparaîtra à jamais.

——— 476

Au temps de Louis XIV, un courtisan demande :
— Qui est ce grand gaillard qui sort du château de Versailles en courant ?
— C'est un courrier qui est chargé de porter une lettre du roi à un intendant de province.
— Et ce petit bonhomme qui court derrière lui ?
— C'est un autre courrier, pour le post-scriptum.

——— 477

Un patron-pêcheur s'apprête à abandonner le vieux chalutier que lui a légué son père pour prendre possession d'un bateau tout neuf, équipé d'un imposant matériel électronique.
— Avec tous ces ordinateurs, c'en est bien fini des rapports manuscrits, dit-il à son second. Tu peux jeter l'encre.

——— 478

— Qu'est-ce que tu as gravé sur ce bloc de pierre ? demande une femme des cavernes à son compagnon.
— C'est une lettre que j'adresse à ma mère pour lui décrire la vie et la disparition des dinosaures.
— Je vois, effectivement, beaucoup de dinosaures mais que viennent faire, parmi eux, ces deux gros oiseaux ?
— Ça, c'est pour signaler que je veux envoyer ma lettre par la poste aérienne.

... ON PEUT PAS PLUS FRAIS.
BRI

Cuisine

——— *479*

Passant la tête par la fenêtre de sa cuisine, une femme crie à son mari qui en train de faire quelques plantations dans le jardin de leur pavillon :

– À table ! Il y a au menu un pigeonneau au foie gras poêlé, avec une réduction de coriandre et de miel pur, un homard rôti au beurre salé accompagné d'un risotto crémeux aux asperges et aux fèves et, en dessert, un macaron aux fruits rouges, crème au parfum de coquelicot.

L'homme accourt aussitôt et sa femme lui avoue à voix basse :

– En fait, je n'ai préparé que du jambon aux nouilles mais je voulais faire râler la voisine que j'ai encore surprise ce matin, collée derrière la haie, à écouter tout ce que nous disons.

——— *480*

Un boulanger raconte :

– Ma petite boutique vivotait quand, un jour, j'ai eu l'idée d'aller à la messe. Et, là, j'ai eu une illumination qui allait changer ma vie et m'apporter la fortune.

– Comment cela ?

– Quand le curé a cité cette parole de l'Évangile : « L'homme ne vit pas seulement de pain », l'idée m'est venue de créer un rayon sandwiches au pâté, au saucisson, au rosbif froid, au poulet, au thon, au camembert...

——— *481*

– L'institutrice, dit Hugo (8 ans) à sa mère, nous demande de décrire en dix lignes un plat qu'on aime particulièrement.

– Tu n'as pas à hésiter : tu adores les spaghettis.

– Les spa... les spaguett... Ouais. Dis, maman, tu crois que ça irait si je disais dans mon devoir que j'aime bien les nouilles ?

482

– Pendant les quelques jours que je vais passer à la clinique, dit une mère de trois enfants à son mari, il faudra que tu te charges de faire manger, le soir, toute la nichée. Pour t'y aider, j'ai prévu de te laisser…
– Un bon livre de cuisine ?
– Mieux que cela : les numéros d'appel de quatre pizzerias, programmés sur ton portable.

483

La présentatrice d'une émission de télévision consacrée à la cuisine annonce :
– Chères téléspectatrices, les exigences de l'actualité nous obligent à écourter notre cours de cuisine. Il ne vous reste plus qu'à abandonner l'idée de confectionner un délicieux rognon de veau flambé au cognac, à nettoyer et à ranger toutes les casseroles et les plats que vous aviez mis en train et à préparer, pour le déjeuner de votre mari, un bon sandwich au saucisson.

484

Lu cette petite annonce dans le *Journal des végétariens* :
« Vieille noix, 55 ans, ramènerait volontiers sa fraise pour épouser rousse 35-40 ans. Impératifs : les cheveux carotte. »

485

Tandis qu'un nuage de fumée noire s'élève de la cocotte où a brûlé un ragoût de veau, une femme appelle sa grande fille :
– Il faut absolument que tu m'aides.
– À rendre mangeable ce truc complètement carbonisé ?
– Non, à le baptiser d'un nom exotique pour que je le serve à ton père en lui assurant qu'il s'agit là d'une délicieuse spécialité brésilienne.

486

– Tu tardes à servir le repas, dit un homme à sa femme. Qu'est-ce qui se passe ?
De la cuisine, la ménagère explique :
– J'ai des ennuis avec ma nouvelle poêle antiadhésive.
– Ton bifteck reste collé au fond ?
– Non, c'est ma main qui n'arrive pas à lâcher la poignée.

—— **487**

Dans un réfrigérateur, un œuf dit à son voisin :
– Tu n'as pas l'air en forme, ce matin. Tu es verdâtre, tout mou et couvert d'une sorte de duvet.
– Et pour cause : je ne suis pas un œuf, je suis un kiwi.

—— **488**

– J'ai rencontré mon mari de la façon la plus romantique qui soit, dit une femme. J'avais utilisé comme marque-page, pour un livre que j'avais emprunté à la bibliothèque, une recette de coq au vin que m'avait transmise ma grand-mère.
– Et alors ?
– Avant de remettre ce livre en rayon, le bibliothécaire l'a feuilleté et cette recette l'a tellement mis en appétit que, le lendemain, il venait me demander de l'épouser.

—— **489**

Un homme qui lit son journal dans son fauteuil dit à son chien :
– J'ai entendu le bruit de l'ouvre-boîte électrique. Va discrètement faire un tour dans la cuisine et, en revenant, si cette boîte de conserve est pour toi, remue gaiement la queue. Si tu reviens la queue basse, je me ferai une raison.

—— **490**

– Si un agriculteur veut délocaliser ses plantations de salades dans un pays d'Asie, que peut-il espérer y cultiver ?
– De la chi-Corée.

—— **491**

Un homme demande à sa femme :
– Si je te fais des compliments pour le plat que tu viens de me servir, me dispenseras-tu de faire la vaisselle ?
– Certainement.
– En fait, la question que je me pose, surtout, c'est, pour une prochaine fois, si je te faisais des compliments pour ta façon de faire la vaisselle, me dispenserais-tu de manger le plat que tu as préparé ?

492

– J'ai appris à mes enfants, raconte une femme, qu'il n'est pas élégant, lorsqu'on a de la sauce dans son assiette, de l'absorber avec du pain.
– Et alors ?
– Désormais, ils la récupèrent avec une paille.

493

– Je vais faire les courses, dit une femme à son mari. Je t'ai mis sur la chaîne hi-fi la *Pastorale,* de Beethoven. Surveille bien le moment de l'allegro du troisième mouvement (la joyeuse assemblée des paysans). Ce sera le moment de te lever du canapé pour aller baisser le gaz sous la marmite où cuit mon pot-au-feu.

494

Le présentateur d'un jeu télévisé demande à une candidate :
– Quel est le nom du gros poisson dont les œufs fournissent le caviar ?
– J'ai un doute, répond-elle. Est-ce turgeon ?

495

Un homme voit sa femme, un plat à la main, qui s'approche de la table en procédant par bonds d'un mètre.
– Tu ne vas pas me dire, gémit-il, que tu t'es mis en tête, encore une fois, de nous servir des steaks de kangourou ?

496

À l'heure du dîner, Sébastien (7 ans) chipote devant son assiette et se dit :
– Finalement, la soupe, on aurait pu s'en tirer – si seulement un imbécile, qui voulait se faire remarquer, n'avait pas inventé la cuiller.

——— 497

– Quand je suis rentré à la maison hier soir, raconte un homme, ma femme n'était pas là mais elle m'avait laissé un SMS, sur un morceau de papier fixé à la porte du réfrigérateur par un magnet.
– Pourquoi appelles-tu cela un SMS ?
– Parce que ce message disait : « Savoure Mes Saucisses. »

——— 498

On interroge un végétarien convaincu :
– Vous voulez absolument nous faire manger du brocoli. Pouvez-vous citer *un* argument, un seul, en faveur de ce légume que les enfants détestent et que les adultes n'aiment guère ?
– C'est facile : il n'a pas d'arêtes.

——— 499

– Mon mari m'exaspère avec sa prétention à être un grand cuisinier, confie une femme à une amie. Hier, je lui avais demandé de me préparer un sandwich jambon-beurre…
– Et alors ?
– Il s'y est absolument refusé, sous prétexte qu'il n'arrivait pas à retrouver sa toque.

——— 500

Une femme revient, outrée, du marché.
– Pendant que j'avais le dos tourné, raconte-t-elle à son mari, le poissonnier m'a pincé une fesse avec une telle violence que je sens encore la force de ses doigts.
– J'aurais été prêt à aller corriger ce voyou, répond son mari, mais il est innocent du méfait dont tu l'accuses…
– Comment, innocent ?
– En réalité, ma chérie, ce qui t'a pincé une fesse et qui y est toujours cramponné, c'est un homard.

——— **501**

– Il faut absolument, dit une femme à son mari, que tu interdises à notre fils de regarder des westerns à la télévision. Manifestement, il ne rêve plus que de devenir cow-boy.

– Qu'est-ce qui te fait penser cela ?

– À midi, je lui ai servi un plat de spaghettis. Et, plutôt que de s'en régaler, il s'en est fait un lasso.

——— **502**

Un homme des cavernes qui rentre de la chasse dit à sa compagne :

– Contrairement à ce que je t'avais annoncé, on va devoir déjeuner d'une bonne entrecôte de bœuf : le dernier des dinosaures s'est éteint hier. Laisse-moi le temps d'inventer les frites et on passe à table.

——— **503**

Un homme dit avec fierté à ses invités :

– Ma femme mange de tout, à présent, mais il m'a fallu bien des efforts pour lui faire perdre ses stupides préjugés de végétarienne.

– C'est vrai, admet l'épouse, j'ai dû attendre de me marier avec Hervé pour me trouver face à face avec une tête de veau.

——— **504**

Le propriétaire d'une pension de famille sert le plat du jour, un hachis parmentier, en disant :

– Vous pouvez vous amuser à identifier les différents restes de la semaine qui m'ont servi à confectionner ce plat. Mais je préviens le petit malin qui gagnera ce jeu qui vous fait tant rire : on lui en servira une seconde portion.

——— **505**

– Tu rentres encore en retard, dit une femme à son mari. Si j'avais bêtement passé mon temps à te confectionner un bon repas, il serait immangeable.

——— **506**

Un homme, toujours inquiet, appelle sa compagnie d'assurances :

– Je dois aller dîner demain avec ma femme, explique-t-il, dans un restaurant dont le chef a pour spécialité les crêpes flambées au rhum. Au cas où, par maladresse, le maître d'hôtel mettrait le feu à ma cravate, quelle assurance contre l'incendie faudra-t-il que je fasse jouer : celle du restaurateur ou la mienne ?

——— 507

Une femme raconte à une collègue de bureau :
– Depuis le début de notre mariage, j'avais trouvé grâce aux bons petits plats que je lui préparais la clé du cœur de mon mari.
– Et alors ?
– En se mettant au régime, il a changé la serrure.

——— 508

Un charcutier de Troyes qui respecte à la lettre la charte de l'Association amicale des amateurs d'andouillette authentique (A.A.A.A.A.) se vante :
– Mon succès vient de ce que je connais à fond mon métier – de A à A.

——— 509

– Voici, dit une ménagère, en posant le plat sur la table, une recette de ma composition que j'ai baptisée « La lotte surprise ».
– Où est la surprise là-dedans ?
– Elle est qu'au marché, j'ai trouvé la lotte hors de prix. Alors, tout en conservant la sauce aux tomates concassées, j'ai remplacé la lotte en question par des pommes de terre à l'eau.

——— 510

Un homme avertit le copain qu'il a invité à déjeuner :
– Ma femme, qui est en cuisine, vient d'entonner le grand air du *Barbier de Séville.* Cela veut dire qu'elle nous appelle à table pour nous faire déguster son fameux macaroni à la Rossini.

——— 511

La responsable de la cantine d'une grande entreprise raconte :
– L'homme que j'ai épousé a su se déclarer en me disant les mots que j'attendais depuis longtemps…
– « Vous êtes belle ? »
– Non : « Pourriez-vous me donner la recette de votre délicieux goulasch ? »

512

– Quand maman est allée à la maternité pour donner naissance à mon petit frère, raconte Kilian (6 ans), c'est mon père qui s'est chargé de faire la cuisine, mais il n'est vraiment pas doué. Le premier jour, il m'a dit : « Je n'arrive pas à me rappeler ce que m'a appris ta mère avant son départ : qu'est-ce qu'on doit mettre pendant trois minutes dans l'eau bouillante salée : les œufs à la coque ou le bifteck haché ? »

513

– Après dix ans de mariage, raconte un homme à un ami, j'ai fêté mes noces de glace.

– Des noces de glace ? Je n'ai jamais entendu parler de cela. Qu'est-ce que cela signifie ?

– Qu'au cours de ces dix années, ma femme ne m'a nourri que de surgelés.

514

– Qu'est-ce qu'on mange ? demande un homme à sa femme.

– Des pâtes !

– Encore ! Je refuse de manger des pâtes.

– Pour que je te fasse autre chose, il faudrait que tu augmentes mon budget destiné aux achats de nourriture.

– Bon, grommelle l'époux, le problème n'est pas là.

– Alors, quel est-il, le problème ?

– Tu nous fais des macaronis ou des coquillettes ?

515

En rentrant chez lui un soir, un homme trouve ce petit mot laissé par sa femme :

« Mon chéri. J'ai eu une journée épouvantable qui m'a complètement tourneboulée. Je vais passer la soirée au micro-ondes. Tu trouveras ton repas dans le four du cinéma. »

516

– Bon, dit la maîtresse de maison à ses invités, le temps de bander les yeux de mon perroquet, qui est tellement sensible, et j'apporte le poulet rôti.

517

– Je ne suis pas vraiment végétarienne, confie une femme à une amie, mais j'ai trouvé un truc…

– Lequel ?

– Je ne mange que de la viande d'animaux qui, eux, sont totalement végétariens.

518

– Comment, demande-t-on à un spécialiste de l'alimentation, ta conférence sur l'innocuité des produits en conserve s'est-elle passée ?

– En fait, ils ne sont pas si inoffensifs que ça pour la santé : un contestataire m'a poché un œil en me lançant une boîte de petits pois.

519

Enzo (6 ans) a mangé la moitié de la soupe avec des pâtes alphabet que sa mère lui a servie.

– Maman, dit-il, j'en ai A.S.S.E.Z.

520

– Mon mari, raconte une femme, ne trouve jamais un mot à dire pour critiquer ma cuisine.

– Vous avez fait une école culinaire ?

– Non, mais j'ai suivi des cours de judo.

521

En prenant son petit déjeuner, un homme laisse échapper la tartine qu'il venait de beurrer et, à sa grande surprise, elle tombe sur le tapis avec le côté beurré sur le dessus, bien en évidence.

Il va faire part de son étonnement à un homme réputé pour sa grande sagesse, qui lui demande de lui laisser un temps de réflexion avant de lui donner la raison pour laquelle, contredisant toutes les statistiques, la tartine n'est pas tombée avec la partie beurrée du côté du sol.

Un an passe et le sage donne enfin son explication :

– Pour moi, il n'y a pas de doute : vous aviez beurré votre tartine du mauvais côté.

Bmi

Enfants

522

Rémi (5 ans) dit à sa mère qui lui lit un conte de fées pour l'aider à s'endormir :

– Quand tu fais parler l'horrible sorcière, prends une voix furieuse qui me fasse trembler, un peu comme quand tu m'ordonnes de ranger ma chambre avant d'aller jouer avec mes copains.

523

Les élèves de l'école maternelle ont été invités à sculpter des animaux avec de la pâte à modeler.

L'un d'eux présente une girafe, très reconnaissable, un autre, un éléphant, un troisième un poisson.

La maîtresse demande au quatrième :

– Qu'as-tu voulu représenter avec cette sorte de galette ?

– Une poule. Malheureusement, elle a eu la fâcheuse idée de traverser une route, alors que surgissait un gros camion.

524

Une artiste de cirque appelle son mari :

– Chéri, notre petit garçon a fait ses premiers pas.

– Dans la salle de séjour ?

– Non : sur le fil où je mets ma lessive à sécher.

525

Une mère dit à ses jumeaux de huit ans :

– Cessez de vous mettre constamment en compétition pour savoir lequel domine l'autre dans tous les domaines.

– Je veux bien, dit l'un des enfants, mais à condition que mon frère reconnaisse qu'en agissant ainsi, je suis le plus intelligent.

——— 526

Un homme sort, tout tremblant et la mine verdâtre, de la chambre de son jeune fils.

– Le petit s'est endormi ? questionne sa femme.

– Très paisiblement.

– Les histoires d'ogres et de dragons l'apaisent. Mais, si ça doit te mettre dans cet état, choisis un sujet moins traumatisant, demain : par exemple, la mère du Petit Chaperon rouge confectionnant sa galette.

——— 527

Un conférencier demande à son auditoire :

– Avant de commencer, je voudrais savoir si, parmi vous, des femmes attendent un bébé ?

Six femmes lèvent la main.

À ce moment, une panne d'électricité plonge la salle dans le noir pendant dix minutes. Lorsque la lumière revient, le conférencier annonce :

– Pour plus de sûreté, je vais vous poser, Mesdames, une nouvelle fois, cette question : « Y a-t-il parmi vous des femmes qui attendent un bébé ? »

——— 528

Tom (8 ans) contemple son petit frère qui est né huit jours plus tôt.

– J'ai hâte, dit-il, qu'il soit en âge de me comprendre. Alors, je lui apprendrai que tout est dans tout. Nous sommes dans une maison, cette maison est dans un quartier, ce quartier est dans une ville, cette ville est dans une région, cette région est dans un pays, ce pays est dans un continent, ce continent est dans une planète, cette planète est dans l'univers, l'univers est dans… Bon, quand j'en serai là, il sera temps que je le félicite pour son attention en lui offrant un Kinder Surprise.

——— 529

– Pour s'occuper de mes deux enfants, raconte une femme à une amie, j'avais engagé une jeune Suédoise au pair.

– Elle était compétente ?

– Tout s'est très bien passé pendant trois mois puis, sans même me prévenir, elle a disparu avec son amant.

– Un jeune Suédois, sans doute ?

– Non, un Français d'âge mûr : mon mari.

——— **530**

Nathan (7 ans) a déjà bâillé à plusieurs reprises quand sa mère l'interroge :

– Tu t'ennuies ?

– Oui, je ne sais pas quoi faire.

– Pourquoi, suggère la mère, ne rangerais-tu pas ta chambre ?

– Tu peux me rappeler cela par un SMS dans une quinzaine de jours ? dit le gamin. Pour l'instant, je suis surbooké.

——— **531**

– Vous n'avez pas d'enfant ? demande-t-on à une femme, mariée depuis une dizaine d'années.

– Non. Et, pourtant, quand je suis passée devant Monsieur le maire et Monsieur le curé, j'avais bien l'intention de participer à l'explosion démographique. Hélas ! je n'imaginais pas qu'en ce domaine, mon pauvre mari ne disposerait que d'un pétard mouillé.

——— **532**

En ouvrant la porte au gringalet qui vient rendre visite à la jeune fille de la maison, le petit frère de celle-ci crie bien fort :

– Christelle, c'est un de tes amoureux. Tu as déjà vu un champion de sumo ? Eh bien, lui, c'est exactement le contraire.

——— **533**

Alors que ses deux enfants se battent en hurlant, un homme dit à sa femme :

– Ces garnements me rendent complètement fou : Marie-Louise, j'abdique et je vais me réfugier au calme, à Sainte-Hélène.

——— **534**

En voyant que sa jeune patiente arbore de superbes oreilles de lapin, un médecin lui dit :

– Nous allons arrêter, pour un certain temps, le médicament destiné à développer votre fertilité.

——— ***535***

En pleine nuit, une femme répond à un coup de téléphone.

– Ce sont les voisins du dessous, dit-elle à son mari. Ils trouvent que, pour tenter d'endormir notre bébé, tu devrais abandonner le répertoire de Roberto Alagna, qui est un peu bruyant, pour celui, beaucoup plus doux, du chanteur Raphaël.

——— ***536***

– Viens à table ! ordonne une mère à son jeune fils.

Celui-ci réplique :

– Je viendrai quand je voudrai. J'ai le droit de faire tout ce que je veux. On a voté, avec les copains, et ils m'ont élu président du Monde entier.

– C'est curieux, fait la mère, mais mes camarades de bureau m'ont élue présidente d'un second Fonds monétaire international. Et je te préviens qu'une de mes premières décisions va être de sérieusement réduire le montant de ton argent de poche si tu n'es pas devant ton assiette dans les trente secondes !

——— ***537***

– Je suis grand-mère d'une jolie petite Clara, raconte une femme à une amie. Si l'enfant avait été un garçon, ses parents avaient prévu de le prénommer Adam.

– Quelle chance que ça ait été une fille ! Ce pauvre garçon aurait été affublé d'un de ces affreux prénoms modernes.

——— ***538***

Une femme dit à son mari :

– La femme de l'entrepreneur en travaux publics, qui habite au bout de la rue, vient d'avoir le bébé qu'elle attendait.

– Comment sais-tu cela ?

– J'ai vu passer l'oiseau qui le lui apportait. Ce n'était pas une cigogne mais une grue.

——— ***539***

On demande à un adolescent :

– Es-tu proche de tes parents ?

– Autant que si nous étions en haut du Grand Canyon en Arizona – moi d'un côté et eux de l'autre.

——— 540

Le directeur d'une fabrique de yaourts aurait beaucoup aimé avoir un enfant qu'il aurait associé à son entreprise. Sa femme ne lui ayant pas donné de descendant, il s'est reconverti dans une affaire de tissage.

Ce qui lui permet d'inscrire, sans mentir, sur son enseigne :

« MAISON BARJOLET ET FILS
DE LAINE ET DE COTON. »

——— 541

– Ça y est, dit une femme à son mari, notre bébé s'est mis à parler et avec beaucoup d'humour.

– Qu'est-ce qui te fait dire cela ?

– La façon dont il a prononcé son premier mot : « Maman. »

– Qu'est-ce qu'il y a de drôle ?

– C'est qu'il l'a dit en s'adressant à notre chienne. Quand il s'est tourné en riant vers moi, il a fait : « Ouah ! Ouah ! »

——— 542

– Tout le secret pour être heureux, dit un père à son fils, peut être résumé en deux mots : « Ne discute jamais. »

– Mais, papa, cela fait trois mots.

– Décidément, conclut le père, en soupirant, tu n'as rien compris.

——— 543

– Maman, dit Anthony (6 ans), il m'arrive une chose terrible : je ne peux pas m'empêcher de répéter tout ce que l'on dit devant moi.

– Vraiment ? s'étonne la mère.

– Vraiment ? répète Anthony.

Et le dialogue se poursuit.

– C'est une grave maladie, dit la mère.

– C'est une grave maladie.

– Mais je crois en connaître le remède.

– Mais je crois en connaître le remède.

– Tu ne vas pas manger de dessert pendant les huit prochains jours.

– Merci, maman, s'écrie Anthony, tu m'as sauvé. Ça y est, je suis guéri.

——— 544

Dans une maternité, une infirmière dit à l'heureux papa qui reprend ses esprits après s'être évanoui :

– Excusez-moi de vous avoir causé une telle émotion en indiquant le chiffre 4 avec les doigts d'une main. Je ne voulais pas vous dire que votre femme avait donné naissance à quatre bébés d'un kilo chacun mais à un seul enfant pesant quatre kilos.

——— 545

– Malgré tous nos efforts, confie une jeune femme à une amie, mon mari et moi n'arrivons pas à avoir d'enfant. Je ne comprends vraiment pas pourquoi.

– Dis plutôt que tu n'arrives pas à le concevoir.

——— 546

– Maman, dit Paulo (8 ans), on dirait que je serais Google et que tu pourrais me poser n'importe quelle question. Essaie pour voir.

– Bien : as-tu rangé ta chambre comme je t'avais demandé de le faire ?

– Désolé, Madame… Sans doute à la suite d'une fausse manœuvre de votre part, vous n'êtes plus connectée à Internet.

——— 547

Alors que son fils lui tient tête, un homme lui assène cet argument sans réplique :

– Tais-toi et cesse de te croire plus intelligent que ton père.

Le gamin questionne, ironiquement :

– Dans une famille, le père est-il toujours plus intelligent que ses enfants ?

– Certainement.

– Au fait, sais-tu qui a inventé la lampe électrique à incandescence ?

– Bien sûr : Thomas Edison.

– Alors, dis-moi, selon ta théorie, si le père de Thomas était vraiment plus intelligent que son fils, pourquoi ne l'a-t-il pas inventé lui-même, sa lampe ?

548

En offrant à sa mère le collier qu'il lui a confectionné avec des macaronis coupés en morceaux, Louis (5 ans) lui dit :

– Tous mes copains sont d'accord. Plutôt qu'un objet choisi dans une boutique, un cadeau personnel comme celui-ci te dira deux choses : d'abord, que je t'aime. Et, ensuite, que tu devrais songer à augmenter mon argent de poche si tu veux que, l'année prochaine, je t'achète un bouquet de fleurs.

549

– Chéri, annonce une femme à son mari qui rentre du bureau, tu vas être fier : notre bébé a prononcé ses premiers mots.

– Qu'a-t-il dit ?

– Agreu boudou kouic glop.

Et l'heureux papa, fou de joie, de s'écrier :

– Trouc nip zig floc !

550

– Mon fils de 12 ans, raconte une femme, a pris l'habitude de s'enfermer dans sa chambre.

– Et la solitude ne lui pèse pas ?

– Hélas ! il n'y est jamais seul. Il a toujours pour compagnie une pizza, un paquet de chips, des gâteaux à la crème et une réserve de Carambar.

VOUS ÊTES PROF D'HISTOIRE ?
... MOI DE GÉOGRAPHIE
Bri

Enseignement

——— 551

– Tu sais, dit fièrement un homme à son jeune fils, il y a trente ans de cela, j'étais à l'école où tu es aujourd'hui, et j'avais la même institutrice.

– Ah ! fait le gamin, je comprends mieux à présent.

– Tu comprends quoi ?

– Hier, la maîtresse s'est fâchée après moi et, au comble de la colère, elle m'a dit : « Ça fait bien au moins *trente ans* que je n'ai pas eu affaire à un âne pareil ! »

——— 552

Un professeur de français dans un lycée raconte à l'un de ses collègues :

– Les connaissances rudimentaires de mes élèves en orthographe m'étonneront toujours. Ce matin, l'un d'eux m'a demandé : « Comment le mot déflagration s'écrit-il ? » Je lui ai répondu : « Comme cela se prononce. »

– Et alors ?

– Dans le doute, il a écrit : « Boum ! »

——— 553

Après avoir lu l'énoncé d'un contrôle de maths, un collégien dit à son voisin de table :

– Quel jour sommes-nous ?

– Le 14 mars. Mais qu'est-ce que cela peut faire ?

– Je vais écrire la date du jour sur ma copie. C'est ma seule chance d'avoir au moins une réponse juste.

——— 554

Baptiste (7 ans) rentre de l'école avec un œil poché.

– J'ai changé d'idée, dit-il à sa mère, quand je serai grand, je ne veux plus être boxeur mais pâtissier. Passe-moi le reste de la tarte aux pommes d'hier, que je voie de près comment c'est fait.

555

Au lycée, le fils d'un député est très en colère contre le professeur qui lui a mis une mauvaise note.

Il lui demande avec agressivité :

– Savez-vous qui est mon père ?

– Non, répond le professeur, mais si cela vous tracasse, posez donc la question à votre mère : elle saura peut-être vous dire de qui il s'agit.

556

L'institutrice dit à un élève :

– Tu as écrit : « J'ai fait une erreur », avec un seul *r*.

– C'est volontaire, Madame, pour bien signaler que je me suis trompé.

557

– Tu es prêt pour le contrôle de calcul mental ? demande un écolier à un autre.

– Oui et, pour pouvoir compter sur mes doigts, j'ai mis toutes les chances de mon côté.

– Comment cela ?

– En mettant des sandales qui laissent les doigts de pied à l'air plutôt que des chaussures fermées, je double mes chances.

558

Alors que les élèves se précipitent vers la porte, la maîtresse se fâche :

– J'aimerais savoir, dit-elle, quel est le petit malin qui se fait appeler tous les quarts d'heure, après avoir mis sur son portable une sonnerie qui reproduit exactement le bruit de la cloche annonçant la récréation ?

559

Un collégien raconte à ses parents :

– La semaine dernière, nous avons eu une interrogation-surprise en maths. Le professeur nous l'avait annoncée le mois dernier pour qu'on puisse réviser.

– Mais, s'étonne le père, si le professeur vous avait averti, en quoi était-ce une interrogation-surprise ?

– La surprise, c'est que j'ai eu la moyenne.

——— **560**

Un enfant lève la tête du cahier sur lequel il était en train d'écrire et demande :

– Dis, maman, sais-tu où sont les Apennins ?

– Si, un jour, ton père consent à ranger tout ce fouillis qu'il a entassé depuis dix ans au sous-sol de notre pavillon, répond la mère, il les retrouvera peut-être, tes Apennins.

——— **561**

Dans la famille Souris, le père reproche à son jeune fils sa futilité :

– Vas-tu cesser de dévorer des romans policiers de Harlan Coben ?

– Pourquoi, papa ? s'étonne le souriceau.

– Je te jure qu'à ton âge, je n'avais qu'une idée : m'attaquer à des livres d'algèbre et de géométrie.

——— **562**

Une femme qui ne jure que par la psychanalyse veut convaincre une institutrice, qui affirme être parfaitement équilibrée, de suivre une analyse.

– Tout de même, insiste la première, vous devez bien avoir quelques petits problèmes.

– Certes, mais plus après 16 heures 30. À ce moment-là, mes élèves sont en train de rentrer chez eux.

——— **563**

– Tu as déjà vu une poule ? demande la maîtresse à une petite fille du cours préparatoire.

– Oui, Madame.

– Imagine que tu ramasses les œufs que cette poule a pondus : 3 dans le poulailler, 4 dans le jardin et 2 dans la grange. Qu'est-ce que ça fera ?

– Heu… une bonne omelette.

——— **564**

– Je ne vois pas d'inconvénient à ce que tu manifestes dans les rues avec tes camarades pour exprimer votre opposition au gouvernement, dit un homme à son fils, lycéen. Mais nous avons décidé, avec d'autres parents d'élèves, d'encadrer de près votre mouvement.

– Papa, répond le lycéen, c'est le genre de décision qui me fait autant de plaisir que tu en aurais eu si, lorsque tu as épousé maman, ton père t'avait dit : « Amusez-vous bien, pendant votre nuit de noces, mes enfants, mais, pour plus de sûreté, je vais passer la nuit à côté de vous, dans le lit, afin que vous évitiez tout débordement. »

——— **565**

– Tu crois, demande Jessica (12 ans) à sa mère, que si les 27 pays de l'Union européenne se réunissaient, ils pourraient décider que Prague est, désormais, la capitale de la Hongrie ?
– Et ça servirait à quoi, ce changement ?
– À ce que j'aie une bonne note en géographie : c'est ce que j'ai répondu à la dernière interrogation.

——— **566**

Alors qu'un homme vient d'entrer dans la salle de cours, le professeur du collège lui dit :
– Nous nous apprêtions à étudier les fossiles. Monsieur le principal, on peut dire que vous tombez à pic.

——— **567**

La maîtresse s'étonne :
– Je vous avais demandé de me raconter en détail une visite à l'une de vos grands-mères et toi, Norbert, tu me rends une feuille blanche.
– J'y suis bien allé, chez ma grand-mère. J'ai longuement sonné à sa porte et, finalement, une voisine m'a dit que ce n'était pas la peine d'insister parce qu'elle était partie en vacances.

——— **568**

Une femme, très mécontente, se présente dans un magasin de porcelaine :
– Je suis professeur de collège, dit-elle au patron, et si vous ne me reprenez pas, sans discuter, cette soupière qui ne me convient pas, je reviens dans une heure – avec mes trois élèves les plus turbulents.

——— **569**

À l'école maternelle où son père l'a envoyé, le jeune don Diego de la Vega trépigne :
– Vous m'apprenez à écrire le A, le B et le C, dit-il à son institutrice, mais ce qui m'intéresse, moi, c'est d'apprendre le Z. Lorsque je serai devenu Zorro, je pourrai ainsi signer mes exploits d'un Z, tracé à la pointe de l'épée.

——— ***570***

Le professeur demande à un élève :

– C'est votre frère qui était dans cette même classe, l'année dernière ?

– Non, c'est moi. Je redouble.

– Vous admettrez, dit le prof, que je suis physionomiste : j'ai tout de suite été frappé par la ressemblance.

——— ***571***

Un lundi matin, un présentateur d'une chaîne de télévision destinée aux enfants annonce :

– Et maintenant, à l'intention de tous ces petits tire-au-flanc qui ne sont pas allés à l'école en prétextant qu'ils avaient mal au ventre, voici au lieu du dessin animé *Bob l'Éponge* qu'ils attendent, un professeur de maths qui va leur faire réviser leurs tables de multiplication.

——— ***572***

Le jour de la rentrée, l'institutrice demande à ses élèves de lui donner leur nom. L'un d'eux se présente ainsi :

– Rossi, sans *p*.

– Pardon ? fait la maîtresse.

– Rossi, sans *p*.

– Que veux-tu signifier par là ?

– Mon nom est Rossi. Il s'écrit R.O.S.S.I, sans *p*.

– Mais, fait l'institutrice, il n'y a jamais eu de *p* dans Rossi.

– C'est bien ce que j'essaie de vous faire comprendre depuis cinq minutes.

——— ***573***

Le professeur demande :

– Bruno Lambinet, pouvez-vous me dire ce qui vous fait ricaner ainsi ?

– Rien, Monsieur. Je me mettais simplement dans de bonnes conditions pour m'esclaffer au cas où, tout à fait par hasard, vous auriez dit quelque chose de spirituel.

——— ***574***

Après une interrogation de géographie, un élève demande à un autre :

– Ça a marché, pour toi ?

– Je ne sais pas.

– Tu ne sais pas quoi ?

– L'Iran, ça s'écrit sans *h* au début ?

– Bien sûr.

– Ouf ! Alors, ça a marché !

——— 575

– La Fac, dit un professeur, est une véritable fontaine de connaissances. Hélas ! c'est fou le nombre d'étudiants qui, manifestement, n'ont pas soif.

——— 576

– J'ai dans ma classe le fils d'un célèbre humoriste, raconte avec accablement une institutrice. Il me fatigue avec ses astuces, directement inspirées des facéties de son père.

– Comment cela se traduit-il ?

– Par exemple, l'autre jour, je lui demande : « Quel est le pluriel de voleur ? » Il me répond : « Des valises – Pourquoi cela ? – Eh bien, on dit toujours : Un voleur dévalise. »

——— 577

Un professeur de maths explique ainsi sa vocation :

– Les chiffres me donnent une impression de sécurité – sauf quand c'est ma femme qui conduit et que je lis ceux qu'indique le compteur de vitesse.

——— 578

Les nains accueillent Blanche-Neige qui s'est réfugiée dans leur maisonnette :

– Autrefois, lui dit Joyeux, nous étions sept mais, avec les restrictions budgétaires, quand Prof a pris sa retraite, il n'a pas été remplacé.

——— 579

– Qu'apprenez-vous, en ce moment, à l'école ? demande une femme à son jeune neveu.

– Les fractions.

– Et ça te plaît ?

– À moitié.

——— 580

Un professeur, récemment nommé dans un collège, voit, à la cantine, une jeune fille qui prend son repas, totalement isolée. Il s'inquiète :

– Elle n'a pas d'amis ?

– En fait, tous ses camarades la détestent.

– Pourquoi cela ?

– Elle a été élue l'élève la plus populaire de l'établissement.

——— 581

À l'âge des cavernes, un enfant des cavernes rentre de l'école. En examinant son carnet de notes, son père des cavernes se fâche :

– Comment peux-tu rapporter un zéro en histoire, alors qu'il ne s'est encore rien passé ?

——— 582

– Ta maîtresse risque d'avoir du mal à se rappeler notre nom, Vacanski, dit une femme à sa petite fille. Dis-lui qu'il y a un moyen infaillible pour cela : qu'elle imagine que tu fais du *ski* pendant tes *vacances*.

Quelques jours plus tard, la mère s'inquiète :

– Est-ce que ta maîtresse a mis en pratique mon truc infaillible ?

– À sa manière, oui. Quand elle s'adresse à moi, elle me dit : « Sports d'hiver », viens sur l'estrade réciter ta leçon.

——— 583

Au collège, un professeur se fâche et prédit à ses élèves :

– Si vous continuez à travailler si peu, je peux vous assurer qu'à la fin de l'année, vous aurez une très mauvaise surprise.

Une élève fait beaucoup rire ses camarades, en questionnant :

– Vous comptez nous distribuer votre photo ?

——— 584

– Comment se fait-il, Mathieu, que tu puisses citer, sans la moindre hésitation, la date de la découverte de l'Amérique par Christophe Colomb ? s'étonne une institutrice.

– C'est que ma mère a reçu une carte de crédit avec un numéro de code secret dont elle n'est jamais parvenue à se souvenir.

– Quel numéro ?

– 1492. Alors, pour se rafraîchir la mémoire avant de partir pour une tournée d'achats dans les magasins, elle me demande, régulièrement : « Rappelle-moi en quelle année Christophe Colomb a découvert l'Amérique. »

——— 585

Un jeune professeur de français débarque de sa province à Paris, bien décidé à séduire les Parisiennes.

Justement, il remarque une jeune femme superbe et lui demande :

– On baise ?

Pour toute réponse, elle le gifle.

En frottant sa joue rougie, il se dit :

– La tête encore pleine de Proust et d'Amélie Nothomb, j'ai eu tort de chercher à faire de la littérature. La prochaine fois, je serai plus direct.

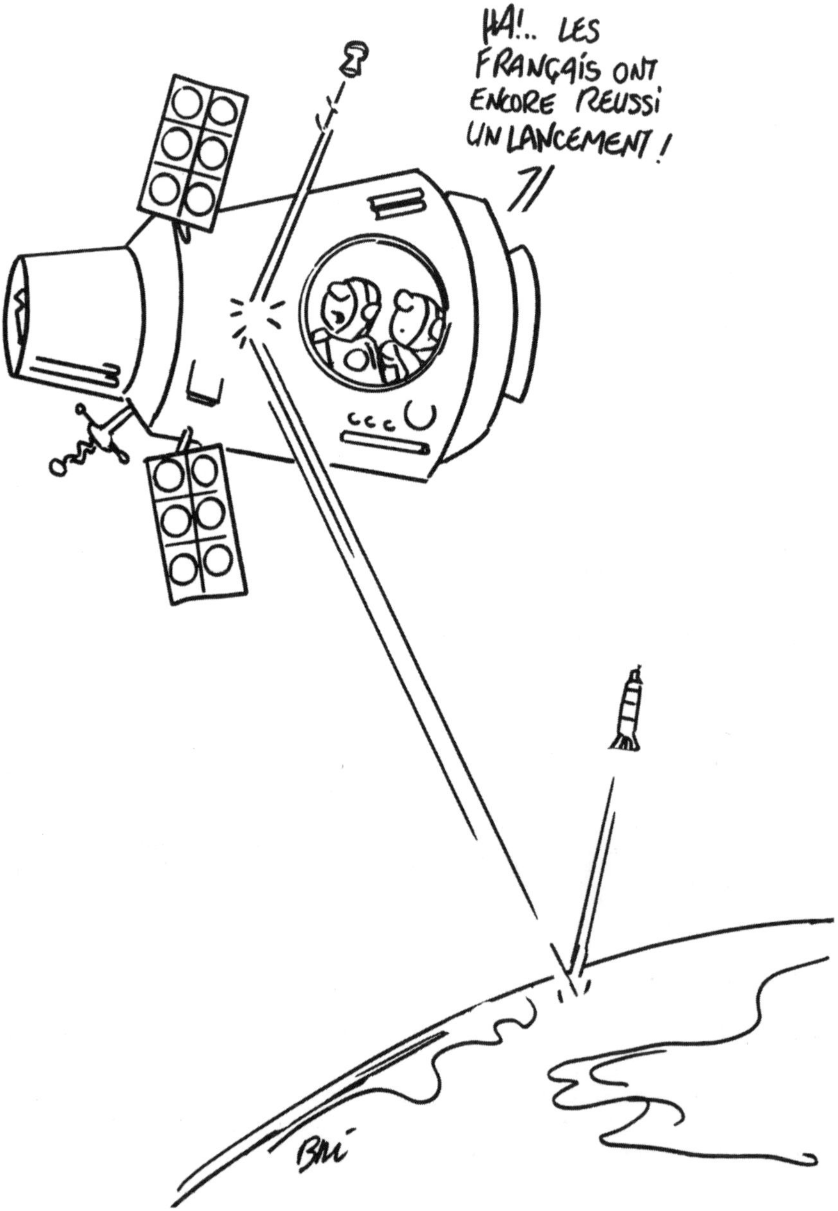
HA!.. LES FRANÇAIS ONT ENCORE REUSSI UN LANCEMENT !
BM

Extraterrestres

586

Un extraterrestre se penche par un hublot de sa soucoupe volante pour demander à un paysan qui travaille dans un champ :

– Je ne me trompe pas : on va bien vers Mars ?

– Oui, répond le paysan, on y va doucement, mais on n'est encore que le 12 février.

587

Dans un grand magasin, le vendeur du rayon bricolage raconte :

– Hier, j'ai vu deux petits êtres bizarres, genre E.T., qui m'ont acheté un kilo de vis et un kilo d'écrous.

– Des bricoleurs venus d'une lointaine banlieue, sans doute ?

– Peut-être. Toujours est-il que j'ai entendu celui qui semblait être le mâle dire à sa compagne : « J'espère que tu te rappelles bien la recette du beurre blanc aux échalotes pour nous accommoder tout cela ? »

588

– Mon fils, explique une femme, faisait des difficultés pour manger jusqu'au jour où j'ai eu l'idée de lui faire des crêpes.

– Il aime particulièrement les crêpes ?

– C'est surtout que, lorsque je les lui lance à travers la pièce, l'idée que des extraterrestres lui apportent son repas sous forme de soucoupes volantes le met en appétit.

589

Des Martiens, éberlués, voient descendre du ciel, sur leur planète, des astronautes venus en ULM.

– J'avais entendu dire, commente un des extraterrestres, que les crédits de la Nasa pour la conquête de l'espace avaient beaucoup diminué mais je ne pensais pas que c'était à ce point-là.

590

Une femme dit à une voisine :

– J'étais en train de lire la carte que mon fils m'avait adressée pour la Fête des mères quand j'ai vu une soucoupe volante qui se posait dans mon jardin. Une porte s'est ouverte et j'ai vu sortir une demi-douzaine d'extra-terrestres avec les formes les plus bizarres : certains avaient le cou d'une girafe, d'autres une carapace de tortue, d'autres encore les piquants d'un hérisson… Mais vous semblez douter de ce que je vous raconte…

– C'est vrai que je n'arrive pas à y croire. Alors, comme ça, votre grand fils pense à vous envoyer une carte pour la fête des Mères ?

L'ESPACE DURABLE

Faits divers

591

Sans ouvrir sa porte, une banlieusarde demande à la personne qui vient de frapper :

– Qui êtes-vous ?

– Un cambrioleur.

– Je ne vous crois pas. Je suis persuadée qu'en réalité, vous êtes un représentant qui cherche à me vendre une encyclopédie.

– Pas du tout, proteste l'homme. Je vous jure que je suis un authentique cambrioleur.

– Bon, finit par admettre la femme, je vous fais confiance et je vous ouvre. Mais à une condition…

– Laquelle ?

– Volez en priorité l'encyclopédie en 20 volumes que mon mari utilise toujours pour me prouver qu'il a raison et souligner ainsi mon ignorance lors de nos discussions.

592

Le commissaire de police dit à ses collaborateurs :

– L'homme invisible a encore accompli un méfait cet après-midi. D'après les déclarations des témoins, Michel, avez-vous réussi à établir un portrait-robot de ce dangereux bandit ?

Le dessinateur tend au commissaire une feuille blanche, en disant :

– Voyez, tout y est.

593

Un employé de banque demande à son chef de service :

– Pourrais-je emprunter pour une soirée le film pris par nos caméras de surveillance pendant le hold-up d'hier matin ?

– Que voulez-vous en faire ?

– Les deux malfaiteurs qui ont dévalisé l'établissement portaient des masques de *Bob l'Éponge* et de son compère *Patrick, l'Étoile de mer.* J'aimerais passer cette bande à mon fils. Je suis sûr que cela l'amuserait beaucoup.

——— 594

La femme d'un policier d'une brigade d'intervention dit, en fouillant dans un placard :

— J'ai peur qu'avec les restrictions de crédit, les gilets pare-balles qu'on vous fournit ne soient plus de grande qualité.

— Qu'est-ce qui te fait penser cela ?

— Regarde ton propre gilet dont tu ne t'es pas servi depuis plusieurs mois : il est mangé aux mites.

——— 595

Des bandits de grande envergure avaient pris l'habitude de se réunir, après avoir purgé leur peine, dans une association baptisée : « Les vieux de la prison de Fleury-Mérogis. »

Trouvant ce nom peu flatteur, ils l'ont changé pour celui-ci :

« Les seniors de la prison de Fleury-Mérogis. »

——— 596

Un homme appelle le commissariat de son quartier :

— Dites-moi, demande-t-il, votre mission consiste bien, entre autres, à arrêter des cambrioleurs ?

— En effet.

— Pourriez-vous en arrêter un pour moi ? Voyez-vous : j'ai perdu mes clés et je voudrais utiliser ses services pour pouvoir rentrer chez moi.

——— 597

Le directeur d'un établissement bancaire explique aux policiers :

— Les individus cagoulés qui m'ont dévalisé étaient jeunes, très jeunes.

— Comment pouvez-vous dire cela puisque vous ne les avez vus que masqués ?

— Une fois leur forfait accompli, ils se sont enfuis dans une voiture à pédales.

——— 598

Une policière aborde un passant et lui ordonne :

— Accompagnez-moi au commissariat.

— Mais, proteste-t-il, je n'ai rien fait de mal.

— Certes, mais par ce temps de forte pluie, il se trouve que vous avez un parapluie sous lequel je vais pouvoir m'abriter afin de ne pas saccager ma permanente.

599

Un bandit qui a fait irruption, pistolet au poing, dans une banque pour la dévaliser ordonne aux employés :

– Couchez-vous par terre !

En voyant son assistante s'allonger sur le dos, le directeur de l'établissement lui dit :

– Mademoiselle Samantha, je ne vous avais jamais vue jusqu'alors dans cette avantageuse position mais elle me donne une idée : pouvez-vous vous rendre libre pour la nuit qui suivra, mercredi, la petite fête annuelle de la maison ?

600

Des bandits surveillent à la jumelle ce qui se passe dans un grand magasin qu'ils veulent cambrioler.

– Tout se déroule comme prévu, dit le guetteur : le gardien de nuit vient d'enfiler son pyjama. Dans dix minutes, on va pouvoir y aller.

601

– Décidément, dit un homme à sa femme, le quartier est de moins en moins sûr. C'est la troisième fois que je me fais voler par les deux mêmes malfaiteurs.

– C'est épouvantable, lui répond son épouse.

– Enfin, j'ai eu de la chance de tomber sur des gens corrects.

– Qu'appelles-tu des « gens corrects » ?

– Ils m'ont remis leur carte de fidélité qui me donnera droit, quand ils me braqueront les fois suivantes, à conserver 10 % de ce que j'aurai alors dans mon portefeuille.

602

– On sonne avec insistance à la porte, dit un gangster à sa compagne, va voir dans l'œilleton de qui il s'agit. Si ce sont les hommes du GIGN, ils ne me font pas peur, laisse-les entrer, mais si c'est ta mère, pas question !

603

Un homme, qui tient en respect un cambrioleur, lui dit :

– Vous allez rire : je m'aperçois qu'au lieu de saisir mon revolver, j'ai pris le sèche-cheveux. Au point où j'en suis, compte tenu de votre abondante tignasse, aimeriez-vous que ma femme vous mette quelques bigoudis ?

MA TRÍ THÉRAPIE...
... le Père
le FILS ET
le saint esprit!
Bri

604

L'auteur d'innombrables hold-up met en marche sa voiture et dit à sa femme, assise à côté de lui :

– La police m'a repéré : nous sommes suivis.

– Et alors, qu'y a-t-il de surprenant à cela ?

– C'est que nous sommes toujours dans notre garage.

605

Dans la Mafia, on parle d'un nouveau parrain.

– Il est redouté de tous pour ses terribles colères.

– Vraiment ?

– C'en est au point que tous ses gardes du corps ont dû, eux-mêmes, se protéger en engageant des gardes du corps.

606

Le policier qui a recueilli la déposition d'un employé de banque, témoin d'un braquage, lui dit :

– À présent, je vais vous présenter à notre spécialiste des portraits-robots. Son nom m'échappe toujours. Il se prend pour Rembrandt mais, quand vous aurez vu de quoi il est capable, vous comprendrez mieux pourquoi, entre nous, nous l'avons surnommé Picasso.

607

Un cambrioleur va trouver un avocat.

– Je voudrais que vous me disiez, Maître, s'il y a là ou non matière à procès.

– De quoi s'agit-il, au juste ?

– Je m'étais introduit de nuit dans la villa d'un riche industriel. J'opérais si doucement que j'ai pu entièrement dévaliser mes victimes, y compris dans leur chambre à coucher.

– Et alors ?

– En sortant de chez eux, j'ai tâté la poche arrière de mon pantalon. Mon portefeuille avait disparu. La seule explication, c'est que, pendant que je me penchais pour ramasser les bijoux que la femme avait déposés sur la table de nuit, elle m'a fauché mon portefeuille sans que je m'en rende compte.

Hôtel

608

Un homme veut retenir une chambre pour les vacances, l'hôtelier lui dit :

– Pour la vue, nous avons le choix entre la mer et la montagne.

– Que me conseillez-vous ?

– Ça dépend de vos goûts. Que préférez-vous voir quand vous relevez le store le matin : des mouettes ou des ours ?

609

Au début de décembre, un voyageur demande à un hôtelier :

– Quel est le prix d'une chambre pour une nuit ?

– 70 euros.

– Mais je suis venu chez vous, en juin dernier, et le prix n'était que de 50 euros.

– C'est normal. À cette époque de l'année, les nuits sont beaucoup plus courtes.

610

Un homme d'affaires dit à sa secrétaire :

– J'ai envie d'aller passer quinze jours avec ma femme à l'hôtel Moderne, de Malé, aux Maldives. Envoyez-leur un mail pour leur demander s'ils ont un Spa.

Une demi-heure plus tard, la secrétaire apporte la réponse du directeur de l'établissement :

« Vérification faite sur la liste de nos clients, nous avons un Schtroumph, un Sourk, deux Sim et un Strof, mais aucun Spa. »

611

Un employé dit au directeur de l'hôtel :
– Les membres du Spéléo Club viennent d'arriver.
– Tout va bien ?
– Non. Ils ne veulent pas garer leur mini-bus au premier sous-sol. Ils disent qu'ils préfèrent quelque chose de plus profond, comme le troisième sous-sol.

612

Un vacancier est encore ébloui par le luxe de l'hôtel de Las Vegas où il a passé quelques jours :
– Ils ont, se souvient-il, fait installer la climatisation partout, absolument partout – même dans la salle de sauna où l'on prend des bains de vapeur.

613

– J'avais lu, raconte une femme, que lorsqu'on va passer quelques jours à l'hôtel, il faut se munir d'une longue aiguille.
– Pourquoi cela ?
– Pour réunir les doubles rideaux qui, sinon, ne se rejoignent jamais parfaitement.
– Alors, pour vos dernières vacances, vous êtes partie avec une longue aiguille ?
– Oui, et je m'en suis félicitée quand mon mari traînait au lit alors qu'il aurait dû appeler la serveuse de l'hôtel pour le petit déjeuner.

614

– On se rend compte à de petits détails que la crise économique gagne le monde entier, assure un vacancier.
– Qu'est-ce qui vous fait dire cela ?
– Ma femme et moi étions allés passer une semaine dans un hôtel en Grèce. Une fois rentrés en France, nous nous sommes aperçu que l'hôtelier nous avait fauché les deux grandes serviettes de bain que nous avions apportées de Paris pour nous étendre dessus quand nous allions à la plage.

615

Le jeune Marcel Proust était allé passer une nuit dans un petit hôtel de province.

Quand une jeune serveuse lui apporta son petit déjeuner, il lui demanda :

– Quel est votre prénom ?

– Madeleine. Désormais, quand vous boirez une tasse de tisane, vous vous en souviendrez.

616

– Le réchauffement climatique a vraiment des conséquences dramatiques, dit un amateur de sports d'hiver. Ma femme et moi avions l'habitude d'aller passer huit jours, en février, dans une station des Alpes, à l'Hôtel des Neiges.

– Et alors ?

– Je voulais retenir une chambre cette année, mais je ne suis pas arrivé à le retrouver sur Internet. Et pour cause : il a été rebaptisé l'Hôtel des Palmiers et des Mimosas réunis.

617

L'Homme invisible et sa compagne, la Femme invisible, appellent l'ascenseur après avoir passé une nuit à l'hôtel.

Quand celui-ci arrive à l'étage, il est vide :

– On ne va pas prendre celui-ci, dit l'Homme invisible. Manifestement, il est bondé.

618

Dans le hall de l'hôtel d'un pays exotique, fréquenté par de nombreux touristes français, cet avis est affiché :

« Les dames sont priées de ne pas avoir d'enfants au bar. »

——— *619*

Des touristes, à bout de force, supplient un aubergiste de leur louer une chambre, mais ce dernier leur répond qu'il n'en a plus.

– Alors, suggèrent-ils, est-il possible de passer la nuit dans une annexe ?

Attendri, l'aubergiste leur propose :

– Je suis en même temps le sacristain de la paroisse. Voici les clés de l'église. Montez près des orgues. Vous y trouverez des bancs où vous pourrez vous allonger. Mais, surtout, soyez discrets, que je n'aie pas d'embêtements avec Monsieur le curé.

– Entendu, disent les touristes.

Ils paient le prix convenu et promettent de s'éclipser à l'aube.

Mais, le lendemain matin, à cinq heures et demie, tous les villageois sont réveillés par un étourdissant concert de cloches.

L'aubergiste, pressentant une catastrophe, se lève en hâte et se précipite vers l'église où il trouve le prêtre qui lui crie, affolé :

– Il y a deux personnes, près des orgues, qui réclament à corps et à cri du café et des croissants !

——— *620*

Dans un hôtel, un serveur, qui apporte le petit déjeuner, frappe à la porte d'une chambre et entre, sans attendre la réponse.

– Quel sans-gêne ! s'écrie la femme qui est à l'intérieur. Enfin, que se serait-il passé si j'avais été toute nue ?

– Avec moi, madame, vous ne courez pas ce risque-là. Vous pensez bien qu'avant d'entrer, je jette toujours un coup d'œil par le trou de la serrure !

——— *621*

– Vu votre âge, dit l'hôtelier à un client qui vient d'arriver avec sa femme, je suppose que vous avez fait votre service militaire.

– En effet.

– Je vous dis cela parce que, dans la chambre que je vous ai réservée, la sonnette pour appeler la bonne est en dérangement. C'est pourquoi je vous ai pendu un clairon à la patère.

le dessin
c'est facile
quand on a
un bon
modèle
Bri

622

Dans l'ascenseur d'un hôtel de l'Alpe-d'Huez, qui s'est immobilisé entre deux étages, une flamboyante rousse demande au liftier :

– Alors ?

– Eh bien, dit-il, avec un sourire enjôleur, j'ai bien peur qu'on ne soit perdu. Il va falloir bivouaquer là pour la nuit en attendant qu'on soit repéré demain matin par le secours en montagne.

623

Dans un hôtel, un client égrillard demande à la jeune femme de chambre :

– Voulez-vous entendre un bon mot à propos de ce lit ?

– Je vous signale qu'il a déjà été fait.

– Mon bon mot ?

– Votre bon mot, probablement, et votre lit, ça, c'est certain.

624

Un play-boy, la cinquantaine encore séduisante, se présente en compagnie d'une superbe créature, à l'accueil d'un hôtel fort respectable.

– Je voudrais, pour ma femme et moi, dit l'homme, une chambre avec salle de bains.

– Je regrette, fait l'hôtelier, mais mon établissement est pratiquement complet. Il ne m'est possible de vous offrir qu'une chambre avec douche.

– Ah ! C'est contrariant. Attendez un moment, je vais demander à mon épouse ce qu'elle en pense.

Et, interpellant la jeune personne, il lui dit :

– Chérie, il n'y a qu'une chambre avec douche. Est-ce que cela te convient ?

Et la belle créature de répondre :

– Oui, Monsieur.

625

Le client d'un hôtel, situé dans une région montagneuse, se plaint par téléphone :

– La chambre que vous m'avez donnée est glaciale. Je grelotte dans mon lit.

Le patron de l'établissement lui répond :

– Je monte tout de suite pour arranger cela.

– Si ça ne vous ennuie pas, dit le client, je préférerais que ce soit votre charmante femme – à condition qu'elle n'ait pas les pieds trop froids.

Hygiène

626

Un jeune homme va succéder à son père, artisan plombier. Celui-ci lui demande :

– Comptes-tu t'octroyer un jour de repos par semaine ?

– Oui, et même deux.

– Quels jours ?

– Le dimanche et le lundi.

– Pour le dimanche, je suis d'accord, mais aller à la pêche le lundi serait une grave erreur. Dans notre profession, c'est le jour où l'on nous appelle le plus.

– Et pourquoi cela ?

– Toutes les femmes nous supplient de venir réparer les dégâts qu'ont causés leurs maris, en tentant de réparer eux-mêmes le robinet responsable d'une fuite survenue le week-end.

627

Le commandant d'un navire raconte, avec indignation :

– Hier, j'entre à l'improviste dans la salle de bains où se trouvait ma femme et qu'est-ce que je vois ? Sa baignoire était pleine de mousse.

– Et alors ? Qu'y a-t-il d'extraordinaire à cela ?

– Je précise : pleine de mousses – avec un *s* final à *mousses*.

628

En voyant rentrer son époux, couvert de poussière après quatre ans de croisade, une châtelaine lui dit :

– Avant de me rejoindre dans notre chambre, messire, pour une folle nuit d'amour, je vous conseille de prendre un bon bain. Vous pouvez disposer des douves : depuis les pluies d'automne, elles sont pleines à ras bord.

——— 629

Juché sur un échafaudage, à l'extérieur d'un immeuble, un laveur de carreaux arrive à la hauteur d'une fenêtre donnant sur une salle de bains.

Une femme, toute nue dans sa baignoire, ouvre de grands yeux en apercevant ce visiteur inattendu.

– S'il vous plaît, lui crie le laveur de carreaux, pourriez-vous finir de prendre votre bain ? Je n'arrive pas à travailler correctement en sachant que vous me regardez avec cette insistance.

——— 630

Une jeune mariée, qui s'est mise au lit la première, dit à son mari impatient :

– Il me reste encore une douzaine de mots à trouver avant d'avoir complètement rempli ma grille de mots croisés. Tu as largement le temps de te calmer en allant prendre une deuxième douche – froide, bien sûr, comme la première.

——— 631

– Il paraît, dit un gamin à sa mère, que lorsque les archéologues déterrent un objet comme un vase ou une statue, ils peuvent savoir son âge d'après la couche de saleté qui le recouvre.

– À propos, fait la mère, en examinant les oreilles de son fils, je peux te dire deux choses : tu as six ans et ça ne serait pas un luxe que tu prennes un bon bain.

——— 632

Une étudiante se plaint du logement qu'elle partage avec trois camarades de fac.

– Au moment où je veux me laver, si je tourne le robinet d'eau froide, il sort de l'eau chaude ; si je tourne le robinet d'eau chaude, il sort de l'eau froide ; mais tout cela est, finalement, sans importance, parce que, à chaque fois que je tourne le bouton de la porte de la salle de bains, jamais personne n'en sort.

633

– Je ne sais pas ce qu'a ma montre, dit un homme à un horloger : elle s'est brusquement mise à marcher à l'envers.

– Et cela vous gêne beaucoup ?

– Oui. Surtout le matin : quand après m'être habillé et avoir noué ma cravate, je la consulte et que je me rends dans la salle de bains pour prendre ma douche.

634

Un homme très amoureux téléphone sur son portable à la femme qu'il aime :

– Que fais-tu en ce moment, ma chérie ?

– Je suis dans mon bain.

– Ah !

La femme s'étonne :

– Qu'as-tu à te renfrogner ainsi ? C'est plutôt sexy de m'imaginer, toute nue, pataugeant dans ma baignoire ?

– En fait, sachant combien tu es frileuse, je ne t'imagine pas nue mais plutôt dans une tenue de scaphandrier.

635

Une Américaine revient au Texas, ravie de son voyage en Europe.

– Jamais, s'extasie-t-elle, je n'ai vu un service aussi remarquable que dans cet hôtel romain où j'étais descendue. Figurez-vous qu'un jour où je sortais d'un taxi, le portier s'est précipité pour m'abriter sous un grand parapluie…

– Mais, tous les portiers du monde font cela.

– Oui, mais celui-là ne m'a pas quittée avant que j'aie eu fini de prendre ma douche.

636

En sortant de sa baignoire, un chercheur d'un laboratoire pharmaceutique dit à sa femme :

– Passe-moi mon dictionnaire de grec ancien.

– Que veux-tu savoir, au juste ?

– Quel est le contraire d'Eurêka !

——— ***637***

– J'avais pris l'habitude, raconte un ténor, de chanter le répertoire de Luciano Pavarotti quand j'étais sous la douche. Lorsque j'ai voulu faire de l'art lyrique ma profession, j'ai continué, dans le même esprit – mais cela a limité mes engagements aux camps de naturistes.

——— ***638***

– Que fait votre jeune fils, demande-t-on à une femme, quand vous l'entraînez dans la salle de bains pour lui faire prendre place dans la baignoire ?

– Il m'agite sous le nez une publicité pour une teinturière du quartier qui pratique, à bas prix, le nettoyage à sec.

——— ***639***

Une femme appelle le service de surveillance de la plage :

– Je vais prendre mon bain, annonce-t-elle, mais je redoute toujours d'être victime d'un accident, par exemple si, en sortant de la baignoire, je glissais sur la savonnette. Par précaution, pouvez-vous m'envoyer un de vos maîtres-nageurs expérimentés qui pourra, tandis que je pataugerai, surveiller que tout se passe bien.

——— ***640***

Le baron d'Hagnault se met en colère en pénétrant dans la salle de bains et en voyant que le majordome est en train de frotter le dos de la baronne qui s'asperge gaiement, toute nue, dans la baignoire.

– Enfin, Hector, dit-il, comment avez-vous pu vous tromper ? Quand je vous ai dit d'aller étriller Germaine, il ne pouvait s'agir que de ma jument. Vous savez pertinemment que Madame la baronne se prénomme Geneviève !

——— ***641***

Un couple de farceurs a trouvé trop commun de différencier leurs serviettes de bain en brodant sur celle du mari, le mot IL et sur celle de la femme, le mot ELLE.

Ils ont remplacé ces mentions par :

DE PÂQUES
et
DE PIGEON

——— ***642***

Une superbe créature en peignoir sonne à la porte de l'appartement voisin de celui où elle vient d'emménager.

Une femme, à l'œil soupçonneux, l'interroge :

– Que voulez-vous ?

– Excusez-moi, fait l'explosive jeune femme mais, au moment de prendre mon bain, je m'aperçois qu'il me manque un accessoire indispensable.

– Et vous voulez m'emprunter une savonnette ?

– Non. Votre mari, pour qu'il me frotte le dos.

——— ***643***

Adrien (7 ans) s'écrie en découvrant l'océan Atlantique, :

– Quelle immensité, toute cette eau ! J'ai déjà eu la même sensation le jour où ma mère a cessé de me laver dans le lavabo pour me mettre dans la baignoire.

——— ***644***

– Mon mari, raconte une femme à une amie, a été très affecté par la récente crise du pétrole qui a fait bondir les prix de l'essence et du gazole.

– Il te l'a dit ?

– Non, mais je l'ai constaté quand il prend son bain : au lieu de faire barboter, dans la baignoire, son petit canard en plastique, il y fait flotter, désormais, la maquette d'une plate-forme pétrolière.

——— ***645***

Deux enfants qui jouent dans la rue voient une flaque de goudron laissée par des ouvriers en train de refaire la voirie.

– Je vais me rouler là-dedans avec bonheur, dit l'un des gamins.

– Ta mère ne va pas être contente.

– De toute façon, quand je rentre à la maison, même si je suis impeccable, ma mère m'expédie sous la douche. Pour une fois, elle aura une bonne raison de le faire !

VOUS AVEZ
LA MAIN
VERTE
BRÜ

Jardinage

—— 646

En réveillant son mari, une femme lui dit :

– J'ai une bonne nouvelle à t'annoncer : c'est aujourd'hui dimanche et tu n'as donc pas besoin d'aller au bureau. Avant que tu ne te mettes à gémir que tu ne te sens pas bien, voici une autre bonne nouvelle : le gazon, lui, est en pleine forme. Je t'ai préparé la tondeuse.

—— 647

– Ma femme, dit un homme, adore ses plantes vertes. Cela ne m'a jamais dérangé jusqu'au jour où elle s'est mis en tête d'installer son rhododendron favori dans mon fauteuil, au moment où l'émission, *Jardinage pour tous,* passe à la télévision, sous prétexte que c'est, pour lui, une émission très instructive.

—— 648

Un homme se présente au service des urgences d'un hôpital.

– Vu le prix du bifteck, explique-t-il à l'interne de garde, j'avais dit à ma femme : « Il va falloir nous séparer de notre plante carnivore. »

– Et alors ?

– La plante m'a entendu et n'a pas apprécié. Quand je suis passé à côté d'elle, elle m'a mordu.

—— 649

Le directeur d'une jardinerie répond par téléphone à l'une de ses clientes :

– Le mieux, pour vous expliquer comment traiter vos bonsaïs, c'est que vous preniez conseil auprès de notre meilleur spécialiste de ces arbres de modèle réduit. J'ai justement l'occasion de passer devant chez vous : je l'emmène avec moi, dans mon attaché-case, et je vous le glisse sous la porte.

——— 650

Une femme va trouver son mari, qui est dans le jardin :

– C'est le responsable de la tour de contrôle de l'aéroport voisin qui vient de nous appeler au téléphone. Il dit qu'il ne parvient plus à entendre le bruit des réacteurs des avions dont il doit assurer le décollage à cause du boucan infernal que fait ton ramasseur de feuilles mortes.

——— 651

– Il tombe une bonne averse, dit une femme à son mari. Vite, sors les plantes vertes dans le jardin pour qu'elles soient arrosées tandis que je rentre mon linge pour qu'il reste sec.

——— 652

Un homme qui rentre du bureau lance un joyeux :

– Comment vas-tu, ma chérie ?

Sa femme lui dit, d'un ton pincé :

– Maintenant que tu as salué ton azalée dont tu es fou, tu vas peut-être avoir l'idée de me demander comment s'est passée ma journée.

——— 653

Deux banlieusardes comparent les plantations de leurs jardins respectifs. L'une d'elles proteste :

– Vous tentez de m'impressionner avec votre rosier grimpant mais vous avez triché.

– J'ai triché ? Comment cela ?

– Pour l'aider à grimper, sans en avoir l'air, vous avez laissé, juste à côté de lui, une échelle.

——— 654

On demande à l'inventeur d'un ramasse-feuilles particulièrement bruyant :

– Comment, pour remplacer une pelle et un râteau, avez-vous eu l'idée de concevoir un appareil faisant un tel boucan ?

– Mon voisin était un Écossais qui jouait de la cornemuse dans son jardin. Avec mon ramasse-feuilles, j'ai, enfin, réussi à lui river son clou.

CE SONT
DE BONS
PARENTS.
Bri

——— 655

Le nez entouré d'un énorme bandage, un homme est formel :

– Pour l'avoir vérifié par moi-même, je peux vous assurer qu'une plante carnivore est, certes, vorace, mais totalement inodore.

——— 656

Alors qu'une véritable tempête de neige se déchaîne, une femme dit à son mari :

– C'est la première fois que mon cactus du Nevada a une chance de voir la neige. Passe-moi ton grand foulard que je le protège avant de l'emmener dans le jardin.

——— 657

Le responsable de l'entretien des jardins publics d'une petite ville raconte :

– La municipalité avait consenti à m'équiper d'une tondeuse à gazon ultra-perfectionnée.

– Tu dois être content.

– Non, parce que lorsqu'elle m'a vu débarquer avec cet engin, devant la mairie, la pelouse a été tellement surprise qu'elle en est restée interdite.

——— 658

À l'hôpital, une infirmière dit à un médecin :

– Le 18, qui nous était arrivé dans un état de délabrement épouvantable, a fait d'énormes progrès.

– En effet, c'est spectaculaire.

– Docteur, pourriez-vous me rédiger une prescription pour les vitamines que vous lui administrez depuis un mois.

– Vous voulez en prendre, vous aussi ?

– Pas moi : mes plantes vertes.

——— 659

– Ma femme, explique un homme à un psy, se prend pour une tondeuse à gazon.

– Il fallait me l'amener en consultation.

– C'est bien ce que je compte faire, dès que mon voisin, qui me l'a empruntée au début du printemps, voudra bien me la rendre, à l'automne.

660

– Comment appelle-t-on un arbre à glands sur lequel deux merles chantent, perchés sur deux branches opposées ?

– Un chêne-stéréo.

661

Un homme dit à sa femme, qui rentre d'un bref séjour chez sa mère :

– Tes fleurs, auxquelles tu parles régulièrement pour qu'elles soient en forme, ont beaucoup apprécié tes coups de téléphone que je leur ai fait écouter. Par contre, elles ont été totalement insensibles à tes SMS.

662

Un ancien bûcheron raconte :

– À la suite de l'interaction de deux médicaments, je me suis mis à rapetisser au point de mesurer seulement 25 centimètres.

– Cela a dû être terrible.

– Moins que je ne le craignais : je me suis facilement reconverti…

– En quoi ?

– En tailleur de bonsaïs.

IL LUI ARRIVE
DE SE PRENDRE
POUR St LOUIS
Bri

Justice

——— **663**

– Pour vous prouver que je n'ai rien à cacher, dit une superbe inculpée, je vais ôter mon manteau sous lequel je ne porte rien.

Le président du tribunal avertit les avocats :

– Je vous préviens que le premier d'entre vous qui crie : « Objection, votre honneur », je le fais rayer à vie du barreau.

——— **664**

Un gardien de prison glisse à l'oreille d'un de ses collègues :

– On s'évade ce soir.

L'autre sursaute :

– Qu'est-ce que tu racontes ?

– Je ne fais que répéter ce que j'ai entendu dire par deux détenus. Je les ai neutralisés mais, en ce qui nous concerne, ce ne serait peut-être pas une mauvaise idée.

——— **665**

Un juge arrive en salle d'opération sur son brancard et dit au chirurgien qui va s'occuper de lui :

– Avant toute chose, jurez solennellement que vous allez m'enlever l'appendice, tout l'appendice et rien que l'appendice…

——— **666**

Aux États-Unis, un avocat, souvent comparé à un requin, explique à la femme qui est venue le consulter pour engager une procédure de divorce :

– Mon grand souci de moralité m'incite à vous proposer cette formule : nous allons réclamer cinq millions de dollars à votre mari.

– Parfait.

– Si le tribunal repousse cette requête, je ne toucherai rien.

– Et si le tribunal tranche en ma faveur ?

– Là, c'est *vous* qui ne toucherez rien !

667

On interroge un homme qui vient de purger une peine de prison :
– La discipline était-elle dure ?
– Très dure. Ainsi, sous le prétexte que j'avais assommé un gardien avec un manche de pioche, le directeur m'avait interdit de servir la messe du dimanche comme enfant de chœur.

668

Le président de la cour d'assises demande à un témoin :
– Que vous a dit exactement l'accusée quand vous l'avez vue dans la rue, où elle faisait le trottoir ?
– C'était tellement obscène que je n'ose pas le répéter devant le tribunal.
– Alors, dit le président, écrivez ces mots sur un morceau de papier que vous ferez circuler parmi les membres du jury.
Le témoin s'exécute et écrit sur une feuille : « Alors, chéri, on baise ? »
Une femme jurée jette un coup d'œil à la feuille et, au moment de passer celle-ci à son voisin, elle voit qu'il s'est endormi. Elle le réveille d'un bon coup de pied dans les tibias et lui colle la feuille sous le nez.
En lisant ce qui est écrit dessus, il demande à sa voisine :
– Quoi, maintenant ?

669

Un juge demande à un autre :
– Quelle idée vous faites-vous de la double peine ?
– J'imagine un damné, occupant ses jours et ses nuits à alimenter la chaudière de l'Enfer, tout en étant contraint de regarder, à la télévision, un programme composé uniquement d'émissions de télé-réalité.

670

– Je crains, dit l'homme qui va être jugé en cours d'assises à son avocat, que vous n'ayez révoqué les meilleurs jurés.
– Comment cela ?
– Réfléchissez un peu : ceux qui réussissent à échapper en toute impunité à la corvée de perdre leur temps en siégeant dans un jury ne sont-ils pas plus malins que les autres ?

——— 671

Un avocat d'affaires, connu pour son âpreté au gain, est mort.

Au cimetière, le curé de la paroisse dresse de lui un portrait très élogieux.

À ce moment, le téléphone portable d'un des associés de l'avocat disparu se met à sonner.

L'homme fait à voix basse :

– Allô ?

– C'est Ernest Ripaton, votre deuxième associé. Alors, comment l'enterrement se passe-t-il ?

– Très bien. On entame les plaidoiries.

——— 672

Convaincue de vol dans un grand magasin, une chanteuse, détestée du public, a obtenu l'indulgence du tribunal : sa seule peine est d'aller chanter pour les pensionnaires d'une maison de retraite.

Mais ceux-ci, trouvant la punition trop rude, ont fait appel et, si jamais le jugement de première instance était confirmé, ils sont bien décidés, pour échapper à ce châtiment, à se pourvoir en cassation.

——— 673

Les deux enfants d'une femme juge d'instruction jouent à se poursuivre dans tout l'appartement.

À un moment, l'un d'eux heurte une table et fait tomber un vase qui se brise en mille morceaux. En les ramassant avec une pelle et un balai, le maladroit proteste :

– On ne va pas faire toute une histoire pour un vieux vase.

– Un vieux vase, répond son frère, que maman appellerait « la pièce à conviction numéro un ».

——— 674

Un avocat raconte, dans un livre, les multiples humiliations que lui a fait subir son épouse pendant dix ans, avant qu'il ne se décide à demander le divorce.

Son éditeur l'interroge :

– Avez-vous songé à un titre ?

– Oui : À QUITTER !

——— 675

Alors qu'un procès va s'ouvrir, l'avocat de la défense annonce :
– Je demande que l'audience se tienne à huis clos.
Le président du tribunal s'étonne :
– Votre client compte faire des déclarations scabreuses ?
– Non, mais j'ai horreur des courants d'air.

——— 676

Dans une caverne, à la demande du président du tribunal, un artiste de l'époque préhistorique a gravé, sur une des parois, la silhouette d'un individu armé d'un arc et de flèches.
– Oui, dit un homme des cavernes, appelé à témoigner, ce portrait-robot est très concluant : c'est bien lui qui a tué mon mammouth apprivoisé.

——— 677

L'avocat d'un politicien traduit en justice conclut ainsi sa plaidoirie :
– Mesdames et Messieurs les membres du jury, si vous voulez bien admettre que mon client ne s'est pas rendu coupable du délit de corruption qui lui est reproché, j'aurai le plaisir, à la sortie de l'audience, de glisser discrètement à chacun de vous une enveloppe contenant 1 000 euros.

——— 678

– Avant de rendre ma sentence, dit le président du tribunal correctionnel, j'aimerais consulter, sur cette affaire, la Cour suprême.
L'avocat de l'inculpé s'étonne :
– Monsieur le président, qu'entendez-vous au juste, par cette histoire de Cour suprême ?
– Ce soir, pendant le dîner, je voudrais demander son avis à ma femme.

——— 679

Un avocat, qui visite un aquarium, dit à son épouse :
– La présomption d'innocence est, certes, une belle chose, mais il ne faudrait tout de même pas exagérer. Regarde cette pancarte pour présenter un squale aux dents pointues :
« REQUIN PRÉSUMÉ TUEUR. »

PILE,
MON CLIENT
PREND LA PILE....
... FACE
JE PERDS LA
FACE

——— **680**

Tandis que le jury d'une cour d'assises se retire pour délibérer, un des jurés prend la parole :

– Pour nous entraîner à faire l'unanimité, en ce qui concerne la culpabilité de l'inculpé, je vous propose qu'on établisse d'abord, en commun, un projet de menu : alors, qui est d'accord pour l'entrecôte-frites-beaujolais ?

——— **681**

Au moment de quitter la prison où il a séjourné pendant de longues années, un homme confie à son gardien :

– J'ai une envie folle de me venger de la société et je crois que j'en ai trouvé le moyen.

– Tu ne vas pas faire un massacre, au moins ?

– Pas à la mitraillette, en tout cas. Non : je vais publier un livre qui donnera les meilleures recettes du cuisinier de la prison.

——— **682**

L'avocat de la défense s'écrie, dans une belle envolée :

– Qui suis-je, Mesdames et Messieurs du jury ? Mais tout simplement la Vérité, sortant nue de son puits et revêtue d'un complet veston.

——— **683**

Dans un établissement pénitentiaire, un prisonnier montre à un autre son plan pour le percement d'un tunnel.

– Ainsi, dit-il, dans six mois, nous pourrons nous évader, toi, moi et Alfred Leblondot, sans doute celui d'entre nous qui a le plus envie de s'échapper d'ici.

– Qui est-ce, ce Leblondot ? Un codétenu ?

– Pas du tout : c'est le gardien-chef.

——— **684**

Le téléphone sonne dans le bureau d'un avocat.

C'est un de ses clients qui lui explique :

– Je viens, par maladresse, de briser un miroir, ce qui devrait me valoir sept ans de malheur.

– En quoi puis-je vous venir en aide ?

– Habile comme vous l'êtes, vous devriez être capable de réduire cela à trois ans.

685

Le président de la cour d'assises dit à un témoin :

– Répétez après moi : « Je jure de dire la vérité, rien que la vérité, toute la vérité, et, si je devais mentir, je jure de le faire à la façon de Coluche, ce qui aurait pour effet de détendre un peu le jury et la cour, totalement accablés par cette sordide affaire qu'ils ont à juger. »

C'EST UN AUTEUR VÉRITABLEMENT ADULÉ
SALON DU LIVRE INTÉRESSANT

Littérature

——— 686

À son grand amusement, un romancier dont la dernière œuvre vient d'être couronnée par le prix Goncourt, reçoit une lettre du maire d'un petit village qui lui fait cette offre alléchante :

« Voulez-vous venir parler de vous-même et de vos romans, le 15 octobre prochain, sous le préau de notre école ? Montant du cachet : 50 euros. »

Par retour du courrier, le romancier répond :

« Tout à fait d'accord. Je vous adresse ci-joint les 50 euros d'arrhes afin que vous n'ayez pas la tentation de revenir sur votre proposition. »

——— 687

Au cours d'un talk-show à la télévision, un célèbre écrivain est interrogé :

– Aimez-vous la poésie ?

– Beaucoup.

– Avez-vous une œuvre préférée ?

– Oui, un poème de Rimbaud.

– Lequel ?

– Arthur, bien sûr.

——— 688

– Comment, demande-t-on à la femme dont le roman caracole, depuis plusieurs semaines, en tête des meilleures ventes, avez-vous eu l'idée de ce livre de plus de 600 pages ?

– Tout est parti du jour où, ayant décidé de plaquer mon mari, j'ai décidé de lui laisser un mot de cinq lignes dans lequel je mettais noir sur blanc ce que je lui reprochais.

——— **689**

Une bibliothécaire explique à un conseiller conjugal :

– Je travaille toute la journée dans un établissement où abondent les pancartes SILENCE.

– Et alors ?

– Je ne supporte pas, quand je rentre chez moi, le soir, que mon mari, au lieu de se contenter d'un signe interrogatif de la main, m'accueille par un bruyant : « Ta journée s'est-elle bien passée ? »

——— **690**

Après l'avoir feuilleté rapidement, un éditeur renvoie un manuscrit qui lui a été soumis et ajoute à cette dédicace de l'auteur : « Pour ma mère qui m'a appris à lire », ce simple commentaire : « Mais pas à écrire, hélas ! »

——— **691**

– J'ai lu un roman policier, raconte un homme, un chef-d'œuvre de sexe et de perversité. C'est simple, après qu'il vous a régalé de toutes ces horreurs, à la fin, l'auteur ne vous donne pas la solution mais l'absolution.

——— **692**

Dans une compagnie d'assurances, un employé dit à l'une de ses collègues :

– Pour vous changer les idées, après le gros chagrin qui vous a beaucoup affectée et dont vous m'avez parlé, je vous ai écrit un petit poème très rigolo. Je l'ai glissé entre les dossiers des sinistres 14.237 et 14.238, en l'intitulant « Sinistre 14.237 bis ».

——— **693**

– C'est trop bête, dit un écrivain. J'avais commencé d'écrire un roman dont le héros devait se suicider à la fin. Bêtement, j'avais situé mon premier chapitre en été, alors que régnait la canicule. La femme de mon héros, lui dit : « On étouffe, ici. Ouvre la fenêtre ! »

– Et alors ?

– Mon héros va jusqu'à la fenêtre, il l'ouvre, voit le sol, douze étages plus bas. Bref, il n'a pas pu résister plus longtemps : il a sauté. Si j'avais eu l'intelligence de faire débuter mon action en plein hiver, je tenais mes 300 pages.

694

Un éditeur dit à un auteur qui lui a soumis le manuscrit d'un livre drôle :
– J'ai l'impression désagréable que vous vous êtes fait aider pour écrire ce livre.
– Vous m'accusez de tricherie ?
– En quelque sorte, oui.
– Je vous jure, dit l'auteur, que je répliquerais à vos allégations par un imparable mot d'esprit si seulement mon nègre était là !

695

– La lecture d'un roman de Madeleine Chapsal, que j'avais emprunté à la bibliothèque municipale, m'a beaucoup enrichi, dit un grand lecteur.
– Comment est-ce possible ?
– J'y ai trouvé un billet de 20 euros qu'un abonné de la bibliothèque, qui l'utilisait comme marque-page, avait oublié.

696

Un jeune écrivain, dont les manuscrits sont refusés par tous les éditeurs, raconte :
– Je me suis reconverti en proposant à des jeunes femmes dépourvues d'imagination de tenir leur blog, sur Internet. Chaque jour, je raconte en détail leurs aventures amoureuses. Après avoir lu cela, elles n'ont plus, le lendemain, qu'à le mettre en pratique.

697

Un poète, qui a emmené sa petite amie en pique-nique, semble saisi par l'inspiration. Il se met à déclamer :

« Dans ce cadre charmant où nous sommes à l'aise,
En respirant à pleins poumons cet air si pur
J'aurais aimé que tu penses à la mayonnaise
Pour accompagner nos œufs durs. »

698

On interroge un auteur de romans policiers :
– Pourquoi votre héros ne boit-il que du lait ?
– Je voulais qu'il boive du whisky, comme le font tous les autres « privés » mais j'ai dû abandonner l'idée d'employer ce mot.
– Pour quelle raison ?
– Je ne savais jamais où il fallait placer le *h* et le *y*.

——— 699

Une femme, qui vient de publier un nouveau dictionnaire, dit au garçon qui tente de la draguer :

– Je ne demande pas mieux, Zébulon, que de coucher avec vous mais, auparavant, doivent logiquement passer, Alain, Bernard, Charles, Daniel, Étienne, François, Gaston...

——— 700

Un romancier, qui a été invité à dîner puis à faire un exposé sur la littérature moderne devant une assistance choisie, commence par une parabole :

– C'était au temps de la persécution des premiers chrétiens. L'un d'eux, qui avait été jeté dans l'arène, voyait se diriger vers lui un lion d'aspect féroce. Le martyr en puissance s'approcha de l'animal et lui glissa quelques mots à l'oreille. Visiblement terrifié, le lion se mit à trembler...

Une des convives interroge le romancier :

– Qu'avait donc pu dire le chrétien au lion pour le mettre dans un tel état ?

– La même chose que notre hôte qui en m'invitant m'a dit : « Je vous préviens qu'après avoir bien mangé, vous devrez prendre la parole en public. »

——— 701

– J'aimerais, dit une femme à un libraire, un beau roman d'amour qui raconte l'aventure passionnée d'un homme et d'une femme. Et ce qui me plairait, surtout, c'est qu'à la fin, ce soit la femme qui gagne – par K.O.

——— 702

– J'ai beaucoup lu, dans ma vie, raconte un homme mais jamais je n'ai eu sous les yeux quelque chose d'aussi difficile à comprendre...

– Que qui ? Proust ? Nietzsche ? Teilhard de Chardin ?

– Tout ça, c'est de la rigolade ! Moi, je vous parle d'une notice de montage pour une armoire que j'avais achetée en kit dans un magasin de bricolage.

703

Dans une école pour futurs écrivains, un professeur donne des conseils à ses élèves.

Entre autres, celui-ci :

– Veillez à ne jamais vous répéter ni à dire de nouveau ce que vous avez dit précédemment.

704

L'auteur d'un *Dictionnaire de la langue française,* après avoir travaillé très tard, en compagnie de sa jeune et belle secrétaire, a proposé à celle-ci de faire l'amour, ce qu'elle a accepté avec plaisir.

Alors qu'ils sont en pleine action, la femme du lexicologue ouvre brusquement la porte du bureau et, profondément offusquée, s'écrie :

– Oh ! Bertrand ! Une telle attitude venant de vous ! Je suis surprise.

– Non, ma chère, réplique-t-il, c'est nous qui sommes surpris. Vous, vous êtes étonnée.

705

Un poète dédicace son nouveau recueil dans un supermarché.

– Je connais bien vos poèmes, lui dit une femme. Mon fiancé m'en récitait quand il me faisait la cour.

– Et a-t-il continué de vous en réciter après vous avoir épousée ?

– En fait, j'ai rompu nos fiançailles pour me marier avec un autre garçon qui, lui, me chantait du Bénabar.

706

Un éditeur reçoit la visite d'une superbe créature :

– Je vous apporte la fortune, lui dit-elle, si vous acceptez de publier mon *Journal intime,* contenant le récit détaillé de mes aventures amoureuses depuis l'âge de quinze ans. Je vous demande 10 % de droits d'auteur et si vous me donnez 12 %, je vous réserve un chapitre entier dont vous serez le héros.

707

Au moment d'aller se coucher, un homme dit à sa femme :

– Passe-moi mon équipement de pêcheur sous-marin.

– Voyons, proteste l'épouse, as-tu vraiment besoin de tout cet attirail à chaque fois que tu veux relire *Vingt mille lieues sous les mers* ?

——— 708

Indigné de s'être fait étriller, un romancier dit au critique responsable de cette impitoyable exécution :

– Comment pouvez-vous prétendre pouvoir juger de la qualité d'un livre alors que vous n'en avez jamais écrit un vous-même ?

– Je n'ai, jamais pondu d'œuf non plus, répond le critique. Pourtant, je me sens mieux qualifié qu'une poule pour juger de la qualité d'une omelette.

——— 709

Un cousin de province débarque, en début de semaine, chez un habitant du quartier Pigalle, à Paris.

– J'ai lu tellement de choses à propos de tout ce qui se passe, dans ce quartier, dit-il, les filles dans les rues, les serveuses les seins nus dans les bars, les strip-teaseuses, etc. que j'ai eu envie de passer quelques jours chez toi, pour vérifier si tout cela était bien vrai.

– Installe-toi dans la chambre d'amis, répond le Parisien. Mais, qu'est-ce que c'est que ce bouquin que tu tiens sous le bras ?

– C'est mon livre de messe. Parce que, si toutes ces orgies dont on parle sont bien réelles, je resterai peut-être chez toi jusqu'à dimanche.

——— 710

Plein d'espoir, un jeune poète dit à l'éditeur auquel il a soumis son recueil :

– Je suis sûr que, si vous publiez mes poèmes, ils auront un grand retentissement.

– Certainement. À peu près le même qu'un pétale de rose s'écrasant au sol après que vous l'ayez lancé du haut de la tour Eiffel.

——— 711

– Ce que vous m'avez raconté sur votre vie amoureuse est passionnant, dit un psy à une superbe blonde, au point que je crois utile de vous recommander à un de mes amis.

– Vous voulez parler d'un confrère ?

– Non : d'un éditeur spécialisé dans les confessions brûlantes.

——— 712

Cette annonce énigmatique paraît sur Internet :

« À vendre, état neuf, beau volume de 356 pages illustrées 30 euros. »

Le lendemain, le vendeur fait cette seconde annonce :

« À propos du beau volume de 356 pages illustrées, que j'ai proposé aux amateurs, j'ai complètement oublié d'en indiquer le titre.

C'est : *Comment garder votre mémoire intacte.*

——— 713

– J'ai été très déçue après avoir fait l'amour avec ce romancier, dit une jeune femme à sa meilleure amie. Tu m'avais alléchée en me disant : « En ce qui le concerne, ça fait bien trente centimètres. »

– Qu'est-ce que tu as été t'imaginer ! Je parlais de la longueur de la notice que lui consacre le *Who's who.*

——— 714

Un traducteur d'une maison d'édition dit à sa femme :

– C'est un Premier ministre qui s'adresse ainsi à l'un de ses collaborateurs :

« J'apprécie la qualité exceptionnelle de votre travail qui contribue grandement au prestige de notre pays dans le monde, et je tiens à proclamer bien haut mon attachement à votre personne ainsi que mon admiration sans faille ». C'est un peu long, comme speech. Comment pourrais-je traduire cela de façon plus ramassée ?

Et sa femme de répondre :

– « Vous êtes viré ! »

——— 715

– Ma femme, explique un homme, aime rire quand nous faisons l'amour. Ah ! elle l'a lu bien des fois, *Trois hommes dans un bateau,* de Jerome. K. Jerome, pendant que je m'escrimais à lui faire éprouver du plaisir.

——— 716

Au cours d'un talk-show, un célèbre romancier déclare modestement :

– Je ne me fais aucune illusion. Dans cent ans, mon nom sera complètement oublié.

En entendant cela, le directeur du Muséum d'histoire naturelle proteste :

– Qu'est-ce que c'est que cent ans ! Voyez les dinosaures : ils ont disparu voilà 65 millions d'années et jamais on n'a oublié leurs noms : plésiosaure, brontosaure, tricératops, tyrannosaure…

——— 717

– Quel roman de jeunesse de Victor Hugo met en scène un bandit sanguinaire qui terrorise les habitants d'une île de l'Atlantique Nord ?

– *Han d'Islande.*

– Et comment aurait-il appelé son héros si l'action s'était déroulée au pôle Sud ?

– *Han Tarctique.*

——— 718

La responsable de la bibliothèque municipale dit à une abonnée :

– Je vous recommande de vous dissimuler derrière le rayon « Espionnage ». Là, vous serez parfaitement placée pour surveiller le rayon « Érotisme » où, quand ils croient qu'on ne les voit pas, la charcutière et le garagiste se livrent à de galipettes coquines.

——— 719

Une femme appelle une maison de vente par correspondance pour se plaindre :

– Je vous avais commandé un *Guide de la forêt africaine.* Dans mon esprit, il s'agissait d'un livre illustré ; que voulez-vous que je fasse du chef d'une tribu de Pygmées que vous m'avez envoyé ?

——— 720

– Hier soir, raconte un homme à un ami, j'étais au lit et je lisais le dernier roman du maître de l'horreur, Stephen King. À un moment, je n'ai pas pu retenir un cri d'effroi.

– À cause d'une scène horrible imaginée par Stephen King ?

– Non, parce que ma femme venait d'entrer dans la chambre avec sa couronne de bigoudis et le visage recouvert de sa nouvelle crème de beauté à base de concombre.

—— *721*

L'auteur d'un *Dictionnaire des injures* raconte :
– J'avais déjà recueilli beaucoup de matériel mais je me rendais compte qu'il me manquait quelques exemples d'injures particulièrement savoureuses.
– Vous les avez trouvés, finalement ?
– Oui, quand j'ai eu l'idée de faire un saut à Marseille et de dire à une marchande du Vieux-Port que son poisson n'était pas frais.

—— *722*

Un poète, qui compose ses œuvres sur ordinateur, termine ainsi une ballade consacrée à un Pic de la Mirandole contemporain :
« Constatant qu'il savait beaucoup moins que Google,
Vert de rage, il en fit, une drôle de gueule ! »

—— *723*

Un abonné demande à la bibliothécaire :
– Je voudrais un livre de Xavier de Maistre, *Voyage autour de ma chambre.*
– Désolée, répond la bibliothécaire, mais, par cette belle journée, il est sorti.

—— *724*

– Pourquoi, demande-t-on à un romancier, avez-vous fait mourir votre héroïne, directement inspirée de la *Dame aux camélias,* d'un infarctus ?
– J'avais bien prévu de la faire lentement s'éteindre de phtisie, comme on disait à l'époque, mais, tandis que je m'apprêtais à décrire sa fin, ma femme a surgi en me disant qu'elle avait mis au four un rosbif et que, si je voulais le manger saignant, comme je l'aime, il fallait que je passe à table dans les trois minutes. C'est alors que j'ai décidé d'employer les grands moyens.

FIN

Logement

725

Un locataire, excédé, téléphone à son voisin :

– Ce bruit est intolérable ! Depuis un quart d'heure, ma femme et moi avons l'impression qu'au-dessus de nous, deux éléphants dansent la rumba.

– Vous vous trompez du tout au tout, répond le voisin. Certes, ma belle-mère a tenu à évoquer le temps où elle était petit rat à l'opéra mais ce n'est pas du tout une rumba qu'elle dansait : c'était le ballet *Giselle.*

726

On interroge un candidat à l'élection présidentielle :

– À quand votre engagement pour une société anticapitaliste remonte-t-il ?

– J'avais quatre ans quand mes parents m'ont emmené en vacances au bord de l'Atlantique. Et là, alors que tous les autres gamins construisaient des châteaux de sable avec leurs pelles et leurs seaux, moi, je me suis mis à bâtir des HLM.

727

– Mon mari et moi venions d'emménager dans un village de Normandie, raconte une femme, et j'avais mis cette affichette sur la grille de notre maison :

« TOUTE DÉMONSTRATION D'AMITIÉ
SERA LA BIENVENUE. »

– Et ça a marché ?

– Dans la demi-heure qui a suivi, trois de nos voisins sont venus nous demander si nous pouvions leur prêter notre tondeuse à gazon en prétendant que la leur était en réparation.

——— **728**

Sur la banquise, au pôle Nord, un Inuit est en train de construire un igloo.

– Pourquoi, s'étonne un de ses amis, prévois-tu cette grande fente sur le dessus ?

– C'est parce que j'imagine que si des étrangers s'aventurent dans notre région, ils penseront que c'est une tirelire et qu'ils glisseront quelques pièces dans la fente.

– Et tu crois vraiment qu'ils prendront cette maison de neige durcie pour une tirelire ?

– Certainement, et c'est bien pourquoi je lui ai donné la forme d'un cochon.

——— **729**

En faisant l'amour avec le releveur des compteurs d'électricité, une femme lui dit :

– Nous ne pourrons plus nous aimer ainsi lors de tes prochaines tournées. Mon écolo de mari a décidé de produire lui-même son électricité en installant des panneaux solaires sur le toit de notre pavillon.

——— **730**

– Quand cesseras-tu de déplacer continuellement les meubles de l'appartement ? demande un homme à sa femme.

– En quoi cela te dérange-t-il ?

– La nuit dernière, n'ayant pas réussi à retrouver le lit, j'ai dormi dans le troisième tiroir de la commode. Double résultat : j'ai un tour de reins et mes chemises sont toutes froissées.

——— **731**

Deux employés de l'Insee (Institut national de la statistique et des études économiques) dépouillent les résultats du dernier recensement.

À un moment, pour se détendre, l'un d'eux commence à remplir une grille de mots croisés.

Embarrassé par une définition, il demande à son collègue :

– Comment appelle-t-on les habitants du Puy-en-Velay ?

Après avoir consulté ses fiches, l'autre répond :

– Abiton, Gérard ; Accra, Françoise ; Adoubet, Paul ; Afretin, Gilbert…

JE SOLICITE UNE CARTE DE SÉJOUR POUR VOTRE QUARTIER
Bri

——— 732

Alors que des amis surgissent à l'improviste, une femme, dont l'appartement est dans un épouvantable désordre, leur dit :

– Les policiers de l'antigang, persuadés que mon mari était l'ennemi public n° 1, sont venus faire une perquisition au petit matin. Vous avez déjà dû voir au cinéma dans quel état ils laissent les lieux en repartant.

——— 733

On interroge un industriel :

– Comment vont vos affaires ?

– J'ai des hauts et des bas, répond-il.

– Cela doit vous désoler.

– Pas du tout : je fabrique des ascenseurs.

——— 734

Un locataire d'un immeuble de huit étages rentre chez lui en piteux état.

– Que se passe-t-il ? s'étonne sa femme. On dirait que tu as reçu le contenu d'une poubelle sur la tête. À propos, je voulais te demander : tu as bien donné ses étrennes à ce teigneux de gardien, comme tu devais le faire ?

——— 735

Au bord de l'Atlantique, un homme dit à l'ami qui l'a invité dans sa maison de vacances :

– Tu m'avais dit que tu avais une vue superbe sur la mer. Je ne la vois pas.

– Reviens en septembre à l'époque des grandes marées, et tu la verras, la mer. Sans aucun risque, d'ailleurs. Je t'installerai un canot de sauvetage à côté de ton lit, dans ta chambre, au premier.

——— 736

Un homme, qui a sauté du sixième étage par la fenêtre de son appartement en flammes, a raté la toile que tendaient les pompiers et s'est aplati sur la pelouse.

À ce moment, sa femme apparaît à la fenêtre, en criant :

– Chéri, tu as oublié tes lunettes !

——— 737

Le maire d'une petite ville a fait disposer sur les poubelles, installées dans les rues, cet avis :

> « Référendum : Êtes-vous pour la propreté de cette ville ?
> Si oui, mieux qu'un bulletin de vote, déposez ici vos papiers gras. »

——— 738

En visite chez des amis, un homme voit, avec étonnement, le fils de la maison s'amuser à enfoncer des clous dans une table acajou de style Napoléon III.

– Vous ne trouvez pas, dit-il à l'heureux père du bambin, que c'est un peu cher comme amusement ?

– Non, rassurez-vous. J'achète les clous par paquets de 200, à prix réduit, chez Conforama.

——— 739

Dans une HLM aux murs fins comme du papier à cigarette, une locataire dit à son voisin de palier :

– C'est exaspérant : tous les soirs, lorsque vous avez fini de faire brailler votre télévision, on vous entend applaudir et siffler pendant un bon quart d'heure.

– Ça, explique l'autre, c'est l'ennui d'avoir épousé une ancienne strip-teaseuse. Elle n'accepte de se déshabiller qu'à cette condition.

——— 740

Sur le chantier d'un immeuble en construction, un ouvrier crie à un autre :

– Eh, Paulo ! Ta femme vient de téléphoner. Tu as gagné 47 millions d'euros à Euro Millions. Descends vite pour aller toucher ton pognon.

– Attends une minute, dit l'heureux gagnant. Avant de quitter ce chantier, j'ai quelque chose à achever.

– Que veux-tu achever ? Ton boulot ?

– Non, le contremaître.

——— 741

Un promoteur tente de décider un célibataire qui cherche à acheter un logement :

– Prenez ce deux-pièces, lui conseille-t-il, il bénéficie d'une double exposition absolument sensationnelle.

– Quel genre d'exposition ?

– Eh bien, le matin, de la fenêtre de la chambre, vous pouvez assister à de magnifiques levers de soleil. Et, le soir, de la fenêtre du living, vous suivrez le coucher de votre voisine d'en face : dix-neuf ans, blonde à croquer, 1,68 mètre, 62 kilos et totalement allergique au port du moindre vêtement.

——— 742

Anne d'Autriche qui a emmené son fils, le futur Louis XIV, jouer au bord d'un étang, à Versailles, proteste :

– Je t'assure, Louis, que tu peux construire un château de sable juste avec ta pelle et ton seau, sans convoquer un architecte, un jardinier et 10 000 ouvriers.

——— 743

– D'habitude, raconte un Américain, je travaille à New York, dans un bureau au 120e étage d'un gratte-ciel. Avec les ascenseurs ultra-rapides qu'ils ont là-bas, on a tout juste le temps, pendant la montée, de lire les titres d'un journal comme *Le Parisien.* Et puis je suis venu faire un stage dans une entreprise française, au 8e étage d'un immeuble des Champs-Élysées.

– Et alors ?

– Avec vos ascenseurs poussifs, en six montées et six descentes, j'ai eu le temps de relire *Autant en emporte le vent.*

——— 744

Un représentant sonne à la porte d'un cottage écossais et propose au propriétaire de lui installer le chauffage électrique.

– Je regrette, répond l'Écossais, mais je ne me chauffe qu'au bois.

– Voyons, dit le représentant, songez au nombre de stères de bois que vous consommez en une seule année.

– Pas du tout. Une bûche me chauffe pendant tout un hiver.

– Une bûche vous chauffe tout un hiver, s'étonne le représentant. Je serais curieux de savoir comment.

– C'est très simple : dès que j'ai froid, je descends prendre cette bûche à la cave et je la monte au premier étage. Là, je la laisse tomber par la fenêtre et je descends très vite la récupérer dans le jardin. Lorsque j'ai fait cela vingt fois de suite, je vous jure que j'ai chaud pendant au moins deux heures.

745

– Chéri, dit une femme à son mari, peux-tu redescendre la vieille commode que je t'avais demandé de monter au grenier, l'année dernière ?
– Impossible. Mon dos me fait atrocement souffrir.
– Ça ne fait rien mais avoue que c'est trop bête, cet empêchement. Toi qui te faisais une telle joie d'aller jouer au golf, demain, avec ton ami Florent. Tiens, voici la clé du grenier.

746

Une femme dit à son mari en lui désignant l'aspirateur qu'elle utilise chaque matin :
– Depuis dix ans que vous vivez dans la même maison, j'ai pensé que ce serait sympathique que vous fassiez connaissance.

747

Une locataire d'un petit immeuble qui n'a pas encore de code digital à l'entrée a mis cet avis sur la porte de son appartement :

« Sonnez une seule fois. Si je ne vous ouvre pas immédiatement, n'insistez pas. Dites-vous que c'est pour une des raisons suivantes :
– je ne suis pas chez moi ;
– je prends ma douche ;
– je suis en train de manger ;
– je regarde un passionnant feuilleton à la télévision ;
– ou, plus vraisemblablement, j'ai jeté un coup d'œil par le judas et je vous ai reconnu. »

748

Un homme questionne son voisin de palier :
– Nous avons exactement le même appartement. Combien avez-vous acheté de mètres de moquette, en quatre mètres de large, quand vous avez recouvert le sol de votre salle de séjour ?
– Dix mètres.
Quelques jours plus tard, le même locataire dit à son voisin :
– Ça y est, j'ai posé ma moquette, mais j'en avais acheté un mètre de trop.
– Ah oui ! Vous aussi !

FAIT UN 4
ET ON EST BON
Bini

Loisirs

749

Après avoir perdu beaucoup d'argent au casino, un homme dit à sa femme :

– Je te jure que je ne gaspillerai plus jamais ainsi l'argent du ménage. Tiens, pour te prouver ma détermination, donne-moi un billet de 50 euros. Je vais entrer dans le casino en le gardant dans ma poche, sans même le changer, et, dans une demi-heure, je te le rapporte, intact.

La femme accepte de tenter l'expérience et lui donne un billet de 50 euros.

Le joueur repenti pénètre dans le casino et se dirige vers la table de la roulette.

– Il n'est pas question, pour moi, de jouer, pense-t-il, mais, si c'était le cas, je risquerais mes 50 euros sur le 13.

Le croupier fait tourner la roulette et le 13 sort.

– En ce cas, dit l'homme, je reporterais mon gain sur le 28.

Le croupier fait tourner la roulette et le 28 sort.

– Tout sur le 2, se dit l'homme en lui-même.

C'est le 2 qui sort.

L'homme calcule qu'il aurait ainsi gagné 260 000 euros.

Fou de joie, il tire de son portefeuille le billet de 50 euros que lui a confié sa femme et il le lance sur le tapis vert en disant joyeusement :

– Pour le personnel !

750

Un garde-chasse n'en revient pas :

– Je n'avais jamais vu quelqu'un pratiquer la chasse au lapin de cette manière.

– Que voulez-vous dire ?

– Un homme en habit s'est approché d'un terrier devant lequel il a disposé un chapeau haut de forme. Il a marmonné quelques formules du genre « Abracadabra ! » et il a fait entrer trois lapins dans son chapeau.

CHAQUE FOIS QU'ELLE TROUVE UNE TRUFFE…
… ELLE A DROIT À SA PETITE RÉCOMPENCE.
Bri

751

– Que fais-tu là ? demande une femme à son mari.

– Je participe à un concours dont le premier prix est un voyage de quinze jours à la recherche du yéti, dans l'Himalaya.

– Toi, dit la femme en riant, tu as envie de t'évader.

– C'est vrai, quinze jours de détente me feraient du bien. C'est pour cela que je remplis le bulletin de participation du concours à ton nom.

752

Une femme, qui a entrepris une partie d'échecs avec son mari, se met en colère :

– Je te préviens, lui dit-elle, que si tu as l'intention de tricher en réfléchissant entre deux coups, j'abandonne.

753

Un Parisien en vacances participe au concours de pêche, organisé par le maire, dans le ruisselet qui traverse le village.

Deux heures passent puis un des villageois s'écrie, en levant sa gaule :

– Ça y est ! J'ai un gardon d'au moins 8 centimètres de long.

– Bravo ! dit le maire. Le concours est terminé.

– Comment cela, terminé ? s'étonne le Parisien.

– Eh bien, oui, on s'arrête toujours au premier poisson pris – afin qu'il en reste pour l'année prochaine.

754

– Que les hommes peuvent être illogiques ! remarque un buraliste. Beaucoup d'entre eux fuient les jeux de hasard sous le prétexte que, par exemple, à Euro Millions, ils n'ont qu'une chance sur 72 millions de gagner le gros lot. Et, alors que les chances de tomber sur la femme idéale sont encore moins élevées, ils se marient.

755

En reposant une grille de sudoku sur laquelle elle s'est escrimée en vain pendant une heure, une blonde, dépitée, s'écrie :

– Décidément, il y a *trois* catégories de gens au monde : ceux qui comprennent quelque chose aux chiffres et ceux qui n'y comprennent rien !

——— 756

Alors que son mari détache la barque à bord de laquelle il va aller pêcher la truite sur une rivière, une femme avoue :

– Ça me serre toujours le cœur quand je vois mon petit DiCaprio s'embarquer sur son *Titanic*.

——— 757

– Mon chien est très casanier, raconte un chasseur. Quand je l'emmène pour chasser le canard, je tire, le canard tombe, mon chien se précipite… et il me rapporte mes chaussons.

——— 758

Une femme voit passer et repasser, devant elle, un carrosse doré, tiré par six superbes chevaux :

– Je le saurai, dit-elle à une voisine, que mon ancienne femme de ménage a gagné plus de 15 millions d'euros au Loto !

——— 759

– La rivière est de plus en plus polluée, raconte à sa femme un homme qui rentre d'une partie de pêche. J'avais réussi à attraper un beau brochet. Qu'est-ce qu'il a pu se débattre pour échapper au sort qui lui était promis !

– Quand tu l'as tiré de l'eau ?

– Non, quand j'ai voulu l'y remettre.

——— 760

Un homme qui joue aux échecs avec sa femme est furieux de la défaite qu'elle vient de lui infliger.

– Je te jure, lui dit-il, que si tu te livrais à une manœuvre aussi tortueuse en étant au volant de ta voiture, cela te coûterait au moins six points sur ton permis !

——— 761

Dans un café, un joueur de belote dissimule mal son impatience : un casse-pieds s'est planté derrière lui au début de la partie et, depuis une heure, il persiste à vouloir lui conseiller :

– Jouez votre roi… Jouez votre as… La dame, bon sang !

À un moment, le beloteur hésite. Il se tourne vers son conseiller :

– Qu'est-ce que vous feriez, à ma place ?

Et l'autre de répondre :

– Il faudrait d'abord que je sache à quoi vous jouez.

762

– Il y a un net progrès dans la pollution de la Seine, dit un pêcheur.
– Qu'est-ce qui vous permet d'affirmer cela ?
– Lundi dernier, j'ai ramené, au bout de ma ligne, une vieille chaussure, ce qui m'arrive fréquemment. Mais, pour la première fois depuis vingt ans, celle-là était parfaitement cirée.

763

Le directeur d'un casino remarque :
– Les gens qui fréquentent notre établissement sont profondément illogiques. Ils vont se laisser dépouiller avec le sourire de 200 euros en une soirée par nos machines à sous. Et, ils entrent dans une fureur noire si après avoir introduit une pièce de 2 euros dans un distributeur de boissons, le Coca qu'ils attendaient ne descend pas.

764

La femme d'un joueur invétéré proteste :
– Tu t'obstines à jouer au Loto en sachant que tu n'as pratiquement aucune chance.
– Pas du tout, réplique le mari. J'ai une chance sur deux.
– Comment cela ?
– Ou je gagne, ou je perds.

765

– Comment, demande une femme à une voisine, votre mari occupe-t-il ses loisirs ?
– Pour un quart, à jouer au billard.
– Et pour les autres quarts ?
– À changer les vitres brisées.

766

Un homme raconte à sa femme :
– Cet après-midi, je m'étais assis sur un banc pour fumer une cigarette, quand j'ai fait la connaissance d'une jolie blonde de façon inattendue : elle remplissait une grille de mots croisés et m'a demandé plusieurs définitions.
– J'espère, répond l'épouse, verte de jalousie, que vous êtes restés dans la position verticale.

767

Un homme, qui arrive près d'une rivière avec ses gaules sur le dos, est furieux de voir une pancarte :

« PÊCHE INTERDITE »

Il écrit, sous cette inscription
« AINSI QUE POMME, POIRE ET ABRICOT
MANGEZ DU BŒUF. »

768

— Monsieur le directeur, dit respectueusement un employé, permettez-moi, avec tout le respect que je vous dois, de vous informer que j'ai gagné 20 millions d'euros au Keno.

Et il enchaîne, en tapant un bon coup sur l'épaule du patron :

— Alors, Toto, avoue-le, ça te la coupe !

769

Au Canada, deux chasseurs sont désappointés en voyant que leur guide habituel a changé d'emploi.

Un jour, ils le revoient et lui demandent :

— Que faites-vous maintenant ?

— Je m'occupe des pêcheurs, dit l'homme.

— Pourquoi ? Vous n'aimez plus les chasseurs ?

— Oh ! si !

— Peut-être les pêcheurs vous paient-ils mieux ?

— Oh ! non !

— Mais pourquoi ce changement, alors ?

— Eh bien, j'en avais assez de recevoir du plomb dans les fesses par des gens qui me prenaient pour un daim. Au moins, jusqu'à présent, aucun pêcheur ne m'a confondu avec un saumon.

770

— J'avais rêvé, raconte un turfiste, de rosbif froid, de jambon, de cornichons… J'ai pensé qu'il s'agissait là d'un avertissement du Destin.

— Et alors ?

— Le lendemain, j'ai vainement cherché, dans les engagés pour le tiercé, un cheval portant l'un de ces noms mais il n'y en avait aucun.

— Finalement, qui a gagné ?

— Un outsider avec une cote fabuleuse. Un nommé… Assiette anglaise.

——— 771

Lasse d'avoir passé la journée assise sur la berge à regarder son mari manier ses gaules, une femme saute sur l'occasion lorsqu'elle le voit ramener au bout de sa ligne un vieux réveil-matin.

– C'est un signe, dit-elle, même s'il ne sonne plus, cela t'indique que c'est l'heure de rentrer à la maison.

——— 772

– Mon mari, dit une femme à une voisine, est une véritable tête sans cervelle. D'une minute à l'autre, il oublie tout. Ainsi, je viens de l'envoyer à l'épicerie me chercher du sel fin. Je vous parie que, lorsqu'il reviendra, il n'aura pas pensé à en acheter.

Cinq minutes après, le mari arrive en courant :

– Oh ! ma chérie, dit-il, c'est formidable. J'ai fait vérifier notre bulletin de Loto, au tabac. Nous avons les six numéros gagnants : nous avons gagné une fantastique cagnotte !

Sa femme lance un clin d'œil à sa voisine et demande sèchement à son époux :

– Et, naturellement, tu as oublié d'acheter du sel !

——— 773

Un amateur de safaris a entraîné sa femme avec lui à la chasse aux grands fauves. Ils marchent, depuis plusieurs heures, dans la jungle, quand, soudain, un gorille surgit. Vif comme l'éclair, il saisit la femme du chasseur sous un bras et l'emmène en s'agrippant aux lianes.

Aussitôt, le guide indigène épaule son fusil.

– Non, non, dit le mari, à l'âme sensible, ne tirez pas. Vous risqueriez de blesser cette pauvre bête.

——— 774

– Je n'oublierai jamais la date du 23 juin 2008, raconte un homme : c'est le jour où j'ai gagné 27 euros au Loto. J'ai appris cette bonne nouvelle en entrant au bar-tabac situé en face de la mairie où, ce même jour, venait d'être célébré mon mariage.

ÊTES-VOUS...
TOUT À FAIT D'ACCORD
D'ACCORD
PLUTÔT D'ACCORD
POUR RÉPONDRE À CE
QUESTIONNAIRE?
LES FRANÇAIS SONT-ILS DES VEAUX

Médias

——— 775

Un célèbre chanteur a été surpris au lit avec une belle blonde par un paparazzi qui a forcé la porte de sa chambre d'hôtel.

Sans perdre son sang-froid, la vedette dit au photographe qui multiplie les flashes :

– Si ces photos dont destinées au bulletin paroissial, permettez-moi, au moins, de remettre mon pantalon.

——— 776

En ouvrant péniblement un œil, un homme dit à sa femme :

– Prends le journal qu'on a déposé dans notre boîte et lis-moi tous les titres de la première page sans rien omettre. S'il y en a un, *un seul,* qui incite à l'optimisme, là, je me lève et je vais au boulot.

——— 777

Par-dessus la haie, une femme dit à une voisine qui s'échine à bêcher son jardin :

– Votre mari pourrait bien vous aider, de temps en temps.

– Mais, il le fait ! Comme il est installé toute la journée devant la télévision, à chaque fois que celle-ci diffuse une émission intéressante sur le jardinage, il me l'enregistre au magnétoscope pour que je la regarde, sur le coup de onze heures du soir, après avoir fait la vaisselle.

——— 778

Après avoir lu son quotidien habituel, une femme s'écrie :

– Tout de même, c'est fantastique !

Son mari la questionne :

– Qu'est-ce qui est fantastique ?

– Que le nombre d'événements qui se produisent en une journée corresponde exactement au nombre de pages de ce journal.

Ma plus grande des Vertus...
... dire Toujours la Vérité

——— ***779***

La rédactrice en chef d'un grand quotidien populaire va se confesser :
– Eh bien, ma fille, lui dit le curé, quels péchés avez-vous à vous reprocher ?
– Je vous donne les grands titres, répond la pénitente. Je reviendrai sur les détails après.

——— ***780***

Une femme se plante toute nue devant le téléviseur et dit à son mari, installé, comme chaque soir, dans son fauteuil :
– Voici le programme de la soirée. Sur TF1, un débat politique. Sur France 2, un lamentable feuilleton franco-canado-belgo pas rigolo. Sur France 3, un film sans intérêt. Et sur ma chaîne personnelle, une torride histoire d'amour. Alors, qu'est-ce que tu choisis ?

——— ***781***

Un écolier qui vient d'étudier les fractions pose ce problème à un de ses camarades de classe :
– Les journaux inventent la moitié de ce qu'ils publient. D'autre part, ils dissimulent à leurs lecteurs les trois quarts des événements qui arrivent dans le monde. Quelle est la proportion des nouvelles absolument vraies dans un journal ?

——— ***782***

Une femme va consulter un psy et lui dit :
– Chaque nuit, je fais des rêves étranges. Pas des cauchemars, au contraire, des rêves très agréables, à caractère nettement érotique. Voulez-vous que je vous en raconte quelques-uns ?
– Je vous en prie, fait mollement le médecin.
Sa patiente commence à décrire ses rêves, le médecin la laisse parler pendant une heure puis lui dit :
– Félicitations, chère petite madame. Voyez-vous : j'ai le câble. Eh bien, votre programme personnel est beaucoup plus passionnant que celui de toutes les chaînes réunies.

——— 783

Un journaliste d'investigation, renommé pour son esprit corrosif, se rend chez un homme politique qu'il a souvent étrillé et qui a bien voulu lui accorder un rendez-vous.

En entrant dans le salon du politicien, il remarque un rottweiler aux dents aiguisées et s'inquiète :

— Votre chien ne risque pas de me mordre, au moins ?

— Rassurez-vous. Je lui ai fait croire que vous étiez un innocent cambrioleur. Mais, je vous en supplie, n'avouez jamais devant lui que vous êtes journaliste.

——— 784

Alors qu'il écoute les informations du matin, sur son poste à transistors, un homme entend le journaliste annoncer :

— Nous allons, maintenant, passer en revue les sources de conflit dans le monde.

Là-dessus, le silence s'établit.

— De deux choses l'une, fait l'auditeur : ou il n'y a plus aucune source de conflit dans le monde ou mes piles sont à plat. Bon, dans le doute, je vais changer les piles.

——— 785

Chargé de distribuer des exemplaires gratuits d'une revue dans les boîtes aux lettres de la ville, un adolescent ploie sous le poids de l'énorme pile de magazines qui lui a été confiée.

Une âme sensible s'attendrit :

— Ça ne te fatigue pas, tous ces journaux ?

— Oh ! vous savez, dit-il, je ne les lis pas à fond. Je regarde surtout les images.

——— 786

Le téléphone sonne au siège d'une publication.

— Je voudrais, dit une femme, parler au responsable de la revue *L'Énergie nucléaire.*

— Un instant, répond la standardiste : je vous passe le *réacteur* en chef.

——— **787**

– Je crois que je vais demander le divorce, confie un pauvre homme à un collègue de bureau.

– Et sous quel prétexte ?

– J'ai surpris ma femme en train de me tromper.

– Bah ! tu peux bien lui pardonner une minute d'égarement !

– Une minute ! gémit le malheureux mari. Si ce n'était que ça ! Mais j'ai attendu plus d'une heure, derrière la porte, qu'elle et son amant aient terminé d'enregistrer leurs galipettes sur une cassette vidéo.

——— **788**

Un journal publie ce rectificatif :

« Un de nos dessinateurs ayant représenté un homme des cavernes tenant en laisse un dinosaure, de nombreux lecteurs nous ont adressé des mails de protestation. Vérification faite, il n'existait effectivement pas, à cette époque, d'arrêté municipal imposant l'usage d'une laisse pour promener un animal domestique dans un lieu public. Par conséquent, nos lecteurs ont tout à fait raison : le dinosaure en question aurait dû être représenté suivant son maître en toute liberté. »

——— **789**

Un homme raconte à un ami :

– Depuis que Céline m'a quitté, mon appartement, naguère plein de rires et de chansons, est devenu atrocement silencieux. Ah ! que je regrette…

– Quoi donc ?

– Qu'est-ce que je regrette que cette mégère ait emporté en partant notre poste de télévision !

——— **790**

La femme du rédacteur en chef d'un hebdomadaire à sensation l'accueille, un soir, en lui disant :

– Je t'annonce en exclusivité mondiale la fin d'un grand roman d'amour. Je quitte le foyer conjugal pour aller vivre avec mon amant qui a 26 ans de moins que moi. Je t'ai déposé une lettre sur la table, tu y trouveras en page 3 les détails bien croustillants, comme tu les aimes, de cette passionnante affaire de cœur.

ce matin
la météo...
c'est du
gâteau
Bri

Météo

791

– Pourquoi, demande un employé à l'un de ses collègues, préfères-tu, quand il pleut, un imperméable à un parapluie ?

– C'est que, lorsque je rentre chez moi après avoir été trempé par une bonne averse et que je salis le parquet de l'entrée avec mes chaussures boueuses, ma femme ne s'est jamais mise en colère en me brisant un imperméable sur la tête.

792

Le dernier dimanche de mars, un coucou contestataire sort de son horloge suisse en répétant :

– Non à l'heure d'été… Non à l'heure d'été… Non à l'heure d'été.

793

Alors qu'un couple de randonneurs erre dans la lande sous une pluie battante, la femme s'écrie :

– Ça y est !

Plein d'espoir, son mari l'interroge :

– Le déluge s'arrête ?

– Cela, je n'en sais rien, mais je suis enfin arrivée à me rappeler que c'est dans la petite poche de mon sac à dos que j'ai rangé le tube de crème antisolaire.

794

– Ce qui me plaît, dit un homme à sa femme, c'est le cafouillage des scientifiques à propos d'un éventuel réchauffement climatique. Il y a des pour, il y a des contre…

– Et toi, qu'en penses-tu ?

– Rien, ce qui me permet d'être fier de partager l'ignorance du monde scientifique.

795

Tandis que s'abat une véritable tempête de neige, Gabriel (7 ans) rêvasse :

– Ma mère va me dire : « Mon chéri, par ce temps affreux, tu ne peux pas aller à l'école, ce matin. Reste donc au chaud à t'amuser avec ta console de jeux. »

À ce moment, la mère surgit et dit :

– Mon chéri, par ce temps affreux, tu risques d'attraper froid. Noue bien ton écharpe pour aller jusqu'à l'arrêt du car de ramassage scolaire.

En se dirigeant vers la porte, le gamin marmonne :

– Avec ma mère, c'est exactement comme quand je joue aux fléchettes : je n'arrive jamais à taper en plein dans le mille.

796

Un Indien demande à un autre :

– Qu'a donc Ours brun à se tortiller aussi mollement devant son tipi ?

– Il fait la danse de la pluie mais il a juste besoin d'un peu d'eau pour remplir la bassine dans laquelle sa squaw veut laver son petit linge.

797

En grelottant dans son lit, malgré sa bouillote, une vieille dame passe en revue le temps de ces derniers jours.

– D'abord une chute verticale du thermomètre, puis une tempête de neige et, maintenant, une température digne du pôle Nord… Reviens, canicule. Tout est pardonné !

798

– J'ai remarqué, dit un météorologue, que les tornades qui sont désignées, alternativement, par un prénom masculin et un prénom féminin sont plus violentes quand il s'agit d'un prénom masculin.

– C'est une bonne indication pour la prochaine tornade annoncée : quel nom lui avez-vous donné ?

– Dominique.

——— 799

Au mois de juin, un homme qui est sorti quelques minutes, dans le jardin, dit à sa femme :

– Ce que j'aime le matin, c'est entendre un oiseau chanter pour me dire : « Le ciel est bleu, le soleil brille, tu peux aller gaiement au boulot. »

– Et que t'a dit ton oiseau chanteur, aujourd'hui ?

– « Atchoum ! N'oublie pas de mettre un pull-over. »

——— 800

L'assistante du grand patron de Météo France ouvre une enveloppe de laquelle s'échappe un nuage noir dans un grand bruit de branches secouées par la tempête.

– Monsieur le directeur, dit-elle, j'ai là le CV d'un jeune météorologue qui me semble particulièrement intéressant.

——— 801

Deux infirmiers du Samu viennent de repêcher un homme qui s'était aventuré sur la couche de glace fragile d'un étang.

– Tout s'est bien passé, explique-t-il, quand j'ai planté dans la glace un panneau : « Attention danger. »

– Et alors ?

– La glace s'est fendue lorsque j'ai voulu planter un second panneau : « On vous l'avait bien dit. »

——— 802

– Ils me font rire, dit un homme, avec leur réchauffement climatique. À entendre les pseudo-spécialistes du climat, on peut s'attendre à voir, bientôt, la Beauce transformée en un véritable Sahara.

– C'est ridicule, en effet. Toujours est-il que, l'autre jour, je me suis arrêté pour boire une bière dans un petit village que je connais bien, non loin de Chartres.

– Et alors ?

– Eh bien, mon café habituel avait changé de nom : il ne s'appelle plus *Le Commerce* mais *L'Oasis*.

... APRÈS DISSIPATION DES BRUMES MATINALES, CYCLONES, TORNADES, TREMBLEMENTS DE TERRE ÉRUPTIONS VOLCANIQUES, TEMPÊTES, TSUNAMIS AVEC DE BELLES ÉCLAIRCIES DANS L'APRÈS MIDI PETITES AVERSES EN FIN DE SOIRÉE
MÉTÉO
Bmi

803

– Ah ça !, s'écrie un mari jaloux, mais tu n'as plus ton alliance !
– Tiens, c'est vrai, répond sa femme, avec une moue mutine. Je vais t'expliquer : c'est à cause de la canicule. Voilà, j'ai rencontré par hasard ton ami Guillaume qui m'a invitée à prendre un verre. On bavardait gentiment quand je lui ai dit : « Qu'est-ce qu'il fait chaud ! » Il m'a répondu : « Mettez-vous à l'aise. » Or, à ce moment-là, la seule chose que je portais encore sur moi, c'était mon alliance ; c'est comme ça que je l'ai enlevée.

804

Par un jour d'orage, une femme des cavernes voit arriver son compagnon qui tient à bout de bras une pierre plate de un mètre de diamètre.
– Ne va pas me salir tout l'appartement, lui dit-elle. Maintenant que tu as inventé le parapluie, laisse-le s'égoutter dans l'entrée.

805

Deux Inuits sortent de leur igloo.
– Quelle tempête, la nuit dernière ! s'écrie le mari.
– Oui, approuve sa femme. C'était un terrible vent du sud.
– Comment peux-tu le savoir ?
– Regarde : la banquise est jonchée de branches d'orangers et de feuilles de bananiers.

806

On inaugure, sur un haut plateau du Mexique, le plus grand télescope qui ait jamais été construit.
Le directeur de l'observatoire essaie ce merveilleux appareil en scrutant le ciel pendant de longues minutes et il annonce, en conclusion :
– Il pleuvra demain.
Puis, pour appuyer ses dires, il ajoute :
– J'en suis absolument certain, tant mes cors aux pieds me font mal.

807

En déblayant l'énorme quantité de neige qui s'est accumulée devant son garage, un homme dit à sa femme :
– Téléphone aux organisateurs de ma conférence sur le thème « Réchauffement climatique, nous allons tous suffoquer sous le soleil brûlant », pour leur dire que je serai un peu en retard, en attendant le chasse-neige, mais que cela ne change rien à mes convictions.

808

Alors qu'un gros orage éclate, un pique-niqueur ramasse précipitamment tout ce qu'il avait disposé sur une nappe.

– Cesse, dit-il à sa femme, de répéter bêtement ce que répétait ton père en une telle circonstance : « Un pique-nique sans pluie, c'est comme une année sans impôts. » La différence, c'est que ton père n'a jamais payé un sou d'impôts alors que nous, c'est déjà la sixième fois, depuis le début du printemps, que nous nous faisons saucer.

809

Une violente bourrasque a relevé la robe légère d'une jeune femme jusqu'aux épaules, découvrant son intimité.

En voyant quelques passants qui regardent ce spectacle, les yeux brillants, elle se fâche :

– Enfin, s'écrie-t-elle, vous n'avez jamais vu un parapluie qui se retourne, à la suite d'un coup de vent ?

810

Une jeune fille téléphone à sa mère :

– Allô, maman. J'étais allée rendre visite à Frédéric, tu sais, ce séduisant brun avec une petite moustache… Oui, je suis chez lui, en ce moment. Il m'avait demandé de venir le voir parce qu'il s'ennuyait… Il s'est foulé la cheville…

– Et alors ?

– Voilà le problème : il y a ici un brouillard à couper au couteau. À ton avis, qu'est-ce qui est le plus dangereux pour moi ? Revenir en voiture et prendre le risque d'affronter le brouillard ou rester là-bas et prendre le risque d'affronter Frédéric ?

811

– Et maintenant, dit le présentateur de la météo d'une station de radio, attendez deux minutes que je lève le store du studio qui m'empêche de voir l'état des nuages et je vous donne les prévisions pour la journée.

——— **812**

Alexandre (10 ans) court dans le jardin, sous une pluie battante, en chantant :

– *I'm singing in the rain... I'm dancing in the rain...*

Sa mère ouvre la fenêtre et lui crie :

– Rentre vite te mettre à l'abri ! Tu vas t'enrhumer.

– Tu te rends compte, répond-il, que si sa mère avait été sur son dos comme tu l'es sur le mien, Gene Kelly n'aurait jamais tourné son meilleur film, *Chantons sous la pluie* ?

——— **813**

À Météo France, un météorologue fait beaucoup rire ses camarades en leur racontant :

– Un jour, à une séance du dictionnaire, les académiciens ne parvenaient pas à définir un mot. À la fin, François Coppée leva la séance en disant : « Ça ne fait rien. On n'aura qu'à recopier celle du Larousse. »

– C'est très amusant, ce genre de plaisanterie, lui dit son chef, mais jette plutôt un œil à la chaîne Météo sur le câble, qu'on sache quel temps on doit annoncer pour demain.

L'ART ALÉGORIQUE -
LA CUEILLETTE DES JONQUILLES
« C'est MON COIN... ..NON C'EST Le mien »
Bri

Musée

814

Une comtesse d'une soixantaine d'années a convoqué un artiste peintre auquel elle demande :

– Combien me prendriez-vous pour faire mon portrait ?

– Heu… répond-il : 2 000 euros.

– Parfait, approuve la comtesse. Je vous signe un chèque.

Quand il a le chèque en main, l'artiste s'étonne :

– On était convenus de 2 000 euros et vous me faites un chèque de 4 000.

– C'est parce que je voulais vous demander quelque chose : cela vous gênerait-il de me peindre dans un état de nudité complète ?

– Non, dit le peintre, pourvu que je garde mes chaussettes, sinon, je m'enrhume.

815

Le guide d'un château historique explique aux visiteurs :

– Nous entrons maintenant dans une aile du bâtiment qui n'a pas été restaurée. À propos de restauration, je m'aperçois qu'il est midi et, si vous voulez faire un bon déjeuner, je ne saurais trop vous recommander *L'Auberge du Moulin,* juste à droite, en sortant.

816

Dans une galerie d'art, un homme s'attarde devant un tableau représentant une femme nue portant pour tout vêtement une feuille de platane.

Sa femme s'impatiente :

– Alors, tu viens ? Qu'est-ce que tu attends, l'automne ?

817

– Je ne comprends pas ce qui a pu se passer, dit un gardien de musée à un collègue. J'avais disposé l'un à côté de l'autre cette timide Vierge et un affreux satyre.

– Et alors ?

– En voyant l'air réjoui du satyre et le petit sourire en coin de la virginale jeune fille, j'ai bien l'impression que celle-ci n'est plus vierge du tout.

LA PEINTURE SUR LE VIF

——— 818

Un peintre abstrait montre à son psy une série de taches informes de diverses couleurs.

– Ce sont, lui dit-il, des tableaux que je dois prochainement exposer. Examinez-les et dites-moi à quoi ils vous font penser, cela me permettra de leur donner un titre.

——— 819

Dans un musée, une femme tombe en extase devant une statue en marbre, exécutée par un Romain de l'Antiquité et représentant un apollon particulièrement bien bâti.

– Comme j'aimerais l'avoir dans mon lit, s'écrie-t-elle. Mais, d'autre part, ce marbre doit être terriblement froid. Il faudra que je demande, à la sortie, s'ils n'en font pas une reproduction sous forme de bouillotte à remplir d'eau chaude.

——— 820

Le conservateur d'un petit musée de province est très fier de sa dernière acquisition.

– J'ai acheté ce Raphaël 3 000 euros, raconte-t-il.

Un visiteur s'étonne :

– Cette œuvre est signée Gustave Ramouillet.

– Vous avez raison mais j'ai pris conseil auprès d'un expert qui est formel.

– Sur l'authenticité de ce tableau ?

– Non, sur le fait que cette signature est un faux.

——— 821

– Votre femme nue est très réussie, dit-on à un peintre, mais pourquoi a-t-elle les fesses vertes ?

– Le modèle qui posait pour moi était d'une pudeur excessive. Elle s'est absolument refusée à dévoiler son postérieur. Si bien que, pour évoquer ses rotondités, je me suis rabattu sur une pomme. Et la seule dont je disposais était une Granny Smith.

822

Le conservateur d'un musée de province dit à l'un de ses collaborateurs :
— Je crois qu'il va falloir déplacer ce portrait de Danton.
— Pourquoi ?
— Dans un mouvement magnifique, ce héros de la Révolution est censé indiquer, du bras droit, le chemin de la liberté. Mais à l'endroit où vous l'avez placé, il semble seulement montrer la direction des toilettes pour dames.

823

Dans un musée, une femme veut photographier son mari à côté d'une statue en marbre de Vénus.
— Ça ne va pas, dit-elle, toi, vêtu d'un costume, à côté de cette belle femme totalement nue.
Le mari dit, en riant :
— Tu ne vas pas me demander de me déshabiller, moi aussi ?
— Non, mais, au moins, défais ta cravate.

824

Le guide d'un musée conclut ainsi la visite :
— Merci de ne pas m'oublier. Mesdames, plutôt que de me refiler une pièce démonétisée, faites-moi plutôt une grosse bise et nous serons quittes.

825

Devant un tableau représentant un satyre poursuivant une nymphe, une femme confie à une amie :
— Ça me rappelle tout à fait ma jeunesse.
— Tu ne vas pas me dire que tu as eu affaire à un de ces individus.
— Certes, non, mais j'en rêvais à chaque fois que j'allais en forêt ramasser des champignons.

826

Dans une exposition, un peintre farceur présente une toile complètement blanche.
Un visiteur naïf l'interroge :
— Qu'est-ce que ça représente ?
— Le loup et l'agneau, d'après La Fontaine.
— Mais… je ne vois pas l'agneau.
— C'est que le loup l'a mangé.
— Je ne vois pas, non plus, le loup.
— Forcément. Après avoir bien dîné, il est allé faire une bonne sieste.

FORT....
TRÈS FORT
SAMSON
Bri

——— 827

Un peintre célèbre s'extasie devant son œuvre la plus récente à laquelle il vient de mettre la touche finale :

– Ce tableau est magnifique ! Si seulement j'étais moins cher, je l'achèterais !

——— 828

Dans un musée, une femme de ménage dit à une collègue :

– Moi, ce qui m'amuse toujours, avec cette statue d'Atlas tenant le monde à bout de bras, au-dessus de sa tête, c'est de chatouiller le géant sous les aisselles avec mon plumeau, en me disant qu'un jour, il finira bien par le laisser tomber, son globe terrestre !

——— 829

Un artiste, spécialisé dans les natures mortes, déclare :

– J'attribue ma bonne santé au fait que je me suis toujours astreint à peindre au moins cinq fruits et légumes par jour.

——— 830

Le conservateur d'un musée dit à l'un de ses collaborateurs qui l'aide à préparer une exposition :

– Ici, nous allons accrocher une toile d'Eugène Boudin intitulée *La Plage.* Pour que les visiteurs puissent l'admirer dans les meilleures conditions, nous allons remplacer le banc de bois, juste devant, par deux chaises longues.

——— 831

– Il n'est pas question que je me déshabille dans votre atelier glacial, dit une jeune femme, venue poser pour un peintre. Tout ce que je peux faire, c'est déboutonner mon pantalon pour que, périodiquement, vous veniez jeter un petit coup d'œil à l'intérieur avant de reprendre vos pinceaux.

832

Une institutrice en retraite visite une exposition consacrée à un peintre contemporain.

– Je l'ai eu pour élève en cours préparatoire, confie-t-elle à un autre visiteur. Si j'avais eu l'idée de conserver tous les gribouillis de ce genre qu'il avait faits au tableau noir et que j'ai bêtement effacés, je serais riche, aujourd'hui.

833

Dans une galerie d'art, une visiteuse demande à un artiste :

– Pourquoi cette importante différence de prix entre deux de vos œuvres, apparemment semblables ?

– La plus chère aura sans doute les faveurs d'un gastronome, explique le peintre. Comme l'autre, elle représente des canards mais en plus, ceux-ci sont dans un champ de navets.

834

Après une visite à Giverny, où il a admiré les reproductions des plus beaux tableaux de Monet, un critique écrit :

– Les peintres médiocres empruntent ses couleurs à la Nature, les génies lui dérobent ses secrets.

835

Un couple se présente chez un artiste peintre.

– Avant que vous ne nous montriez vos toiles, dit la femme, je vous précise d'emblée ce que je cherche.

– Bien sûr, Madame.

– Je voudrais quelque chose dont le ton s'accorde aussi bien avec le velours rouge sombre du canapé et des fauteuils de notre salle de séjour qu'avec le jaune acide de notre canari.

——— 836

— Je t'ai apporté ton chevalet, ta toile, ta palette et tes pinceaux, dit la femme d'un peintre amateur mais pourquoi, diable, veux-tu chausser tes rollers ?

— C'est parce que je compte intituler mon tableau du jour *Le Vol des papillons* et ils sont durs à suivre, les bougres !

——— 837

Dans un musée, un visiteur dit à sa femme :

— On tourne en rond. Je suis sûr que nous avons déjà vu cette salle.

— Tu reconnais ce Picasso, période bleue ?

— Non, cet extincteur, période rouge.

——— 838

— J'espère que ce qu'on me raconte n'est pas vrai, dit une femme à sa grande fille.

— Quoi donc ?

— Tu poserais nue pour des peintres.

— C'est vrai. Mais je suis très stricte à ce propos : jamais je n'accepte de me déshabiller devant un artiste tant que lui-même n'a pas enlevé son jean et son caleçon.

——— 839

Un touriste s'étonne :

— Pourquoi y a-t-il seulement un socle de pierre sans aucune statue dessus au milieu de cette place ?

— Le conseil municipal, lui explique un habitant de la ville, avait prévu d'élever une statue dédiée au Travail.

— Et alors ?

— Malheureusement, le sculpteur qui avait été retenu par le jury a empoché un confortable à-valoir et, par la suite, n'a jamais trouvé le courage de se mettre au boulot.

——— *840*

Un peintre, jusqu'alors spécialisé dans les sujets inspirés des Saintes Écritures, a abandonné les Annonciations, Nativités et autres Adorations des bergers et des mages pour consacrer une de ses toiles aux dégâts causés par une crue du Nil.

– Comment, lui demande le directeur de la galerie où il va exposer son œuvre, allez-vous l'intituler ?

– J'ai pensé à *La Fuite en Égypte.*

Bridenne

Musique

——— 841

Un pianiste français de renommée internationale a décidé de s'installer en Écosse.

On l'interroge :

– Vous êtes-vous adapté facilement aux mœurs de votre pays d'adoption ?

– Oui, sauf sur un point.

– Lequel ?

– J'ai eu beaucoup de mal à adapter les deux concertos de Chopin pour les jouer à la cornemuse.

——— 842

Le propriétaire d'une maison de campagne raconte :

– Ma pelouse était infestée par des taupes dont je ne parvenais pas à me débarrasser. J'ai tout essayé : les pétards, les ultrasons, mais rien n'y faisait. Et puis, un beau matin, j'ai vu toutes les taupes de mon jardin fuir à toute allure. Ah ! Je bénis mon fils qui a décidé d'apprendre à jouer du violon.

——— 843

Au cours d'un cocktail, une femme aborde un invité :

– On me dit que vous êtes un célèbre musicien. Pourriez-vous me composer, juste pour moi, une petite symphonie que j'utiliserai comme sonnerie pour mon téléphone portable ?

——— 844

Pendant une représentation de l'opéra de Verdi, *Aïda,* un figurant dit à son voisin :

– Je sors, discrètement, quelques instants.

– Pourquoi ?

– J'ai repéré, dans une loge, un spectateur qui somnole. D'un bon coup de lance sur les fesses, je vais lui faire prendre conscience qu'avec le mal que nous nous donnons, c'est frustrant de ne pas être applaudis comme nous le méritons.

845

— Je suis en panne d'inspiration, dit un compositeur de musique moderne à sa femme. Si tu n'y vois pas d'inconvénient, je vais mettre quatre boules de pétanque et le cochonnet dans ta machine à laver le linge pour noter les harmonies que cela produira quand elle se mettra en marche.

846

Avant un concert, le chef d'orchestre remet un gros pétard à un machiniste.
— Dès que vous me verrez poser ma baguette, faites-le éclater, lui dit-il. Si j'ai correctement dirigé mes musiciens pour interpréter cette *Berceuse* de Brahms, cela permettra de réveiller l'assistance.

847

Un lycéen présente ainsi Jean-Sébastien Bach :
— Ce compositeur allemand du XVIIIe siècle fut le père de vingt enfants. Dès qu'il avait un moment de libre, il allait s'entraîner dans son grenier.

848

Un patient s'étonne, alors que son médecin a posé son stéthoscope sur son cœur.
— Vous pourriez vous intéresser à mon cas, au lieu de griffonner des notes sur un papier à musique.
— Chut ! Votre cœur bat à un rythme si furieux qu'il m'inspire un air de disco qui va faire fureur, dans les boîtes de nuit, l'été prochain.

849

— Comment, demande-t-on à un compositeur, avez-vous eu l'idée géniale d'intituler une de vos plus belles sonates *Poussière d'étoiles* ?
— Eh bien, tandis que je la composais, une nuit, à mon piano, par la fenêtre de mon salon, ouverte sur le jardin, je pouvais contempler la voûte étoilée.
— Voilà pour les étoiles. Mais la poussière ?
— Toujours à mon piano, j'ai constaté que notre femme de ménage manquait vraiment de conscience professionnelle.

850

Alors que son jeune fils tape comme un forcené sur le tam-tam que ses grands-parents lui ont offert pour Noël, un homme, excédé, tend au gamin une paire de ciseaux en lui disant :
— Tu aimes les Kinder Surprise, n'est-ce pas ?
— Oh oui !
— Tu devrais ouvrir ton tam-tam pour voir s'il ne contient pas, comme dans ta friandise préférée, un beau cadeau.

851

Au cours d'une représentation en plein air de *Carmen,* la médiocre chanteuse qui incarne la belle cigarière s'inquiète et s'interrompt :
Elle interpelle un spectateur assis au dernier rang :
– M'entendez-vous bien, là-bas ?
– Oui, répond-il, mais je suis tout prêt à échanger ma place avec quelqu'un qui ne vous entend pas.

852

Un homme qui a emmené sa nouvelle conquête dîner dans un grand restaurant s'absente un instant pour dire au tzigane de service :
– Voici 50 euros. Pourriez-vous, quand vous viendrez jouer près de notre table, vous débrouiller pour introduire discrètement votre archet dans le corsage de mon invitée et tirer un bon coup.
– Pourquoi me demandez-vous cela ?
– Je voudrais vérifier si la fabuleuse poitrine de la séduisante personne qui m'accompagne est authentique ou si elle est due à un soutien-gorge Wonderbra.

853

Un homme des cavernes tient fermement dans ses bras un goret qui hurle désespérément.
– Chérie, dit-il à sa compagne, je crois bien que je viens d'inventer la cornemuse.

854

– Nous avons l'habitude, quand nous faisons l'amour, mon mari et moi, explique une femme, de mettre un fond sonore.
– C'est une excellente idée.
– Certes, mais vu le peu d'allant de mon époux, depuis quelque temps, pour accorder la musique à son rythme, j'ai dû remplacer la *Chevauchée des Walkyries* de Wagner par la *Valse triste* de Sibelius.

855

Après avoir entendu un enfant d'une dizaine d'années tirer des sons déchirants du violon que lui ont mis entre les mains ses parents, un grand musicien dit à l'heureuse maman :
– Vous devriez, dès maintenant, l'habituer à porter un chapeau.
– Pour le protéger des courants d'air ?
– Surtout pour qu'il le pose devant lui quand, devenu adulte, il fera la manche dans la rue.

——— 856

Dans une boutique de disques, une femme vient d'écouter plusieurs versions de la *Rhapsody in Blue* de Gershwin.

– Oui, dit-elle mollement au vendeur, ce n'est pas mal. Auriez-vous la même mais dans une autre couleur ?

——— 857

Deux musiciennes d'orchestre parlent du maestro qui les mène à la baguette :

– Il adore faire l'amour sur la septième symphonie de Beethoven, raconte l'une et je dois dire que j'apprécie particulièrement son *allegretto* dans le deuxième mouvement.

——— 858

Dans un restaurant hongrois, le patron dit à un violoniste tzigane :

– Essayez de jouer des airs beaucoup moins tristes. Vous tirez les larmes des dîneurs et, ensuite, ils se plaignent que leur potage est beaucoup trop salé.

——— 859

Un passionné de musique raconte avec bonheur :

– J'ai trouvé, sur Internet, un site entièrement consacré à www.agner. Maintenant, j'en cherche un sur *mmm. ozart.*

——— 860

– Il y a quelques années, quand j'attendais mon fils, raconte une femme, pour favoriser ses dons musicaux, je m'installais souvent au piano pour lui jouer la sonate *Clair de lune,* de Beethoven.

– Et cela a eu l'influence que vous espériez ?

– Pas vraiment. Mais, une chose est sûre : mon fils raffole des croissants.

——— 861

Le chef d'une petite formation dit à ses musiciens :

– Vous allez jouer ce qu'on appelle de la musique de chambre. En faisant cela, songez, certes, à la musique, mais, surtout, à la chambre où, si l'on s'y prend bien, on peut faire tant de choses agréables.

——— **862**

– Vous avez été divin dans votre interprétation de la *Fantaisie* de Tchaïkovski, dit-on à un pianiste. À quoi pensiez-vous pour être dans cet état de grâce qui confine à l'extase ?

– Je comptais les spectateurs dans la salle. Et je calculais, mentalement, le montant de la recette, sur laquelle j'ai un bon pourcentage.

——— **863**

Alors qu'une fanfare de village fait grand bruit, avec de nombreux couacs, un homme, exaspéré, va trouver son chef pour lui demander :

– Je suppose que ce qui vous intéresse, d'abord, c'est de jouer.

– En effet.

– Eh bien, tenez, voici 20 euros. Arrêtez ce boucan et allez plutôt au Café de la Mairie jouer aux dominos. Tout le monde vous en sera reconnaissant.

——— **864**

– Trois fois par semaine, explique une femme, un professeur de piano vient à domicile pour tenter de combler le fossé qui sépare ma fille de Franz Liszt.

——— **865**

Au moment de se mettre au lit, une femme dit à son violoniste de mari :

– Joue-moi donc la *Marche nuptiale* de Mendelssohn. Il n'y a rien de tel, quand je me couche en pleine forme, pour me donner mal à la tête.

——— **866**

– Quelle est la différence entre une cornemuse et un oignon ?

– Personne ne se mettra jamais à pleurer si vous enfoncez un couteau dans une cornemuse.

——— **867**

Un étudiant dit à son camarade de chambre :

– Prends ta guitare et joue-moi une adaptation du *Requiem* de Mozart. Je veux me mettre dans l'ambiance pour écrire une lettre aux accents déchirants qui pourrait inciter mon pingre de père à m'envoyer un chèque de 50 euros pour que je boucle ma fin de mois.

868

– Quelle vexation, s'écrie un violoniste. La presse avait annoncé que j'allais interpréter *Le vol du bourdon* de Rimsky-Korsakov.

– Et alors ?

– Une cabale a été organisée par une douzaine de mes ennemis. Dès que j'ai attaqué ce morceau, ils se sont dressés dans la salle, en pulvérisant le contenu des bombes insecticides qu'ils avaient apportées.

869

Dans une station de bord de mer, une brasserie recrute :

« On recherche bon pianiste. Doit savoir également ouvrir les huîtres (autrement qu'en les faisant bâiller en leur jouant la *Berceuse* de Gabriel Fauré). »

870

Un critique écrit au sujet d'un chef d'orchestre particulièrement expansif :

« Il utilise la musique de Schubert comme fond musical pour accompagner son numéro de mime. »

871

Un violoniste s'approche de la table occupée par un jeune couple, dans un restaurant :

– Nous sommes en train de régler notre divorce, lui explique le dîneur, et nous en arrivons au point épineux de la garde de notre fils. Plutôt que de nous jouer vos airs tziganes habituels, pourriez-vous, afin de nous donner une idée de ce qui attend le malheureux qui aura la garde de l'enfant, imiter avec votre violon, les cris perçants d'un bébé de neuf mois qui se réveille en pleine nuit parce qu'il a soif ?

872

Un très mauvais pianiste, qui a fait souffrir son auditoire pendant une heure et demie, annonce :

– En supplément, je vais vous jouer une marche militaire.

Une voix impérative s'élève du public pour lui ordonner :

– Repos !

873

– Quand j'étais enfant, raconte un homme, je ne pensais qu'à une chose : rouler sur ma bicyclette. Un jour, mes parents ont voulu me changer les idées et ils m'ont offert une guitare.

– Ça vous a plu ?

– Non. Je ne suis jamais arrivé à trouver où étaient les pédales.

MA BARBiiiiiiiE

Noël

874

Julien (6 ans) montre à sa mère la lettre qu'il se propose d'envoyer :

« Père Noël. Veuillez déposer les douze jouets, dont vous trouverez la liste ci-jointe, dans notre cheminée. »

En riant, la mère commente :

– À mon avis, ça manque de poésie.

– Bon, dit le gamin, je vais arranger cela.

Il refait sa lettre et, quand il vient en montrer sa nouvelle version à sa mère, elle est ainsi rédigée :

« Cher Père Noël. Veuillez déposer les douze magnifiques jouets dont vous trouverez la liste ci-jointe dans notre superbe cheminée. »

875

Des enfants ont été engagés pour jouer une petite pièce sur le thème de la Nativité.

L'un d'eux s'est vu attribuer un rôle qui ne lui plaît pas du tout : celui d'un hôtelier au cœur de pierre qui se refuse à accueillir Marie et Joseph, à la veille de la naissance du Petit Jésus.

Aux répétitions, l'enfant récite exactement le texte qui lui a été donné mais, le soir de la représentation, il laisse s'épancher son cœur :

– Avec la neige qui tombe en rafales, dit-il aux voyageurs, je ne peux pas vous laisser dehors toute la nuit. Allez, entrez, mais ne vous réjouissez pas trop vite, la climatisation est en panne.

876

– Quel âge a ton fils ? demande un employé de bureau à un collègue.

– Treize mois.

– Et il marche déjà ?

– S'il marche ! Sais-tu ce qu'il m'a demandé pour son premier Noël ?

– Non.

– Un GPS !

877

Un couple, effrayé par le prix des sapins de Noël dans les magasins, a décidé d'aller en voler un dans une forêt.

Équipés d'une tronçonneuse, le mari et la femme se rendent dans une sapinière du Morvan et commencent à examiner des sapins.

– Pas celui-ci, dit la femme… Celui-là non plus… Ah non !, surtout pas celui-ci…

À la fin, le mari se fâche :

– C'est le centième sapin qui ne te plaît pas et ça suffit. Alors, le prochain, on le prend – qu'il ait des boules multicolores ou pas !

878

Steven (8 ans) demande à sa mère :

– J'écris à Mamie, à la fois pour lui souhaiter une bonne année et pour lui dire ce que j'aimerais recevoir en cadeau de Noël. Est-ce que je peux combiner les deux en écrivant : « Je vœux un jeu vidéo » ?

879

Le Père Noël dit à deux de ses rennes :

– J'aurais besoin de faire une bonne sieste avant d'entreprendre ma tournée de distribution de jouets. Alors, mettez-vous face à face, à deux mètres l'un de l'autre, pour que je puisse fixer mon hamac à vos cornes.

880

Un homme, qui vit au fin fond du désert de l'Arizona, a décoré un cactus de guirlandes de Noël.

– Allez, dit-il à son petit garçon, reprends en chœur avec moi : « Mon beau sapin, roi des forêts… »

– Tu crois, demande le gamin, que ce genre d'astuce suffira pour inciter le Père Noël à venir faire un tour dans notre région ?

881

– Qu'écris-tu, là comme adresse sur ton enveloppe ? demande une femme à son jeune fils. Qu'est-ce que ça veut dire : « Ding dong, ding dong, ding dong » ?

– Le Père Noël n'a sans doute pas reçu ma lettre où je lui demandais une console de jeux vidéo. Alors, je reporte tous mes espoirs sur les cloches de Pâques.

——— 882

Au bureau des réclamations d'un grand magasin, une femme dit à l'employé chargé d'accueillir la clientèle :

– Je voudrais échanger ce cadeau de Noël que mon mari a acheté ici à mon intention.

– Mais, répond l'employé, Noël est dans deux semaines.

– C'est bien pourquoi je viens aujourd'hui pour éviter la foule.

——— 883

Casimir (6 ans) a envoyé sa commande au Père Noël en inscrivant cette adresse sur l'enveloppe :

Père Noël
Habitant Dieu sait où
Vers le pôle Nord

Quelques jours plus tard, sa lettre lui revient, avec ce commentaire :

Il ne savait pas

——— 884

Une femme raconte à la télévision comment elle s'est trouvée, un soir, en rentrant chez elle, face à face avec un extraterrestre.

L'animateur de l'émission l'interroge :

– Vous souvenez-vous avec précision du jour où cette rencontre a eu lieu ?

– Certainement. C'était le 25 décembre. Je m'en souviens parfaitement car, la nuit précédente, en descendant à la cuisine pour boire un verre d'eau, j'avais vu le Père Noël en train de déposer ses cadeaux.

——— 885

– Les cadeaux s'annoncent mal cette année, dit Chloé (5 ans). Pour écrire au Père Noël afin de lui énumérer tous les jouets que j'attends, j'ai demandé à papa de me donner une feuille de papier…

– Et alors ?

– Il m'a tendu un Post-it.

——— 886

– Quand j'étais petite, raconte une femme, je n'ai jamais eu de cadeaux dans mes petits souliers. Et cela à cause d'une trop forte croyance au Père Noël.

– Vous croyiez trop fort au Père Noël ?

– Bien sûr, mais ce sont surtout mes parents qui se reposaient totalement sur lui pour m'acheter des jouets.

——— 887

Une femme demande à son jeune fils :
– Tu as écrit au Père Noël ?
– Oui.
– Fais-moi voir ta lettre.
La mère commence à lire à haute voix :
« Cher Père Noël. Je te demande de m'apporter un ballon de football, un i-Pad, une voiture téléguidée, un ordinateur, une douzaine de Blu-Rays avec des films de cow-boys, quinze albums de B.D…
– Mais, fait la mère, en riant, jamais le Père Noël ne t'apportera tout cela.
– Tu crois vraiment ?
– C'est certain.
– Alors, redonne-moi ma lettre.
– Pour quoi faire ? questionne la maman
– Je veux remplacer le début : « Cher Père Noël », beaucoup trop tendre, par « Monsieur ».

Naturistes

888

Dans une agence artistique, une secrétaire dit à une autre :

– Le patron semble avoir été conquis par la strip-teaseuse au chômage qui est venue lui proposer ses services, hier.

– Qu'est-ce qui te fait penser cela ?

– Jusqu'à présent, il avait, sur son bureau, un portrait de sa femme et de leurs trois enfants. Depuis cette visite, il l'a remplacé par une photo montrant l'un des principaux atouts de cette créature. Et je te jure que ça n'a rien à voir avec un portrait.

889

– Avec une copine qui me rendait visite, raconte un adolescent, j'étais installé sur le canapé et on regardait les chaînes du câble. À un moment, en zappant, je suis tombé sur un reportage dans un camp de naturistes par un temps glacial. La copine l'a suivi avec beaucoup d'intérêt et ça lui a donné des idées.

– De se déshabiller pour que vous fassiez l'amour sur le canapé ?

– Non. De me tricoter un pull-over.

890

– Je me pose des questions, raconte un homme à un ami. L'autre jour, en ouvrant la porte de mon pavillon, je me trouve nez à nez avec ma femme et elle était complètement nue.

– Où est le mal ?

– Attends. Ce jour-là, je ne rentrais pas chez moi : j'en sortais.

891

Un représentant rentre chez lui, très satisfait.

– Aujourd'hui, dit-il à sa femme, j'ai réussi à persuader six prospects de reprendre l'usage de la cravate qu'ils avaient abandonné.

– Et alors, qu'y a-t-il d'extraordinaire à cela ?

– L'endroit où cela s'est passé : c'était dans un camp de naturistes.

892

– Je ne suis pas opposé à épouser votre fille, dit un homme très riche à la femme qui lui vante les qualités de sa progéniture, mais je mets une condition préalable à toute décision. J'exige de voir votre fille toute nue.

– C'est impossible, s'écrie sa mère.

– Alors, n'en parlons plus.

Finalement, craignant de laisser échapper l'oiseau rare, la mère cède.

La jeune fille se dévêt totalement et le milliardaire la contemple, sous tous les angles, pendant une bonne demi-heure. Après quoi, il conclut :

– Non. Vraiment, je ne peux pas l'épouser.

– Et pourquoi donc ? s'indigne la mère.

– Elle a le nez un peu tordu.

893

– Je suis perpétuellement angoissé, confie un malheureux à un psy.

– Quelle est votre profession ?

– Barman dans un camp de naturistes.

– Et c'est le spectacle de toutes ces belles filles nues qui viennent boire à votre bar qui vous met dans un état pareil ?

– C'est surtout qu'à chaque fois, je me pose la question : « Où vont-elles aller chercher l'argent pour me régler les consommations ? »

894

– À chaque fois que je sonne au domicile d'une superbe blonde, raconte un facteur, elle m'ouvre, manifestement nue, drapée dans une serviette de toilette. À la longue, cela m'a donné une idée.

– De lui faire l'amour ?

– Non. De vendre par correspondance des serviettes de toilette portant ce slogan : « La joie du facteur. »

895

– Alors, ces vacances dans le camp de naturistes que je t'avais recommandé t'ont-elles plu ? demande un employé à un collègue,
– Tu parles ! Je n'ai pas vu une seule jolie fille, en quinze jours.
– Tu es allé dans le camp que je fréquente depuis dix ans, où les plus beaux mannequins de Paris viennent en vacances, et tu n'as pas vu une seule jolie fille ?
– Oui. Figure-toi que cet imbécile de gardien a voulu faire du zèle. Sous prétexte que dans un village de naturistes, on ne doit *rien* porter sur soi, il m'avait, dès mon arrivée, confisqué mes lunettes.

896

Cette petite annonce a paru dans un journal de province :
« À la personne qui a lancé une flèche en l'air et qui se demande où elle a bien pu retomber, moi, je le sais. Téléphoner à l'hôpital local, chambre 10. Signé : La dame adepte du naturisme qui est obligée, jusqu'à la fin de ses soins, de se tenir allongée sur le ventre. »

897

– Pourquoi, demande le responsable d'un camp de naturistes à un nouvel arrivant, après vous être entièrement déshabillé, refusez-vous obstinément d'ôter votre chapeau ?
– C'est par pudeur. Je ne veux pas exposer en public mon crâne complètement dénudé.

898

– Chaque année, lorsque j'étais enfant, raconte un homme, au lieu des jouets que j'attendais, le Père Noël m'apportait un nouveau pantalon. Si bien qu'à dix-huit ans, j'ai totalement cessé d'y croire.
– Au Père Noël ?
– Non, aux pantalons. Je me suis fait engager comme gardien dans un club de naturistes.

——— 899

Alors qu'il prenait un bain de soleil, tout nu, dans un coin du parc, habituellement désert, un jeune homme est surpris par l'arrivée intempestive de trois femmes qui se promènent.

Il cherche comment se dissimuler et, n'y parvenant pas, grimpe sur une sorte de socle, en adoptant la pose d'une statue antique.

– Oh ! s'écrie une des dames, voyez cette statue, comme c'est drôle !

Et, saisissant le sexe de l'homme, elle s'amuse à le lever et à l'abaisser à plusieurs reprises.

– Fais voir, dit la seconde, qui se met à l'imiter aussitôt.

– Ça alors, fait la troisième, après s'être livré au même manège, j'ai compris à quoi servait cette statue !

– À quoi ?

– Regardez ma main. C'est un distributeur de crème antisolaire.

——— 900

Dans un camp de naturistes, une représentation théâtrale en plein air est annoncée avec cette mention : « Tenue de soirée conseillée ».

Quand on demande aux organisateurs ce qu'ils entendent par là, ils répondent :

– Prévoyez une petite laine car, en cette saison, les nuits sont fraîches.

——— 901

– Comment votre vocation est-elle venue ? demande un reporter au champion de France de pêche sous-marine.

– Oh ! très simplement, du jour où je me suis mis à ramasser les oursins.

– Vous aimez à ce point manger des fruits de mer ?

– Pas du tout. Mais vous ne pouvez pas imaginer les charmants spectacles qui vous sont réservés, quand on évolue entre deux eaux et qu'on s'amuse à glisser discrètement des oursins dans le maillot des belles baigneuses.

——— 902

Le téléphone sonne dans une caserne de pompiers.

– Allô, dit une voix affolée, venez vite : il y a le feu dans le camp de naturistes.

– Ne paniquez pas, répond le pompier qui a pris la communication. Laissez-nous le temps d'ôter nos uniformes et nous arrivons.

903

Un homme sonne à la porte du domicile conjugal. Sa femme vient lui ouvrir, toute nue, à part ses chaussures à hauts talons et un coquet tablier autour des reins.

L'homme jette un coup d'œil sur le buffet de la cuisine et, voyant deux baguettes de pain, s'étonne :

– Mais, tout à l'heure, tu n'as donc pas compris, quand je t'ai téléphoné sur mon portable que je ramènerais deux gros pains pour le déjeuner ?

– Tu m'avais dit deux gros pains ? J'avais compris *deux copains.*

HARDI LES GARS
VIRE AU GUINDEAU
GOOD BY FAREWELL
GOOD BY FAREWELL
BRÉ

Pays étrangers

904

Tarzan a exceptionnellement quitté son arbre pour se rendre dans un village.

Là, il dit à un commerçant :

– Je vais mettre mes doigts dans la rainure de cette porte. Pourriez-vous me les pincer un bon coup en refermant violemment la porte ?

– Quelle étrange requête !

– C'est parce que je n'arrive plus à lancer mon fameux cri qui résonne à plus de 10 kilomètres dans la jungle et c'est le seul moyen que j'aie imaginé pour le reconstituer.

905

– Je crois, dit le chef d'une expédition au cœur de l'Afrique, que nous arrivons enfin près de la cité qui a pris pour roi un grand singe.

– Qu'est-ce qui vous fait penser cela ?

– La cloche, qui appartient sans doute à la gigantesque pendule de son palais. Écoutez le bruit qu'elle fait : king-kong, king-kong, king-kong…

906

Un agent secret étranger est venu en mission en France. Il se rend dans le village qu'on lui a indiqué et pénètre dans le café-buvette. Là, tout en sirotant un blanc sec, il dit au cafetier :

– Je dois voir un certain Martin.

– Des Martin, dit le cafetier, nous en avons plusieurs, ici, il y a Paul Martin, le boucher ; Jean-Jacques Martin, le notaire, Hector Martin, l'instituteur…

– J'ai un message pour lui, précise l'agent secret : « Le soleil se lève à l'est mais, pour la lune, pas de quartier. »

– Ah ! s'esclaffe le cafetier, il fallait le dire tout de suite que l'homme que vous recherchez, c'est Alexandre Martin, l'espion.

——— 907

En Espagne, un vieux torero pénètre dans l'arène après avoir échangé sa muleta rouge contre un drap blanc.

– Le taureau, dit-il, ne devrait pas être affecté que je lui agite l'un ou l'autre de ces chiffons sous le nez. Et, je pourrai toujours brandir le blanc pour lui signifier que je me rends, si jamais cette sale bête outrepasse ses droits.

——— 908

Le chef d'une tribu indienne se fâche après son fils :

– Tous nos ancêtres ont toujours orné leur coiffure de plumes arrachées à des oiseaux. Ainsi y a-t-il eu Grand aigle, Faucon impérial, Vautour féroce, etc. Et toi, cela t'amuse qu'en voyant avec quoi tu te balades sur la tête, on t'appelle Arête de saumon ?

——— 909

Deux chasseurs marchent l'un derrière l'autre sur un étroit sentier au flanc d'une montagne du Grand Nord canadien.

Soudain, l'un d'eux s'écrie :

– Grand danger en vue !

– Qu'est-ce que c'est ? Un grizzly ?

– Pire que cela : un éboueur de notre quartier qui vient quémander ses étrennes.

——— 910

Le général qui, à la suite d'un putsch, a pris le pouvoir dans un pays d'Amérique du Sud dit au responsable d'un gymnase.

– J'aimerais pratiquer sous votre direction des exercices pour développer ma cage thoracique.

– Vous avez des difficultés respiratoires ?

– C'est surtout que je n'ai plus de place, sur ma tunique, pour arborer mes décorations.

911

Un Inuit rentre de la chasse au phoque dans son igloo où sa femme l'accueille, profondément bouleversée.

– Notre bébé d'un an, lui dit-elle, a prononcé son premier mot.

– Maman ?

– Non.

– Papa ?

– Non plus.

– Alors, qu'a-t-il dit ?

– Un mot qui témoigne du réchauffement climatique. Il a dit : « Mimosa. »

912

Alors qu'ils errent, depuis huit jours, dans les sables brûlants du désert du Sahara, un touriste ramasse une boîte de sardines vide.

En la brandissant, il dit à son compagnon :

– Tiens, voici une preuve supplémentaire, s'il en était besoin, qu'autrefois, à cet endroit, il y avait la mer.

913

– La pire erreur que j'aie commise, dit un adolescent, c'est d'aller faire un stage de trois mois à Londres, ce qui m'a permis de parler et de comprendre parfaitement l'anglais que j'avais appris à l'école.

– En quoi était-ce une erreur ?

– Quand j'ai réécouté mes groupes de rock favoris, j'ai compris le sens des paroles de leurs chansons.

914

Un touriste français, qui visite les États-Unis, a fait la connaissance d'une charmante et jolie jeune femme avec laquelle il sympathise.

À la fin de la journée, il lui dit :

– Nous sommes ici dans le Massachusetts. Que diriez-vous qu'on se rende dans le Maine pour vérifier que nous sommes vraiment faits l'un pour l'autre ?

– Pourquoi cette étrange demande ?

– Je voudrais bien écrire à ma mère que j'ai rencontré la femme de ma vie, mais je ne sais pas comment écrire Massachusetts.

——— 915

– Comment te nommes-tu, grand chef ? demande le visiteur d'une réserve à un Indien.
– Robinet, et voici mes deux fils : Chaud et Froid.

——— 916

Un Oriental, qui veut acheter un tapis volant, demande au vendeur :
– Et cela, qu'est-ce que c'est ?
– En cas de panne, une carpette de sauvetage.

——— 917

Une équipe d'archéologues a mis au jour, en Égypte, une sorte de tente de toile en forme de pyramide.
– Pas de doute, dit l'un d'eux, c'est la tombe de Tout-an-mouv-man, un pharaon qui s'ennuyait dans son palais et préférait le camping.

——— 918

Voilà quelques milliers d'années, dans une île de l'océan Pacifique, au large du Chili, quelques indigènes sculptaient une statue haute de 10 mètres représentant un Père Noël.
– Et maintenant, dit l'un d'eux, en se tordant de rire, on verra bien si les navigateurs qui nous découvriront un jour auront le culot d'appeler notre domaine l'île de Pâques.

——— 919

Deux hommes sont perdus depuis plusieurs jours dans le désert saharien.
Soudain, l'un d'eux s'écrie :
– Quelque chose m'est passé sous le nez.
– Quoi donc ? interroge l'autre.
– C'était un poisson, un poisson volant.
– L'important, ajoute son camarade, c'est sa direction : il sortait de l'eau ou il y allait ?

——— 920

Dans une réserve d'Indiens, une squaw dit à son époux :
– Je crois qu'il faudrait que tu changes le nom que t'ont donné tes parents contre un autre, du genre Écureuil agile ou encore Corbeau joyeux.
– Et pourquoi devrais-je changer de nom ?
– Parce que, lorsque je t'appelle en criant « Ours brun, c'est l'heure de venir déjeuner », un énorme grizzly me fait systématiquement le même gag : il s'assoit à table, en tenant à la main sa fourchette et son couteau.

——— 921

– Ça y est ! s'écrie un archéologue égyptien, la malédiction du pharaon a encore frappé.
– Comment cela ?
– J'avais garé mon 4x4 devant l'entrée de la pyramide abritant sa tombe pour faire des fouilles.
– Et alors, que s'est-il passé ?
– On m'a mis un PV pour stationnement interdit.

——— 922

Un Cubain explique à un touriste :
– C'est très facile de parler notre langue. À la base, il faut savoir l'espagnol. À partir de là, vous cherchez comment on dit, en espagnol, par exemple, champagne, foie gras, ascenseur, électricité ou aisance.
– D'accord. Et ensuite ?
– Eh bien, vous traduisez ces mots par : eau du robinet, rutabaga, escalier, coupure de courant et « La charité, s'il vous plaît ».

——— 923

– Quels sont les résultats, demande le Premier ministre, du référendum organisé par ce territoire d'Outre-Mer pour déterminer s'il allait ou non devenir un nouveau département français ?
– L'idée a l'air de séduire les habitants : ils ont voté : « OUI », à 117 %.

924

Deux archéologues déchiffrent les hiéroglyphes gravés sur une pyramide.

– J'arrive enfin au dénouement de cette passionnante énigme policière qui se termine, c'est le cas de le dire, en queue de poisson, fait l'un. Ce poisson, précisément, signifie-t-il que le pharaon, qui est enterré ici, est mort en s'étranglant avec une arête pendant qu'il dégustait une perche du Nil, ou qu'il a été assassiné par son poissonnier ?

925

Dans une réserve d'Indiens d'Amérique, un touriste demande :

– Que devient le grand chef Ballon de baudruche ?

– Désormais, on l'appelle : « Dégonflé. »

– Tiens ! Pourquoi cela ?

– Un jour, dans le désert, son cheval l'a désarçonné. Et il est tombé sur un cactus.

926

Dans le désert du Sahara, deux hommes se traînent, depuis plusieurs semaines, après s'être égarés.

– Manifestement, dit l'un, cela n'étonne personne, dans le voisinage, d'entendre quelqu'un crier : « De l'eau ! de l'eau ! À boire, par pitié ! »

– Tu as raison. Que proposes-tu, alors ?

– Je vais essayer quelque chose de plus original pour secouer les habitants de ce foutu pays, comme : « Au secours. Je me noie ! »

927

– Si tu as quelque chose à me dire à propos de ma vue qui baisse, dis-le franchement, ordonne Guillaume Tell à son fils. Ce serait plus franc que de glisser régulièrement dans mes poches des pages de publicité pour *Optic 2000.*

928

Une femme Inuit dit à son compagnon qui rentre de la pêche :

– Remets cette baleine à la mer. Pour le déjeuner, j'ai ouvert une boîte de thon.

929

Suspendu à une liane de la forêt équatoriale, Tarzan a été violemment heurté par Zantar, un nouvel arrivant, dans son domaine, qui se déplaçait de la même façon.

– Et alors, proteste-t-il, la priorité à droite, c'est fait pour qui ? Pour les singes ?

CE SONT DES MINISTRES QUI JOUENT DE LA CHAISE MUSICALE
BRI

Politique

930

Le directeur d'un institut de sondages dit à ses collaborateurs :

– Nous allons lancer ce que j'ai baptisé « l'opération Marguerite ».

– De quoi s'agit-il ?

– De demander à un échantillonnage de 1 029 personnes, à propos du Premier ministre : « L'aimez-vous un peu, beaucoup, passionnément, à la folie, pas du tout ? »

931

Un politicien a été convié à parler devant les pensionnaires d'un établissement psychiatrique.

À peine a-t-il débuté son discours qu'un de ses auditeurs manifeste sa désapprobation en criant :

– Stupide !

Le politicien, un peu décontenancé, poursuit son exposé, mais le même homme se met à hurler :

– Idiot !

Une troisième tentative ne suscite que ce commentaire, exprimé d'une voix forte :

– Grotesque !

L'orateur dit au directeur de l'établissement psychiatrique :

– Cet homme m'inquiète.

– Vous auriez tort de vous inquiéter, au contraire, répond le directeur. Il est chez nous depuis plus d'un an et c'est la première fois qu'il donne des signes de bon sens.

932

Dans un musée, une femme de ménage dit à une autre :

– Ma plus grande joie est d'épousseter, chaque matin, le globe terrestre, placé à l'entrée. Quel bonheur d'avoir le sentiment de donner un grand coup de balai dans tous ces pays dirigés par d'affreux dictateurs !

933

Un adolescent s'apprête à déposer son vélo contre la grille de l'Assemblée nationale.

Un policier se précipite vers lui, en hurlant :

– Jeune homme, vous ne pouvez pas laisser votre bicyclette ici.

– Pourquoi donc ?

– Toute la journée, des députés, des ministres entrent dans ce bâtiment… On y a même vu, un jour, le président.

– Vous faites bien de me prévenir, dit le jeune homme. Je vais mettre l'antivol.

934

Un fabricant suisse de pendules avait envoyé son dernier modèle de coucou à un homme politique français.

Le chef de la sécurité du politicien, entendant, à l'intérieur du colis, un bruit de « tic-tac » s'affola, en redoutant qu'il ne s'agisse d'une bombe. Il plongea le paquet suspect dans une baignoire pleine d'eau.

Quand on déballa le coucou, ce fut pour constater que, malgré son bain forcé, il fonctionnait parfaitement.

Seulement, tous les quarts d'heure, le coucou sort de son chalet en faisant : « Glou-glou… Glou-glou… »

935

Enthousiasmée par ce qu'elle vient d'entendre, une femme dit à un homme politique :

– Vos discours sont d'une telle qualité qu'ils devraient être recueillis dans un livre.

– Ce sera peut-être le cas, répond en souriant l'orateur, à titre posthume.

– Je l'espère bien ! s'écrie son admiratrice. Et le plus tôt sera le mieux !

936

Le patron d'un institut de sondages, qui a dû être hospitalisé pour une opération, reçoit ce SMS de son directeur des ressources humaines :

« 37 % de nos employés vous souhaitent un prompt et complet rétablissement ; 43 % estiment que vous pouvez aller au diable, si telle est la volonté divine, et les 20 % restants répondent, quand on les interroge sur votre état de santé qu'ils s'en foutent complètement ».

RELAIS DE CHASSE
POSE DE LA PREMIERE PIERRE
Bri

——— 937

– Pourquoi fais-tu cette tête ? demande un homme à l'un de ses amis.
– C'est à cause des prochaines élections législatives.
– Je vois : tu ne sais pas pour qui tu vas voter.
– Si, si : je sais très bien pour qui je vais voter.
– Alors, tu penses que le candidat pour qui tu t'apprêtes à voter va être battu.
– Hélas non ! Je suis sûr qu'il va être élu. Et, connaissant sa médiocrité, c'est bien ce qui me tracasse.

——— 938

Un membre du Congrès américain est persuadé qu'un affreux dictateur, qui dirige d'une main de fer un pays d'Asie, est digne de confiance.

Ayant obtenu un visa, il va lui rendre visite pour lui témoigner son estime.

Les autres parlementaires de son parti, consternés, cherchent comment faire avorter cette rencontre.

C'est l'un d'eux qui trouve la solution en envoyant ce message destiné à atteindre le visiteur dans l'hôtel où il doit séjourner :

« Si vous ne réussissez pas, comme prévu, à buter le président, essayez, au moins, de dégommer le chef de la police. »

——— 939

– C'est très bien, dit-on à un homme politique, d'avoir appelé votre nouveau parti « Allons-y ! », mais pourquoi avoir choisi une chouette comme symbole ?
– Parce qu'elle exprime bien notre indécision en posant la question : « Où ? Où ? Où ? »

——— 940

Un réformateur de la vie politique préconise :
– Il faudrait procéder à un test d'intelligence au moment où un électeur s'apprête à déposer son bulletin dans l'urne.
– Certes, mais cela risquerait de provoquer l'élimination des trois quarts des candidats.

——— 941

Un homme s'éveille et son premier geste est de brancher *France-Info.*

« Les nuages noirs s'amoncellent, entend-il, et l'orage s'apprête à éclater, en risquant de tout emporter sur son passage… »

– J'espère, dit-il, que cela concerne le gouvernement qui est empêtré dans les scandales. Sinon, il va falloir que je pense à prendre un parapluie.

942

En voyant son jeune fils et une demi-douzaine de ses copains réunis autour d'une table, une femme demande :

– À quoi jouez-vous, les enfants ?

– Nous avons formé un gouvernement.

– Essayez, dit la mère, en riant, de prendre des mesures qui améliorent le sort des citoyens.

– Impossible, répond son fils. C'est un gouvernement de cohabitation. Alors, à chaque fois que le Premier ministre veut faire quelque chose d'intelligent, le Président l'en empêche.

943

Dans une réunion électorale, un auditeur s'écrie :

– Le débit de cet orateur est incroyable. Jamais je n'ai eu une telle sensation de vitesse depuis le jour où j'ai lu un numéro de *Playboy* tandis que ma femme en tournait les pages.

944

À l'approche d'importantes élections, le responsable de la campagne attire l'attention du Premier ministre sur une de ses collègues, en disant :

– C'est notre talon d'Achille.

– En ce cas, tranche le Premier ministre, il faut changer de chaussures. Elle est virée.

945

Un employé d'un institut de sondages politiques raconte :

– Avant d'interroger un homme ou une femme sur un sujet quelconque, je lui demande : « Si vous aviez le choix, ce soir, entre regarder, à la télévision, *La Grande Vadrouille,* avec De Funès et Bourvil, ou *Phèdre* de Racine, que choisiriez-vous ? ».

– Et alors ?

– Eh bien, je laisse tomber sans remords ceux qui me répondent *Phèdre* : ils auraient faussé les résultats du sondage car ce sont des menteurs.

946

Un commentateur politique est formel :

– Je comparerais les gouvernements à des couches pour bébés. Les uns et les autres doivent être fréquemment changés – et pour la même raison.

——— **947**

Le président de la République, qui rentre d'un voyage officiel en Chine, convoque son ministre de l'Intérieur :

– Depuis que j'ai découvert la Grande Muraille, lui dit-il, je trouve bien légères les barrières métalliques que vous faites disposer le long des trottoirs pour me protéger des débordements de la foule.

——— **948**

Une ménagère répond à un sondeur d'opinion :

– Le choix de réponses que vous me proposez à propos de la réforme du recrutement des magistrats est un peu juste : « pour », « contre » et « sans opinion ». Pourriez-vous ouvrir une case supplémentaire : « S'en fout complètement » ?

——— **949**

Un homme arrive au bureau avec un œil au beurre noir. Ses collègues l'interrogent :

– Que t'est-il arrivé ?

– Hier soir, je plaisantais amicalement avec mon voisin en lui disant que sa femme est meilleure au lit que la mienne. Tout se passait bien, jusqu'à ce que j'aie l'idée stupide de le mettre en boule en faisant dévier la conversation sur la politique.

——— **950**

Dans une réunion publique, un candidat aux élections proclame :

– Je suis très attaché au peuple.

Un de ses auditeurs glisse à l'oreille de son voisin :

– À peu près comme une puce est attachée à un chien.

——— **951**

Une mère prévient Enzo (8 ans) :

– Si tu ne manges pas tes carottes, tu n'auras pas de dessert.

– Jamais, répond le gamin. J'ai pour principe de ne jamais manger de carottes et rien au monde ne me fera abandonner ce principe.

– Parfait, dit la mère : je te signale seulement, à toutes fins utiles, que le dessert est une mousse au chocolat dont tu raffoles.

– Si je veux être un jour président de la République, dit Enzo, il faut que je m'apprête à bien d'autres reniements. Allez, envoie-les, tes carottes.

952

– J'ai la conviction, lance le Premier ministre, que l'année qui vient sera, pour la France, exceptionnelle.

Un journaliste s'étonne :

– Qu'est-ce qui vous permet d'affirmer cela ?

– Décidément, Monsieur Dupaton, fait le Premier ministre, vous aurez toujours l'art de poser des questions qui sapent le moral.

953

Un politicien du nord des États-Unis est venu faire campagne au Texas.

– Chez nous, lui dit l'organisateur de la réunion, vous pouvez parler aussi longtemps que vous le souhaitez sans crainte d'être interrompu.

– Formidable !

– Oui, mais à une condition, toutefois : avant de commencer votre discours, vérifiez bien que tous vos auditeurs ont laissé leurs armes au vestiaire.

954

– La plupart des individus, dit un homme politique, voient les choses qui existent et s'étonnent en se disant : « Pourquoi ? » Moi, j'imagine des choses qui n'existent pas encore en pensant : « Pourquoi pas ? »

955

Un politicien s'est lancé dans un interminable discours pour développer cette idée :

– Je ne m'adresse pas seulement aux citoyens d'aujourd'hui, mais aussi aux générations futures.

À ce moment, un bébé, qu'une des femmes présentes dans l'assistance tenait sur ses genoux, se met à hurler.

Une voix narquoise lance à l'orateur :

– C'était sûr qu'à traîner comme vous le faites pour conclure, les générations futures arriveront avant que vous ne soyez parti.

956

– Notre grand fils, raconte une femme, nous tenait de beaux discours pour nous expliquer comment la France serait bien dirigée si l'on suivait ses conseils.

Vu ses dons, mon mari et moi l'avons orienté sans hésiter vers son métier.

– Vous l'avez incité à se présenter à la députation ?

– Non : à devenir chauffeur de taxi.

——— 957

Dans un pays dirigé par un farouche dictateur, un sondeur d'opinion pose cette question à un échantillonnage représentatif de citoyens :

« Avec laquelle de ces trois affirmations êtes-vous d'accord :

1) notre vénéré Président a toujours raison ;
2) notre vénéré Président n'a jamais tort ;
3) je ne regarde jamais les émissions de propagande à la télévision. »

——— 958

— Bien sûr, dit un grand costaud au timide représentant d'un institut de sondages, que je ne demande pas mieux que de vous donner mon avis sur le gouvernement et sa politique. Voulez-vous qu'on fasse ça en trois rounds ?

——— 959

Au cours d'une campagne présidentielle, un candidat lance à son adversaire, le président sortant :

— Durant vos cinq ans de mandat, vous ne vous êtes attaché à résoudre aucun problème.

— Mais, fait le président sortant, si j'avais tenté de résoudre les problèmes, quand aurais-je eu le temps de gouverner ?

——— 960

— Moi, dit une femme, j'ai toujours été pour la cohabitation.

— Cela se traduit-il par votre façon de voter ?

— Non, par ma façon de faire l'amour. Étant mariée à un député de droite, je ne choisis mes amants que parmi des hommes de gauche.

——— 961

Un collaborateur du Premier ministre lui dit :

— Il y a un problème concernant les relations entre les industriels du secteur agroalimentaire et les grandes surfaces.

— Lui voyez-vous une solution ?

— En fait, j'en vois trois.

— Apprenez que lorsqu'il y a plus d'une solution possible, ce n'est pas un problème, c'est un simple casse-tête.

962

Un orateur, qui vient de parler pendant trois bons quarts d'heures, en arrive à sa conclusion :

– Je suis, avoue-t-il à ses auditeurs, dans le même état d'anxiété que lady Godiva qui, après avoir traversé nue, sur son cheval, la ville de Coventry, dont, théoriquement, tous les volets des maisons étaient clos, se demandait : « Et si, après avoir fait tout cela, je n'allais susciter aucun applaudissement ? »

963

Un citoyen répond à l'employé d'un institut de sondages :

– Allez-vous comprendre une bonne fois, vous et les vôtres, que j'en ai marre de toutes ces enquêtes d'opinion ?

– Pourriez-vous préciser votre pensée ? demande le sondeur. En avez-vous un peu marre, beaucoup marre, énormément marre ou marre au point de flanquer une correction au prochain sondeur qui viendra vous interroger ?

964

– C'est bizarre, fait-on remarquer à un homme : alors que tout le monde arbore ses décorations, vous, vous les dissimulez à l'intérieur de votre veston.

– Et pour cause, répond-il, ces décorations m'ont été accordées pour récompenser mes activités clandestines dans le domaine de l'espionnage.

965

Un des rares médecins à faire encore des visites à domicile a été appelé par une jeune femme qui ne se sent pas bien.

Il se présente avec le jeune collègue qui doit prendre sa succession.

Après avoir examiné et longuement interrogé la patiente, le médecin conclut :

– Je pense que vous souffrez simplement d'une forme d'anxiété due au fait que vous attachez trop d'importance à la politique.

Quand ils sont sortis, le plus jeune des médecins demande à son aîné :

– Qu'est-ce qui a orienté votre diagnostic vers une passion exagérée pour la politique ?

– Lorsque j'ai voulu prendre la température de notre patiente, j'ai laissé tomber maladroitement mon thermomètre. Et, en me penchant pour le ramasser, j'ai vu, couché sous le lit, le député de la circonscription.

...
137 487 824
137 487 825
137 487 826
137 487 827
137 487 826
137 487 829
137 487 830
137 487 831 ...

Psys

966

– Je voudrais prendre rendez-vous pour mon mari, dit, par téléphone, une femme à un psy.
– Certainement. De quoi souffre-t-il ?
– Il se prend pour un papillon.
– Ah ! Je dois vous préciser que mon cabinet de consultation est au 18e étage d'une tour. Pour plus de sûreté, je vais vous donner l'adresse d'un de mes confrères qui, lui, est installé au rez-de-chaussée.

967

Après avoir passé plusieurs années dans un établissement psychiatrique, un homme est autorisé à reprendre sa vie d'autrefois.
Par sécurité, le médecin-chef procède à une dernière vérification.
– Vous avez accumulé, dit-il à l'homme, un pécule de 3 000 euros. Promettez-moi qu'une fois sorti, vous irez déposer cette somme sur un livret de caisse d'épargne où elle sera rétribuée à 1,50 %, plutôt que de la gaspiller en buvant du champagne avec une femme de passage prête à faire l'amour avec vous.
– Je vous le promets.
– Bon, conclut le médecin, on va le garder encore un moment. Manifestement, il est toujours complètement cinglé.

968

– Docteur, dit un patient, je crois bien que ça y est : vous m'avez enfin guéri du complexe dont je souffrais.
– Celui d'une double personnalité ?
– Exactement.
– Et que comptez-vous faire, à présent ?
– M'inscrire dans un club de cœurs solitaires.

969

Un mégalomane gémit :
– J'étais à deux doigts d'acheter la tour Eiffel. Malheureusement, « il » avait disparu.
– Qui ça, « il » ?
– Celui qui, l'an passé, m'avait vendu l'Arc de Triomphe.

——— 970

L'assistante d'un psy lui annonce :

– Mme Clérambard, ce véritable moulin à paroles qui, à chaque fois, vous étourdit par son verbiage, est arrivée.

– Cette fois, dit le psy, je ne me laisserai pas prendre au dépourvu. Passez-moi la boîte de sédatifs.

– Vous comptez lui en refiler un ?

– Je veux surtout en absorber trois.

——— 971

Une femme, que la nature a dotée d'un très long cou, confie à un psy :

– Mon problème est double : je me prends à la fois pour une reine de France et pour un animal.

– Je vais d'abord vous ouvrir un dossier. Comment vous nommez-vous ?

– Anne d'autruche.

——— 972

– Je déteste mon mari, dit une femme à une amie, mais je n'avouerai jamais cela à personne.

– Même pas à ton psy ?

– Surtout pas. Mon mari est mon psy.

——— 973

– C'est terrible, dit un homme à son psy. Après avoir bien observé ma mère, je l'ai trouvée très belle.

– Ne vous tracassez pas pour cela : c'est une manifestation très courante de ce que nous appelons le complexe d'Œdipe.

– Œdipe, c'est bien le spécialiste des devinettes très compliquées ?

– En effet.

– Alors, là, ça ne m'étonne pas du tout. Parce qu'après avoir trouvé ma mère très belle, je me suis longuement demandé où j'avais bien pu aller chercher une chose pareille.

——— 974

– Je me prends pour John Wayne, raconte un patient à son psy. Bon, pour qu'on poursuive l'entretien, mettez-vous à quatre pattes. Le temps de vous fixer une selle sur le dos et on part pour la grande chevauchée. Allez, hue !

975

– Depuis mon plus jeune âge, raconte un sexagénaire, je me voyais dans un port dans lequel, un jour ou l'autre, viendrait faire escale la femme de ma vie.

– Et, demande le psy, que s'est-il passé ?

– Quand elle a voulu débarquer, ma jetée s'était complètement effondrée.

976

Le psy se fâche après un de ses patients :

– Cessez de vous tenir bêtement sur une jambe au milieu de la pièce. Allongez-vous sur ce divan, comme tout le monde, et expliquez-moi pourquoi vos collègues de bureau se moquent de vous et vous ont surnommé le « Flamant rose ».

977

– Je souffre d'une double personnalité, confie un patient à un psy.

– Qu'est-ce qui vous fait penser cela ?

– Ma femme m'appelle Chouchou, j'adore pratiquer le yo-yo et jouer du tam-tam. En plus, après avoir été piqué par une mouche tsé-tsé, chaque année, je me rends en cure à Baden-Baden.

978

– Du jour, explique un patient, où l'on m'a expliqué la signification sexuelle de la scène, située à la fin du film d'Alfred Hitchcock, *La Mort aux trousses,* où l'on voit un train s'engouffrer dans un tunnel, cela m'a complètement dégoûté.

– De faire l'amour ?

– Non, de voyager en train. C'est alors que j'ai acheté ma première voiture.

979

– J'ai complètement révisé ma façon de voir le monde, raconte un psy, quand, au cours d'un voyage en Italie, j'ai vu la tour de Pise. Je me suis alors demandé : « Et si c'était elle qui avait raison ? »

980

Un homme dit au psy qu'il consulte régulièrement :

– Je vais beaucoup mieux, d'autant que le soleil d'Austerlitz m'a bien réconforté. Je songe à faire un bon tour en Russie, ce qui me donnera l'occasion de prendre ma retraite dans une petite île paisible, comme Sainte-Hélène.

– Alors, tout va bien.

– Non, si je viens vous voir, aujourd'hui, c'est pour ma femme qui m'inquiète.

– Que lui trouvez-vous d'inquiétant ?

– Au lieu d'apprécier sa vie d'impératrice, elle se prend pour l'épouse d'un petit employé de bureau nommé, Albert Legrandin.

981

– Bon, dit le psy à son nouveau patient, allongez-vous sur ce divan, bouclez soigneusement votre ceinture de sécurité et, maintenant que vous êtes en sécurité, expliquez-moi votre angoisse d'avoir un accident.

982

– Quand j'étais enfant, raconte un homme, je m'étais créé un ami imaginaire qui m'apportait un grand réconfort. Au point que j'en ai créé un second.

– Où est le problème ? interroge le psy.

– Eh bien, ils se sont pacsés et je ne les ai plus jamais revus.

983

– J'ai un profond amour de l'humanité, dit un homme au psy qu'il est venu consulter.

– C'est très bien.

– Non. Ce sont les gens que je ne peux pas sentir.

984

– Je suis persuadé, dit un psy, que lorsque les gens vous entretiennent du temps qu'il fait, en réalité, c'est d'eux-mêmes qu'ils veulent parler. Bon, alors, comment allez-vous aujourd'hui ?

– Je ressens une profonde dépression qui me serre les côtes et me fait vivre comme dans un brouillard, avec de rares éclaircies, répond la femme, allongée sur le divan.

985

– Docteur, dit un individu très complexé, je me vois comme un paillasson.

– Et comment voyez-vous votre femme ?

– Comme une paire de bottes boueuses.

——— **986**

Un psy explique :

– On apprend à être heureux comme on apprend à jouer du piano. D'abord, on étudie la partie théorique, qui correspond au solfège. Puis on se met à pratiquer régulièrement la joie de vivre, d'abord à raison de dix minutes par jour, puis de plus en plus longtemps, pour exercer son esprit comme un pianiste exerce ses doigts. Enfin, on en arrive à la plénitude totale, ce qui équivaut à un récital à Pleyel.

– Ce que vous me dites là, fait le patient, aurait pu me convenir autrefois, mais ça ne peut pas marcher, à présent.

– Pourquoi cela ?

– Il y a un an, j'ai vendu mon piano.

——— **987**

Après six mois d'analyse, une femme demande :

– Alors, docteur, à votre avis, d'où vient mon indécision chronique ?

– Cela peut venir de votre père, dit le psy, ou de votre mère ou, encore, d'un lointain cousin. En toute franchise, j'hésite.

——— **988**

– Je vous fixerais bien un rendez-vous pour traiter vos pertes de mémoire, dit le psy à son patient, mais c'est inutile. Vous allez l'oublier aussitôt. Alors, passez quand vous voulez. J'essaierai de vous caser entre deux consultations.

——— **989**

Un homme pénètre dans le cabinet d'un psychiatre en tenant en laisse un morceau de savon.

Le psy, voulant jouer le jeu, lui dit :

– Faites coucher votre gentil chien-chien sur ce coussin et prenez place sur le divan.

– Mais, proteste le patient, ce n'est pas mon chien, c'est un simple morceau de savon.

– Ah bon ! très bien, fait le psy, pas contrariant.

Une demi-heure plus tard, l'homme se lève du divan et sort en tenant toujours en laisse son morceau de savon vers lequel il se tourne, en disant :

– Bravo, Fido ! On l'a bien eu !

——— **990**

– Après avoir constaté, explique un homme à son psy, que la vie ressemble à un paysage des Alpes, avec une alternance de hauts et de bas, j'ai essayé de m'en tirer en creusant un tunnel.

– Et alors ?

– Je m'y suis perdu dans l'obscurité.

991

Un psy voit entrer dans son cabinet une femme qui tient sous son bras un canard.

Il l'interroge :

– Vous ne vous sentez pas bien ?

– C'est surtout mon mari qui m'inquiète, répond-elle, et c'est pourquoi je vous l'ai amené. Depuis quelque temps, il se prend pour une poule.

992

– Pour 2 000 euros, raconte un homme à un collègue de travail, le psychanalyste qui m'a traité m'a débarrassé de tout ce que j'avais.

– Et qu'avais-tu, au juste ?

– Je te l'ai dit : 2 000 euros.

993

Un psy, qui va consulter un de ses confrères, lui dit :

– Si vous voulez vraiment m'aider à combattre mon complexe d'infériorité, commencez donc par décrocher du mur de votre cabinet tous ces diplômes qui m'écrasent sous votre supériorité.

994

– Docteur, dit une femme, la double personnalité dont je suis affligée m'amène à voir tout en double.

– Vous allez me décrire cela en détail. Allongez-vous sur le divan.

– Lequel : celui de droite ou celui de gauche ?

995

Un psychanalyste annonce au curé de sa paroisse :

– Bientôt, vous n'entendrez plus aucun de vos fidèles en confession. Ils viendront tous se faire psychanalyser.

– J'ai quand même, répond le prêtre, un énorme avantage sur vous.

– Lequel ?

– Moi, après les avoir écoutés, je leur pardonne.

996

– Je n'osais pas affronter l'amour, dit une jeune femme au psy qu'elle consulte depuis plusieurs mois. Je vous remercie de m'avoir permis de surmonter cette crainte stupide. Alain, Lionel, Steven, Éric, Jean-Pierre, Yves, Nicolas et Michaël vous remercient également.

——— **997**

– Préparez-moi de l'alcool à 70° et du coton pour désinfecter les plaies, ainsi que du sparadrap, dit un psy à son assistante. À 17 heures, je reçois M. Panouillot qui se prend pour un oiseau migrateur et, en me dépeignant ses symptômes, tout en battant des ailes, il va encore se cogner le front au lustre de mon cabinet.

——— **998**

La fille d'un psychanalyste lui dit :

– Plus tard, j'aimerais bien faire le même métier que toi. Pour m'entraîner, je voudrais que tu m'achètes une poupée.

– Mais, si tu poses des questions à une poupée, elle sera bien en peine de te répondre.

– Tu ne m'as pas comprise, papa. Mon idée est de m'allonger sur un divan et de lui débiter toutes les âneries qui me passeront par la tête tandis qu'elle jouera ton rôle en dormant paisiblement dans son fauteuil.

——— **999**

– J'ai une bonne nouvelle à vous annoncer, dit le psy à l'un de ses patients.

– Laquelle ?

– J'augmente le tarif de mes consultations.

– Mais, gémit le patient, c'est une *mauvaise* nouvelle.

– Est-ce qu'un jour, rugit le psy, votre égocentrisme forcené va vous laisser partager la joie des autres quand ils sont heureux ?

——— **1000**

Un psy fait subir le test de Rorschach à l'un de ses patients qui souffre d'être trop gros.

En lui collant sous les yeux une feuille sur laquelle s'étale une tache noire aux contours indécis, il demande :

– À quoi ce dessin vous fait-il penser ?

– À un saladier plein de harengs pommes à l'huile.

– Et celui-ci ?

– À une blanquette de veau.

– Ces deux réponses, fait le psy, doivent vous amener à vous poser des questions.

– Oui, une, en particulier.

– Laquelle ?

– La prochaine image que vous me montrerez représentera-t-elle un fromage ou un dessert ?

VU
À LA TÉLÉ
DANS LE
GALIBIER
AVEC
RACKBANK
FINANCE
RACKBANK
Bri-

Pub

1001

– La publicité dans laquelle Audrey Tautou vantait une marque de savonnette m'a beaucoup influencé, raconte un homme.

– Et, dès le lendemain, tu as couru acheter une demi-douzaine de ces savonnettes ?

– Non, mais la nuit suivante, j'ai rêvé qu'Audrey Tautou était dans sa baignoire et que je la frottais un peu partout avec cette fameuse savonnette.

1002

La femme d'un rédacteur publicitaire lui dit :

– J'ai établi notre budget pour les six prochains mois et il me manque 15 000 euros pour qu'il soit équilibré. Peux-tu me dire quand tu comptes demander une augmentation à ton patron – et, comme tu l'exiges des participants à tes concours publicitaires, ceci *en moins de 25 mots.*

1003

– Il n'est pas question, dit le responsable de l'environnement à un acupuncteur que vous installiez un panneau publicitaire en plein désert de l'Arizona pour vanter votre spécialité. En revanche, rien ne vous interdit de procéder par allusion – en fixant votre plaque sur une douzaine de cactus.

1004

Le directeur d'une agence de publicité déclare au sujet de l'un de ses meilleurs créatifs :

– Il est surpayé mais, franchement, il vaut bien cela.

1005

La speakerine d'une chaîne de télévision du câble annonce, d'une mine gourmande :

– Certes, l'épisode de *Columbo* que nous vous présentons ce soir a déjà été diffusé à quinze reprises, mais surveillez bien les quatre plages de publicité dont il est truffé : l'un des 48 spots que vous allez devoir subir est totalement inédit.

1006

Un châtelain d'Écosse questionne des amis français qui viennent de passer la nuit dans sa demeure.

– Alors, avez-vous vu notre fantôme ?

– Bien sûr. Il est venu nous rendre une petite visite dans notre chambre.

– Et qu'en avez-vous pensé ?

C'est la femme qui répond :

– Avec un suaire aussi crasseux que le sien, il serait parfait dans une publicité comparative pour une marque de lessive : il jouerait le rôle du fantôme dont le linge est lavé avec un produit concurrent.

1007

Le directeur d'une agence de publicité dit à ses rédacteurs :

– Quand vous rédigez un message destiné au grand public, si vous avez envie d'utiliser un mot qui sort de l'ordinaire, voici l'adresse de mes parents qui vivent toujours dans la ferme familiale, en Auvergne. Passez un coup de fil à mon père ou à ma mère et placez le mot en question dans la conversation. Si l'un des deux enchaîne en montrant qu'il en a compris le sens, alors, et alors seulement, vous pourrez l'utiliser dans votre publicité.

1008

– Nous allons réaliser un gag pour attirer l'attention sur votre produit, dit le directeur d'une agence de publicité à un annonceur.

– Lequel ?

– Il s'agit de tourner un spot publicitaire vantant votre produit en proposant aux ménagères de l'essayer pour un prix dérisoire. À ce moment, on feindra un incident technique et le présentateur dira : « Profitez vite de cette offre qui ne sera pas répétée… Profitez vite de cette offre qui ne sera pas répétée… Profitez vite de cette offre… »

——— *1009*

– Pourquoi, demande un spectateur au directeur d'une chaîne de télévision, quand vous coupez un film pour diffuser de la publicité, montez-vous le son de façon aussi exagérée ?

– Juste une question : que faites-vous quand les pubs commencent ?

– Je quitte la salle de séjour pour me rendre aux toilettes.

– En provoquant de tels braillements, nous voulons que nos annonceurs y aillent aussi.

——— *1010*

Un publicitaire raconte :

– Quand on rédige une annonce, il faut faire attention à ce qu'elle soit bien comprise. Un jour, j'avais employé le mot « ovoïde ». Je l'ai retiré en constatant que 65 % des personnes qui le lisaient n'en comprenaient pas le sens. À la place, j'ai mis « oblong ».

– Et alors ?

– Je l'ai retiré également quand je me suis aperçu que, cette fois, c'était moi qui n'avais pas la moindre idée de ce que cela voulait dire.

——— *1011*

Deux directeurs d'agences de publicité sont pessimistes :

– La moitié des messages que nous diffusons à la télévision sont ruineux et inefficaces, dit le premier.

– Si seulement, enchaîne le second, on pouvait savoir de quelle moitié il s'agit !

MAIS! MAIS! JE SUIS DEVENUE
BĒĒSE!

Régime amaigrissant

—— *1012*

– Selon la façon dont on voit les choses, dit un diététicien à l'une de ses patientes, on peut considérer que, proportionnellement, vous avez dix kilos de trop ou que vous êtes trop petite de dix centimètres. Alors, pour remédier à cela, que comptez-vous faire : vous mettre sérieusement au régime ?

– Heu... Dans un premier temps, je vais m'acheter des chaussures à très hauts talons.

—— *1013*

– Si je n'ai pas de succès auprès des garçons, dit une étudiante à sa colocataire, c'est parce que je suis légèrement trop enveloppée.

Son amie proteste :

– C'est un mot que je n'aurais pas l'idée de prononcer à ton propos.

– Trop enveloppée ?

– Non : « légèrement ».

—— *1014*

– Je me suis pesée sur une balance automatique, dit une femme à son mari, et j'ai eu une bonne surprise en lisant mon poids : 59 kilos.

– C'est impossible !

– Pourtant, j'y ai cru. Jusqu'à ce qu'un homme affiche sur la balance cet avis : « H.S. »

—— *1015*

– Je regardais tranquillement, à la télévision, *L'Île de la tentation,* raconte une femme un peu replète à son diététicien. Et, soudain, j'ai pris une grande décision.

– Cesser de regarder des émissions aussi débiles ?

– Non. Descendre jusqu'à la plus proche pâtisserie pour m'acheter deux profiteroles et trois éclairs au chocolat.

1016

– Moi, assure un homme très corpulent, je suis le régime qui m'a été prescrit 24 sur 7.
– Qu'entendez-vous par là ?
– 24 minutes par semaine, 7 jours par mois.

1017

Un pâtissier affiche dans sa vitrine :

« MESDAMES
Croyez les politiciens si vous en avez vraiment envie
MAIS, SURTOUT, PAR PITIÉ
NE CROYEZ PAS
LES PROMESSES
DES DIÉTÉTICIENS Et savourez nos gâteaux sans complexe. »

1018

Alors qu'ils sont en vacances, un homme dit à sa voluptueuse épouse en braquant sur elle son appareil photographique :
– Pour que je te cadre en entier, il faudrait que tu fasses quelques pas en arrière.
– Combien de pas ?
– 300, environ.

1019

– Dans ma jeunesse, raconte une femme assez corpulente, j'aimais les hommes aux yeux verts, cette couleur me rappelant agréablement celle du dollar. Aujourd'hui, je les déteste car ils me rappellent que mon médecin m'a mise au régime de la laitue sans huile.

1020

Le diététicien demande à une femme qui veut maigrir :
– Quels sont les endroits où vous prenez le plus de poids ?
– Le drugstore de la rue de la Mairie, la pâtisserie Benoît et la boutique de chocolats de la place de l'Église.

——— *1021*

Une balance automatique annonce aux personnes qui voudraient l'utiliser :

« Sur un même bulletin
VOTRE POIDS
Et le bref commentaire d'un psy qui vous explique
pourquoi vous avez tant de mal à l'accepter. »

——— *1022*

Quand il a pris quelques kilos supplémentaires, il devient léger.

Qui est-ce ?

Un boxeur qui passe ainsi de la catégorie des « plumes » à celui des « légers ».

——— *1023*

Un diététicien dit à son assistante :

– Nous allons regrouper mes patientes qui ne peuvent pas résister à la tentation de se gaver de pâtisseries dans un fichier intitulé CALC.

– Pourquoi CALC ?

– Comme « chou à la crème ».

——— *1024*

– Comment, demande-t-on à une femme, vous êtes-vous décidée à entreprendre une sévère cure d'amaigrissement ?

– Il faut vous dire que mon mari est romancier. Depuis le premier jour de notre mariage, il s'est toujours inspiré de moi pour créer ses héroïnes et imaginer ses intrigues. Et, depuis deux ans, malgré tous ses efforts, il récrivait interminablement l'histoire de la chasse à la baleine de *Moby Dick*.

——— *1025*

Un diététicien explique à l'homme qui est venu le consulter :

– Dans notre jargon, nous dirions que vous souffrez d'hyperactivité fourchettale.

– Ce qui signifie ?

– Que vous bouffez trop !

ON RESSEMBLE A CE QUE L'ON MANGE

—— 1026

Une femme bien en chair s'est inscrite pour une série de cours de gymnastique.

Le premier jour, elle est accueillie par la directrice qui lui tend un short en lui disant :

– Tenez, c'est pour mettre au gymnase.

La femme y jette un coup d'œil et dit :

– Vous n'auriez pas la taille au-dessus ?

– Pourquoi ?

– Jamais je n'arriverai à mettre ce que vous appelez mon gymnase là-dedans !

—— 1027

– La théorie d'un univers en constante expansion me plaisait beaucoup, dit un astronome, jusqu'au jour où ma femme, saisie d'une brusque passion pour les saint-honoré bourrés de crème, a pris trois kilos en deux mois.

—— 1028

Une femme, qui a suivi un régime amaigrissant drastique, montre à une amie une photo prise alors qu'elle était une adolescente très très replète.

Son amie l'interroge :

– Dans cette chorale, c'est toi qui te trouvais au premier rang ?

– En fait, je ne me trouvais pas au premier rang : j'*étais* le premier rang.

IL faut vivre chaque minutes comme si c'etait la dernière
Bri

Religion

——— *1029*

Un curé qui doit aller rendre visite à un berger malade, isolé dans la montagne, n'a à sa disposition qu'une seule mule.

Après un effort infructueux pour la chevaucher, il s'écrie :

– Grand saint Pierre, aidez-moi.

Nouvelle tentative, nouvel échec.

Le curé supplie :

– Grand saint Paul, aidez-moi.

Ne parvenant toujours pas à grimper sur la mule, il implore :

– Tous les saints du Paradis, aidez-moi.

Cette fois, il s'éloigne d'une dizaine de mètres, se met à courir, saute à califourchon sur la mule et, emporté par son élan, retombe lourdement à terre.

En se frottant le bas du dos, il marmonne :

– Grand saint Pierre, grand saint Paul et tous les saints du Paradis, je vous avais bien demandé de me venir en aide – mais je ne pensais pas que vous me pousseriez tous en même temps.

——— *1030*

L'Éternel, qui vient de créer le monde, se montre particulièrement satisfait de la France.

– Cette péninsule hexagonale, avec une grande variété de paysages et de climats, l'Atlantique et la Méditerranée bordant ses côtes, atteint la perfection.

– Justement, dit un de ses anges, il ne faut pas que tout soit trop parfait pour un même pays.

– J'ai songé à cela, dit Yahvé, et j'ai la solution, maintenant, je vais créer les Français.

——— *1031*

– Je comprends votre joie, dit le curé à la jeune femme dont il célèbre le mariage, mais je vous assure qu'à ma question : « Voulez-vous épouser Bruno Tintoret, ici présent ? », un « oui » suffit largement. Il est tout à fait superflu de manifester votre joie en criant : « Youpi ! »

——— 1032

Dans un couvent, un moine dit à son supérieur en agitant une éprouvette :

– Ça y est, je l'ai mis au point !

– Quoi donc ?

– Un puissant somnifère. Reste à lui trouver un nom évocateur pour le commercialiser. Que penseriez-vous de *Sermon* ?

——— 1033

Le maître d'hôtel dit à l'archevêque venu déjeuner, en grande tenue, au restaurant :

– J'ai bien noté, Monseigneur, que vous avez commandé en plat principal un « poulet à la diable ». Puis-je vous suggérer, pour contrebalancer, un vin Pape Clément 2006 ?

——— 1034

Tandis que ses enfants sont en larmes, Noé dit à sa femme :

– Il ne manquait plus que cela : nos trois fils, Sem, Cham et Japhet, veulent absolument qu'on embarque, pour chacun d'eux, à bord de l'Arche un couple de leurs ours en peluche !

——— 1035

La femme d'un pasteur a donné le jour à un bébé. À son retour de la clinique, pour remercier le Seigneur, elle entreprend de décorer magnifiquement l'autel.

Une fidèle, faisant allusion à l'enfant nouveau-né, dit au pasteur :

– Félicitations !

– Le plus beau, commente le pasteur, encore ébloui par la belle décoration de l'autel, c'est que ma femme a fait cela toute seule – juste avec l'aide de quelques jeunes scouts.

——— 1036

– Moi, dit un homme à un curé, je suis un athée convaincu.

– Le drame, dans votre cas, répond le curé, ce n'est pas que vous ne croyiez à rien : c'est que vous êtes prêt à croire à n'importe quoi.

BLASPHÈME CHEZ LES INDOUS

——— 1037

Après avoir examiné un moine, un médecin qu'on a appelé au monastère avoue sa perplexité :

– Pour que vous retrouviez la santé, il faut absolument que vous vous passiez de quelque chose, mais de quoi ? Dans le doute, je vous suggère de vous rendre en confession et quand, avec votre confesseur, vous aurez fait le bilan de vos vices, signalez-moi le plus marquant d'entre eux pour que je vous l'interdise.

——— 1038

– Certains jours, dit un curé, nous pouvons penser que nous sommes des anges déchus et, d'autres jours, que nous sommes des singes améliorés. Ce qui m'inquiète, c'est quand je me demande si les anges aiment, autant que nous, les bananes.

——— 1039

Deux femmes en vacances visitent une église de campagne.

En désignant une statue que l'on distingue mal dans la pénombre, l'une d'elles demande à son amie :

– Qui est-ce, celui-là ?

L'autre déchiffre à grand-peine une inscription gravée sur le socle : saint Bernard.

– Ce n'est sûrement pas lui, proteste la première. Regarde son cou, il ne porte pas de tonneau.

——— 1040

Un curé se présente dans une boutique d'accessoires automobiles. En joignant les mains et en levant les yeux au ciel, il déclare, d'emblée, d'une voix forte, au vendeur :

– Le Seigneur est mon berger.

Puis, à voix plus basse :

– Pour partir en voiture en vacances en Auvergne, ce serait peut-être plus sûr, qu'en plus, je me fasse guider par un bon GPS.

——— 1041

Un scénariste raconte à un producteur :

– J'ai imaginé une version moderne de l'histoire racontée dans la Bible, d'Esaü et de Jacob. Dans ma version, Jacob est opticien lunetier. Son frère aîné, Esaü, myope comme une taupe, lui vend son droit d'aînesse pour une paire de lentilles de contact.

Bridenne

——— 1042

Un curé rencontre dans la rue un de ses paroissiens :

– Je ne vous vois plus à la messe, lui dit-il. Qu'est-ce qui vous arrive ?

– Il m'arrive qu'après avoir été collé en préretraite, je me suis mis à boire par désœuvrement. Alors, ma femme s'est mise à me faire exactement les mêmes sermons que vous, mais elle présente l'avantage, lorsqu'elle en a fini, de ne pas faire la quête.

——— 1043

Au Paradis, un bienheureux dont l'auréole est en piteux état dit à un autre.

– Je ne comprends pas que le Patron n'ait pas imposé une altitude maximale à leurs damnés satellites !

——— 1044

Le curé dit à la femme qu'il accueille dans le confessionnal :

– Si vous m'avouez tous vos péchés en m'assurant que vous regrettez profondément de les avoir commis, je vous donne l'absolution. Et si vous me donnez 4 euros, qui serviront à réparer le toit de notre église, je vous permets, en plus, de prendre dans le second confessionnal, transformé en Photomaton, quatre photos en couleur, acceptées par l'administration pour tous les papiers d'identité.

——— 1045

À la Trappe, le père supérieur a convoqué un de ses nouveaux pensionnaires.

– Vous avez cru, lui dit-il, pouvoir contourner votre vœu de silence en développant votre don pour la ventriloquie. Je vous préviens que si vous ne cessez pas vos facéties, je vous colle dehors tous les deux : vous et votre pantin !

——— 1046

– Mes frères, annonce le curé, je suis désolé mais le système de chauffage de notre église est momentanément en panne. Je vais tenter toutefois de vous apporter un peu de chaleur en vous faisant une description brûlante des flammes de l'Enfer.

1047

– On m'a proposé une bible très ancienne, dit un bouquiniste à un collègue. Son vendeur assure qu'elle a dû appartenir à nos premiers ancêtres, Adam et Ève.

– Qu'est-ce qui lui fait penser cela ?

– Il a trouvé entre les pages deux feuilles de vigne séchées.

1048

Un marchand d'automobiles d'occasion tente de refiler à un naïf un véhicule qui a appartenu à un gangster.

– Vous pouvez prendre cette voiture en toute confiance, lui dit-il. Son précédent propriétaire ne l'utilisait que pour aller à la messe.

– Mais, rétorque le futur acheteur, et ces petits trous dans la carrosserie ?

– Ça, c'est un effet de la distraction de ce pieux conducteur. Un jour, sans mauvaise intention, il a refilé une pièce démonétisée au curé qui faisait la quête – et ce curé était particulièrement teigneux.

1049

Vu sur le portail d'une église de campagne :

« CECI EST LA PORTE DU PARADIS
(en raison des travaux de réfection, prière de bien vouloir
entrer par la sacristie). »

1050

Le curé dit à l'un de ses fidèles :

– C'est une bonne idée de proposer vos services de réparateur de télévision en arpentant les rues avec une antenne parabolique. La seule chose que je vous reproche, c'est de la porter, fixée sur vos épaules, comme une auréole.

1051

Réfugié au sommet d'une haute montagne, un ermite s'éveille, un matin, complètement épanoui.

– Ça y est ! s'écrie-t-il. Après huit ans de solitude et de méditation, j'ai enfin trouvé la réponse que je cherchais. Mais j'ai beau fouiller au plus profond de ma mémoire, je ne parviens pas à me rappeler la question.

1052

– À trois reprises, raconte une paroissienne à son curé, j'ai échappé de justesse à une catastrophe en ayant le sentiment qu'un ange gardien veillait sur moi, prêt à intervenir quand les choses risquaient de tourner mal. Je me demande où il pouvait bien être le jour de mon mariage.

1053

– Vous sollicitez une réduction de peine, dit Satan à un damné. Dans ma grande bonté, j'accepte de déduire de l'éternité que vous avez à passer chez nous tout le temps où, sur terre, vous avez attendu d'être mis en relation avec la personne que vous appeliez au téléphone.

1054

À la veille de se marier, deux jeunes gens vont se confesser.

La fiancée s'agenouille, la première, dans le confessionnal où elle reste pendant dix bonnes minutes.

Le fiancé qui lui succède annonce au prêtre :

– On ne va pas perdre de temps. Je crois que vous pouvez me donner l'absolution.

– Mais… vous ne m'avez pas avoué vos péchés.

– Vous les connaissez déjà : tout ce que ma fiancée a fait, je l'ai fait aussi.

1055

Un prédicateur inspiré vient chez un peintre spécialisé dans les banderoles.

– Je voudrais, lui dit-il, que vous me confectionniez une pancarte annonçant : « La fin du monde est pour demain. » Pouvez-vous me faire cela très vite ?

– Certainement. Revenez la chercher dans huit jours.

1056

Un curé a remplacé sa petite Peugeot 107 par une bicyclette.

– Quand je passe devant la station-service et que je vois grimper le prix de l'essence, dit-il, je me félicite d'avoir renoncé à Satan, à ses œuvres et, surtout, à ses pompes.

1057

En pleine période de Création, le Père Éternel dit à l'un de ses angelots :

– J'ai bien envie de doter un cheval de rayures, pour faire un animal qu'on appellerait le zèbre. Allonge-toi sur ce banc fraîchement repeint que je voie l'effet de ce genre de rayures sur ta robe.

1058

Un curé de Tarascon, commentant la parole divine « Il y aura des pleurs et des grincements de dents », s'était livré, du haut de sa chaire, à une horrible description des tourments qui menacent les damnés de l'Enfer.

Voyant que plusieurs de ses paroissiennes, terrifiées, s'étaient mises à pleurer, il s'arrêta et, éclatant d'un rire sonore, il tenta de les rassurer :

– Voyons, mes chères sœurs, vous me connaissez : il faut toujours que j'exagère !

1059

Un pasteur anglican avait affiché à la porte du temple :

« DORÉNAVANT, NE SERONT ADMISES À L'OFFICE
QUE LES PAROISSIENNES PORTANT SEULEMENT
UN CHAPEAU. »

Devant les rires qu'il provoquait, il a expliqué qu'en fait, il avait voulu dire :

> « Dorénavant, ne seront seulement admises à l'office que les paroissiennes portant un chapeau. »

1060

Au Paradis terrestre, le Malin, qui s'est déguisé en réalisateur de films publicitaires, tend une pomme à Ève, en lui disant :

– Il s'agit simplement, pour toi, d'inciter Adam à tourner un spot où, après avoir croqué dans ce fruit, il déclarerait : « Avec le dentifrice Pommapi, mes dents sont saines et blanches. » Alors, on y va ?

——— 1061

Un jeune curé qui doit faire son premier sermon a tenté de surmonter son appréhension en forçant un peu sur le vin de messe.

Quand il descend de chaire, le vieux prêtre qu'il doit remplacer le félicite, en ajoutant :

– À cause de l'émotion, vous avez mélangé Moïse et Aladin, ce qui explique votre confusion à propos des Commandements. Dieu merci, ce sont les voleurs qui étaient quarante, les Commandements, eux, ne sont que dix !

——— 1062

Alors que la neige commence à s'abattre sur les flammes de l'Enfer, Satan dit à l'un de ses adjoints :

– Vois avec Là-haut s'ils ne consentiraient pas à un échange. On pourrait leur refiler une centaine de ces avocats que nous avons en surnombre contre un bon spécialiste de la climatisation.

——— 1063

Un prêtre dit à une paroissienne qui se plaint de ses proches :

– Vous devez considérer que nos parents sont un cadeau que nous a fait le Bon Dieu.

– Hélas ! proteste la femme, contrairement aux cadeaux que je reçois habituellement, ceux-là, je ne peux pas les échanger.

——— 1064

Deux tribus d'hommes des cavernes s'apprêtent à en venir aux mains.

– C'est le monde à l'envers, s'écrie un de leurs chefs. Nous avons d'abord inventé la guerre avant de nous créer une religion – alors que, de toute évidence, pour se battre de bon cœur, il fallait faire le contraire.

——— 1065

Un pilier de bar se confesse :

– Certes, mon père, je bois, mais toujours avec remords.

– En ce cas, dit le prêtre, revenez donc avec ce nommé Remords. Si c'est lui qui vous entraîne, il a certainement autant besoin de se confesser que vous.

——— **1066**

En des temps lointains, un fidèle venait d'entendre le curé de son village lire l'Évangile rapportant la parole de Jésus : « L'homme ne vit pas seulement de pain. »

Frappé d'une illumination, le paroissien se précipita successivement chez le boulanger et chez le charcutier.

Il venait d'inventer le sandwich.

——— **1067**

Un mystérieux envoyé du Ciel avertit charitablement les tortues, les limaces et les escargots :

– Il va y avoir un Déluge. Vous n'avez plus une minute à perdre pour vous diriger à toute allure vers l'Arche que Noé commencera de construire, dans une dizaine d'années.

——— **1068**

L'Éternel, qui vient de créer Adam puis Ève, dit à l'un de ses angelots :

– Maintenant, il me reste à créer le premier médecin.

– Pourquoi cette hâte ?

– Il le faut bien, si je veux qu'Ève succombe à la pancarte que Satan lui agitera sous le nez pour l'inciter au péché, indiquant « Une pomme par jour éloigne le médecin ».

——— **1069**

Un curé pénètre dans son église, un dimanche matin, sur le coup de 7 heures, et constate qu'une cinquantaine de personnes sont en train de prier.

– Quel changement ! s'écrie-t-il, d'habitude trois fidèles à peine parviennent à quitter leur lit pour faire leurs dévotions. Sans aucun doute, ce sont des automobilistes qui supplient le Ciel pour qu'en cette période de grèves dans les raffineries, ils trouvent du diesel à la station-service pour faire le plein.

——— **1070**

– C'est terrible, ce réchauffement climatique, se plaint Satan. Si les hommes ne font rien, selon les experts, la température de l'Enfer risque de devenir insupportable, en passant, dans vingt ans, de 6 000 °C à 6 500 °C.

——— *1071*

Un nouveau curé, plein de bonne volonté, avait affiché cet avis, sur la porte extérieure de l'église :

« SI VOUS EN AVEZ ASSEZ DU PÉCHÉ, APPELEZ-MOI À LA SACRISTIE DE 18 HEURES À 20 HEURES. »

Le lendemain, une main anonyme avait ajouté à son offre :
« Si vous n'en avez pas assez, appelez Caroline, au 06...... de jour comme de nuit. »

——— *1072*

Un homme, venu se confesser, déclare au prêtre qui l'écoute :
– Mon père, je suis un affreux pécheur.
– Qu'avez-vous à vous reprocher, au juste, mon fils ?
– Au cours d'une vie de stupre et de lucre, j'ai dû briser au moins quinze des Dix Commandements.

——— *1073*

– Mes chers paroissiens, dit un curé écossais, notre ami Angus McAron, qui vient de nous quitter, était un homme d'une honnêteté scrupuleuse. La semaine dernière, il m'avait emprunté cinq livres. Je suis sûr que, de là où il est à présent, son vœu le plus cher est que je fasse une quête parmi vous pour lui permettre ainsi, par votre intermédiaire, de me rembourser le montant de son emprunt.

——— *1074*

– La plus belle prière que j'aie entendue, dit un prêtre, est celle de cet homme qui disait : « Mon Dieu, faites-moi aussi parfait que mon chien s'imagine que je le suis. »

1075

Au Paradis terrestre, Adam s'amuse à surgir derrière Ève et, en lui posant ses mains sur les yeux, il questionne :

– Qui est-ce ?

Ève feint d'hésiter :

– Charles... Bernard... Hervé... Émile... Stéphane... ? Mais non, grosse bête, je plaisante : Adam.

C'EST DU PNEU !
C'EST DU MICHELIN
Bni.

Restaurant

1076

Le patron d'un petit restaurant dit, très étonné, au cuisinier qu'il vient d'engager :

– C'est extraordinaire, la façon dont vous avez réussi à rattraper et à saisir cette anguille qui s'était échappée de son panier. Que faisiez-vous avant d'être dans la restauration ?

– J'étais au service des impôts, chargé de traquer les fraudeurs.

1077

Dans un petit restaurant, un dîneur se lève et rejoint un client qui s'apprêtait à sortir.

– Seriez-vous, par le plus grand des hasards, lui demande-t-il, le docteur Justin Bouliveau, médecin généraliste ?

– Pas du tout. Pourquoi cette question ?

– C'est que la coïncidence aurait été surprenante. Figurez-vous que je suis moi-même le docteur Justin Bouliveau, médecin généraliste. Ce qui m'a fait hésiter sur votre identité, c'est que vous avez pris et enfilé mon pardessus que j'avais accroché au porte-manteau.

1078

Un homme a emmené une de ses nouvelles conquêtes dans un restaurant particulièrement snob.

Après avoir jeté un coup d'œil à la carte, la jeune femme avoue :

– Je n'y comprends pas un mot. Qu'est-ce que ça peut bien être ces « demoiselles de Cherbourg dans leur écrin nacré » ?

– Des langoustines mayonnaise.

– Et ce « volatile napoléonesque » ?

– Du poulet Marengo.

– Comment, s'extasie la belle, arrivez-vous à traduire aussi facilement ce genre de charabia ?

– Il faut vous dire que je suis professeur de français – et la lecture des poèmes de Stéphane Mallarmé a été, pour moi, le meilleur entraînement à ce genre d'exercice.

1079

Le client d'une brasserie sursaute quand le maître d'hôtel lui apporte sa note. Il lit :

« Une douzaine d'huîtres de Marennes-Oléron, n° 3 : 30 euros.

Perle : 20 euros. »

– On m'a bien servi une douzaine d'huîtres, admet-il, mais aucune d'entre elles ne contenait la moindre perle.

– En fait, explique le maître d'hôtel, Perle est le nom de la serveuse. Et les 20 euros sont destinés à la dédommager du fait que vous lui ayez pincé les fesses quand elle vous a apporté vos huîtres.

1080

– J'ai été renvoyé du restaurant où j'étais employé comme serveur, raconte un homme.

– Pour quelle raison ?

– Le chef m'a reproché quand j'apportais une assiette de potage de la cuisine de tremper mon pouce dans le liquide bouillant ; je faisais cela pour tenir l'assiette bien droite.

– Il trouvait que ce n'était pas très hygiénique ?

– C'est surtout qu'il ne supportait plus mes cris.

1081

Un client d'un petit restaurant s'étonne après avoir jeté un coup d'œil au menu :

– Comment, questionne-t-il, pouvez-vous proposer un bouillon de poulet végétarien ?

– Très simplement : le poulet en question, *lui*, était végétarien.

1082

– Raconte-moi encore, dit un restaurateur à sa petite amie, comment, à quinze ans, lorsque tu étais en pension, tu te donnais du plaisir en imaginant que tu puisais à volonté dans l'étal d'un marchand de légumes, successivement, un cornichon, un concombre, une courgette, une aubergine…

– Cela te donne des idées ?

– Oui, surtout quand tu en arrives à l'aubergine. C'est toujours le légume que j'oublie de mettre quand je fais une ratatouille.

MON ASSOCIÉ
MON AS SAUCIER
RESTO MAG
Bri

——— 1083

Le garçon dit au dîneur qui vient de prendre place à une table :
— Le repas que vous allez commander est entièrement sur le compte de la maison.
— Merci, mais pourquoi cette largesse du patron ?
— Vous êtes le premier, après avoir goûté la cuisine du chef, à prendre le risque de revenir dans notre établissement.

——— 1084

Un restaurateur, excédé de voir disparaître ses couverts, a mis cet avis en bas de sa carte :
« Après avoir réglé votre note, jetez un coup d'œil, dans vos sacs à mains, Mesdames, dans vos poches, Messieurs. On nous a signalé que des farceurs, particulièrement habiles, s'amusent à y glisser les fourchettes et les cuillers en argent qui se trouvaient sur votre table. Ne les laissez pas se tordre de rire à vos dépens. »

——— 1085

— J'aurais à vous proposer, dit le maître d'hôtel, notre cyberturbot au beurre blanc.
— Turbot, je veux bien, approuve le dîneur, mais en quoi est-il cyber ?
— C'est une recette que notre cuisinier a piquée sur le site d'Éric Fréchon, le chef du célèbre restaurant parisien, le Bristol.

——— 1086

Dans un restaurant italien, un dîneur dit au patron :
— Selon une directive de la Commission de Bruxelles, la longueur totale des spaghettis, servis dans un établissement de restauration, ne doit pas être inférieure à 12,50 mètres. Passez-moi un mètre ruban que je vérifie.

——— 1087

Un restaurateur emmène un couple sur sa minuscule terrasse, en plein vent et, en désignant une table devant laquelle un SDF tire des sons déchirants de son violon, il leur dit :
— Vous avez de la chance, il me reste une table près de l'orchestre.

ELLE N'EST PAS BIO
BRI

1088

Un homme compose le numéro d'un restaurant pour retenir une table.
– À quel nom ? lui demande la personne qui lui répond.
– Lagneau.
– Lagneau ? Mais on a déjà retenu, ce matin, une table à ce nom.
L'homme s'étonne :
– Qui cela peut-il être ?
L'employé du restaurant suggère :
– Si ce n'est vous, c'est peut-être votre frère.

1089

En voyant que les Big Macs qu'ils ont commandés leur sont servis en moins de 3 minutes, un garçon dit à la fille qu'il a invitée à déjeuner dans un McDo :
– C'est quand même une grande satisfaction d'être ici.
– Quel genre de satisfaction ?
– Pense que si je t'avais emmenée manger au Ritz, le maître d'hôtel n'aurait pas encore daigné prendre notre commande.

1090

Après avoir examiné attentivement la carte, une femme, qui surveille sa ligne, dit au serveur :
– Je vous donne 10 euros de pourboire si vous me servez une bonne choucroute – et 20 euros si vous parvenez à me convaincre de prendre plutôt, à la place de la choucroute qui me fait tant saliver, une salade verte sans huile.

1091

On demande à un homme :
– Si vous deviez dîner dans un restaurant couronné de trois étoiles au Michelin, qui choisiriez-vous comme convives ?
– Talleyrand, pour le plaisir de sa conversation.
– Très bien.
– Néron, pour qu'il nous joue un peu de violon au dessert.
– Bonne idée.
– Et l'homme le plus riche du monde, Bill Gates.
– Tiens, pourquoi Bill Gates ?
– Pour qu'il paie l'addition.

——— *1092*

– Vous avez vu, dit le garçon à un dîneur, il y a de la langue de veau au menu.
– Oui, mais elle ne me dit rien du tout.

——— *1093*

Avant d'être engagée comme serveuse, une jeune femme dit au patron du restaurant :
– Je vous préviens que j'exige d'avoir ma soirée du samedi libre pour aller m'entraîner dans un club de karaté.
– Et à quoi la pratique du karaté vous servira-t-elle ?
– À obtenir mon dimanche.

——— *1094*

Un homme passe ses journées à arpenter les rues avec, sur le dos, un panneau conseillant aux passants :
« Allez dîner au restaurant
CARLO. »
En rentrant, un soir, chez lui, il trouve ce petit mot que lui a laissé sa femme :
« Je suis allée au cinéma avec mon amie Cécile. J'ai pensé à ton repas : va donc dîner chez Carlo. »

——— *1095*

Un homme qui dîne au restaurant avec sa femme ne cache pas sa déception :
– Ce qu'ils nous ont servi était vraiment léger !
À ce moment, le garçon présente la carte des desserts. Après l'avoir examinée, l'homme fait part de son choix :
– Je vais prendre un paris-brest.
– Si tu ne veux pas rester sur ta faim, lui conseille sa femme, ton paris-brest, prends-le donc aller et retour.

Merci de veiller à ce que je ne lève pas trop le coude, madame Odette !
Bri

——— 1096

En Islande, un restaurateur de Reykjavik annonce en plusieurs langues, dans sa vitrine :

« TOURISTES,
Vous avez vu notre volcan
cracheur de flammes.
Maintenant, goûtez-le,
en commandant le triomphe du chef :
Le bœuf au paprika. »

——— 1097

Dans un petit restaurant de Rome, une touriste française dit à son mari :

– Laisse un bon pourboire au garçon qui nous a servis, il le mérite.

– Pourquoi ?

– Eh bien, lorsque tu lui as passé la commande dans ce que tu crois être de l'italien, il s'est contenté de sourire – alors que ses collègues se seraient, eux, tordus de rire.

——— 1098

Un client dit au serveur d'une gargote :

– Je ne suis pas très qualifié pour juger la sauce dont vous avez recouvert votre prétendu bœuf bourguignon, mais je suis sûr qu'elle aurait beaucoup plus à John McAdam.

– Qui ça ?

– L'Écossais qui, sans doute, après avoir tenté d'ingurgiter une telle mixture, a eu l'idée de cuisiner quelque chose du même genre pour goudronner les routes.

——— 1099

Un gourmet s'inquiète de lire, sur le menu, à propos d'un plat qui lui fait envie, la mention « légèrement aillé ».

Il appelle le chef et lui fait remarquer, avec sévérité :

– Apprenez, mon ami, qu'un plat ne peut pas être plus légèrement aillé qu'une femme ne peut être légèrement enceinte.

——— 1100

Le garçon arrive, essoufflé, de la cuisine.

– Le chef, dit-il à un client, m'a chargé de deux commissions : d'abord, appeler les pompiers et, ensuite, vous demander si cela ne vous ennuie pas trop que le châteaubriant, que vous aviez commandé bleu, vous soit servi bien cuit ?

1101

Le propriétaire d'un restaurant, situé en pleine ville, précise à ses clients :

« Si vous êtes venu à pied, en bus ou en taxi, nous vous recommandons vivement le menu à 30 euros, avec fromage et dessert. Si vous êtes venu en voiture, en raison des contractuelles qui sévissent dans le quartier et qui sont impitoyables avec le temps de stationnement, nous vous conseillons de renoncer au dessert. »

1102

Un marchand ambulant a installé sa petite voiture sur un trottoir devant un restaurant couronné de trois étoiles par le Michelin.

– Je voudrais deux saucisses moutarde, lui dit un passant.

Avec humour, le marchand ambulant questionne :

– Vous avez réservé ?

1103

Un restaurateur a engagé quatre employés venant de divers pays très éloignés. Il les réunit pour leur dire :

– Considérez le repas que vous allez confectionner et servir à nos clients comme une rencontre de football où chacun de vous à un rôle essentiel à tenir. Mais, d'abord, nous allons, tous ensemble, chanter *La Mayonnaise.*

1104

Le maître d'hôtel demande à un dîneur :

– En utilisant une échelle de 0 à 20, comment noteriez-vous le chef qui vous a préparé ce repas ?

– Je préférerais, dit le client, utiliser pour cela l'échelle de Richter, qui situe les plus grandes catastrophes autour de 9,5. Et, dans cette optique, je lui mets 10.

1105

– J'ai beau goûter le plat que vous m'avez servi, dit un homme, je n'y trouve rien qui corresponde à sa description sur la carte. En quoi ce poulet est-il « basquaise » ?

– Quand il le cuisine, le chef abandonne sa toque pour se coiffer d'un béret.

1106

Un dîneur demande au garçon :

– Avez-vous des cuisses de grenouilles ?

– Oui, Monsieur.

– Alors, utilisez-les pour gagner d'un bond la cuisine d'où vous me rapporterez un steak saignant avec de grosses frites.

——— ***1107***

Dans une pizzeria, un homme contemple la pizza en partie carbonisée qu'on vient de lui apporter.

– J'avais commandé, dit-il au serveur, la pizza des quatre saisons. Manifestement l'une d'elles, l'été, a subi les effets de la canicule.

——— ***1108***

Un homme proteste :

– Garçon, les escargots que vous m'avez servis n'étaient pas assez cuits.

– Qu'est-ce qui vous fait penser cela, Monsieur ?

– Au moment où je tendais vers lui ma fourchette, l'un d'eux a commencé par manger goulûment ma salade puis, comme il se rendait compte que j'allais me fâcher, il est parti à toute vitesse en direction du jardin.

——— ***1109***

– Je vous conseille, dit le serveur, la dernière création du chef.

– Vous êtes sûr que c'est vraiment la dernière ?

– Absolument sûr. Dès qu'il en aura terminé avec votre plat, le patron le fout à la porte !

——— ***1110***

Le maître d'hôtel dit à un couple de dîneurs qui hésite pour le dessert.

– Notre chef pâtissier m'a permis de lécher sa cuiller : je peux vous assurer que sa mousse au chocolat est absolument délectable.

——— ***1111***

Alors que le garçon examine, d'un air soupçonneux, le billet de 100 euros qu'un client vient de lui donner pour payer son addition, celui-ci dit, en ricanant :

– Il n'est certainement pas plus faux que la rascasse qui était, selon le chef, la base de sa soupe de poisson.

——— ***1112***

Dans un restaurant italien, le serveur se présente avec, sur la tête, le contenu d'une assiettée de pâtes, ruisselantes de sauce tomate.

– Je suis désolé, dit-il à un dîneur, mais les spaghettis sauce tomate sont terminés pour ce soir.

– Quel dommage !

– N'ayez pas trop de regret : de l'avis d'un gourmet, ils étaient manifestement trop salés.

——— *1113*

– Quel est, demande un professeur, la différence entre le courage et la témérité ?

– Eh bien, propose un élève, le courage consiste, par exemple, à aller dîner dans un restaurant renommé et à ne laisser aucun pourboire au maître d'hôtel.

– Et la témérité ?

– Ce serait de retourner déjeuner, le lendemain, dans le même établissement.

——— *1114*

Un commissaire de police, très mécontent du plat qui lui a été servi, fait appeler le restaurateur pour lui dire :

– Vous avez le droit de garder le silence mais si vous décidez de parler, tout ce que vous direz pourra être retenu contre vous. Alors, avouez : quels sont les ingrédients de ce plat particulièrement abominable ?

——— *1115*

Le maître d'hôtel d'un restaurant étoilé dit au chef d'entreprise qui a convié à déjeuner quelques gros clients :

– Voici la carte et un bon conseil : à la table voisine de la vôtre se trouve un inspecteur des impôts qui ne manquera pas de vous déclencher un contrôle fiscal s'il voit que vous abusez du caviar, du foie gras et du champagne. Exceptionnellement, je vous recommande de prendre un bœuf bourguignon et du beaujolais.

——— *1116*

– Je suis allée dîner au restaurant avec le comptable, raconte une employée à une collègue, mais je ne renouvellerai pas l'expérience : il est trop obsédé par son métier.

– Comment cela ?

– À la fin du repas, il m'a signalé que j'avais mangé 12 radis beurre, 18 raviolis et 23 framboises au sucre. Encore heureux qu'il n'ait pas calculé le poids du sucre !

Santé

1117

– Qu'est-ce que c'est que ce vacarme dans la salle d'attente ? dit un médecin à son assistante. Allez voir ce qui se passe et tâchez de les calmer.

De retour, l'assistante explique :

– C'est une querelle entre deux de vos patients pour savoir lequel va passer le premier.

– L'un est plus impatient que l'autre ?

– Pas exactement. Il y a une blonde superbe, qui dévoile largement ses cuisses, dans la salle d'attente. Et ce sont deux de ses admirateurs qui sont prêts à en venir aux mains parce que chacun d'eux veut rester le plus longtemps possible à la contempler.

1118

Un médecin s'étonne en cherchant un fichier sur l'ordinateur :

– C'est curieux, vous me dites que vous vous appelez César Baliveau, or je n'arrive pas à retrouver votre dossier.

Soudain, une illumination lui vient.

– J'y suis. La première fois que vous êtes venu me consulter, vous étiez si mal en point que, pour rire, je vous ai ouvert un fichier sous l'intitulé « Porcelaine fragile ».

1119

– J'ai enfin trouvé l'homme de ma vie, confie une jeune femme à une autre.

– Que fait-il comme métier ?

– Il est médecin.

– Et comment t'a-t-il séduite ?

– Le lendemain de notre première rencontre, il m'a envoyé un petit mot charmant.

– Une lettre d'amour ?

– Non : il avait remarqué que j'étais enrhumée et il m'a rédigé une ordonnance gratuitement.

——— 1120

L'homme vêtu d'une blouse blanche dit à la jeune femme qui s'est entièrement déshabillée devant lui :

– Personnellement, je vous trouve en pleine forme mais un examen plus approfondi s'impose pour que vous ayez un second avis. Attendez une minute : j'appelle le médecin que vous êtes venue consulter. Moi, je suis le peintre qu'il a chargé de repeindre son cabinet.

——— 1121

À la Faculté de médecine, un étudiant dit à un autre :

– Je suis follement amoureux de cette petite brune, là-bas. De toutes les filles que je connais, c'est elle qui a la plus belle paire.

L'autre s'étonne :

– Tu es tellement attaché à la poitrine féminine ?

– Qui te parle de poitrine ? Non, ce qui m'a séduit en elle, en tant que futur opticien, ce sont les lunettes qu'elle porte.

——— 1122

L'assistante d'un médecin répond à l'homme qui vient de faire son entrée en marchant sur les mains.

– Oui, vous êtes bien chez le Dr Dumouchet, spécialiste du traitement des cors aux pieds. Mais, dans l'état où vous semblez être, j'ai bien peur qu'il ne puisse pas faire grand-chose pour vous.

——— 1123

Un homme, hospitalisé depuis plusieurs jours, dit à une infirmière :

– Supposons que mes chances de guérir se situent sur une échelle allant de zéro à vingt, selon vous, quelle note les médecins m'attribuent-ils ?

– Je n'ai jamais été forte en mathématiques, répond l'infirmière. Voyez-vous, moi, je suis une littéraire. Alors, voulez-vous, plutôt, que je vous raconte une belle histoire : celle du *Titanic*, par exemple ?

——— 1124

Alors que les curistes viennent, sans enthousiasme, boire leur habituel verre d'eau tiède, le responsable de la buvette ouvre une bouteille de vin rouge, en disant :

– Pour aujourd'hui, laissez donc tomber votre bibine ! Ce serait un crime d'ingurgiter ce genre de boisson le jour de l'arrivée du beaujolais nouveau !

——— 1125

– Bon, dit la secrétaire, je vous inscris pour participer, le 15 avril prochain, à un séminaire sur le thème « Comment améliorer votre mémoire ». Je vous passerai un coup de fil, le 16 au matin, pour que vous m'expliquiez pourquoi vous avez complètement oublié votre rendez-vous.

——— 1126

La standardiste du Samu répond à un homme qui l'appelle pour une urgence :

– Toutes nos équipes sont, actuellement, occupées. Je vous conseille de rappeler dans un quart d'heure, dès la fin du match de football diffusé à la télévision – à moins qu'il n'y ait une prolongation, bien sûr.

——— 1127

– Comment, demande le président du tribunal, vous, un respectable médecin, êtes-vous devenu cambrioleur ?

– J'avais passé vingt ans à répéter à mes patients que, pour demeurer en bonne santé, ils avaient intérêt à laisser, la nuit, la fenêtre de leur chambre grande ouverte.

– Et alors ?

– Un jour, voyant que je les avais tous convaincus, je me suis dit que je serais bien bête de ne pas en profiter.

——— 1128

– J'ai un… hic… hoquet persistant… dit un homme à un ami, connais-tu… hic… un moyen… hic… pour le faire passer ?

– Oui. Bois, sans respirer, un grand verre d'eau.

– Douze personnes… hic… m'ont déjà… hic… donné ce conseil… hic… Et maintenant… hic… j'attends…

– Que ton hoquet se passe ?

– Non… hic… De tomber enfin… hic… sur quelqu'un… hic… qui me conseille plutôt… hic… de boire une bonne bière.

——— 1129

Au moment de prendre sa retraite, un grand patron de médecine, raconte :

– J'ai eu trois époques dans ma vie professionnelle. J'ai commencé par recevoir des honoraires de mes patients. Puis j'ai accumulé les honneurs. Enfin, la cinquantaine venue, je suis devenu un bon médecin.

——— 1130

Une femme, qui a été transportée au service des urgences d'un hôpital, a peu apprécié la brutalité du personnel médical qui l'a examinée.

– Et maintenant, lui dit le médecin, nous allons vous faire un lavage d'estomac.

À ce moment, une femme de ménage entre dans la salle, tenant d'une main un balai-brosse et, de l'autre, un seau plein d'eau noirâtre.

C'est alors que la malheureuse patiente s'évanouit.

——— 1131

Le médecin dit au patient qui est venu le consulter :

– Pour soigner cette infection dans le nez qui vous tracasse, je vous conseille de consulter deux ORL.

– Pourquoi deux ?

– Il y a une spécialisation de plus en plus pointue dans le domaine nez-gorge-oreilles. Le Dr Martinot est parfait pour la narine droite et le Dr Schumacher est le plus compétent pour la gauche.

——— 1132

Un gynécologue dit à l'une de ses patientes.

– Le métier que j'exerce serait assez monotone sans un peu d'imagination. Ainsi, moi, je m'imagine que tout ce que je vois dans la journée, je le découvre en appliquant un œil à un trou de serrure.

——— 1133

Un adolescent dit à ses parents :

– Compte tenu du montant des frais remboursés par la Sécurité sociale et votre mutuelle, le bras cassé de mon frère vous a coûté 200 euros. Ce ne serait que justice, que moi, qui ai eu l'intelligence de me tenir solidement sur ma planche à roulettes, je reçoive la même somme pour m'acheter une guitare.

——— 1134

Une infirmière dit à son mari :

– Je dois passer faire une injection à un malade de la ferme Lambertin, à proximité de laquelle il y a un nid de guêpes particulièrement redoutables. Sors de ma trousse une seringue que je garderai à portée de la main, afin que si ces sales bêtes tentent de me piquer, je puisse leur rendre la pareille.

1135

Après un examen approfondi, le médecin dit, en riant, à son patient :
– Vous pouvez vous féliciter d'avoir de la chance.
– Quelle chance ?
– Si vous étiez une oie, avec un foie comme le vôtre, vous auriez du souci à vous faire à l'approche des fêtes de fin d'année.

1136

– Je ne comprends pas, dit l'infirmier du Samu : vous me racontez que vous êtes cloîtré dans votre chambre par une grippe tenace depuis plus de huit jours…
– C'est exact.
– Alors comment pouvez-vous avoir été victime d'un accident d'auto ?
– En allant chercher mon sirop dans l'armoire à pharmacie, j'ai glissé sur la petite voiture téléguidée de mon fils.

1137

Un masseur qui tapote, depuis dix minutes, les fesses d'une femme, allongée à plat ventre devant lui, s'inquiète :
– J'ai dit quelque chose qui vous a choquée ?
– Non, pourquoi ?
– Vous avez rougi.

1138

Le responsable du service des urgences d'un hôpital explique à un nouvel infirmier :
– Quand le Samu vous amène un individu en mauvais état, n'augmentez pas sa mauvaise humeur en lui posant une question stupide, du genre : « Ça vous fait mal ? »
– D'accord. Que dois-je faire ?
– Essayez, plutôt, de détendre l'atmosphère en prenant une fiche et en lui demandant : « Quel était le nom de jeune fille de votre grand-mère paternelle ? »

1139

Dans les toilettes d'un restaurant, un dîneur s'en prend à un autre :
– Vous n'allez tout de même pas monopoliser le sèche-mains pendant dix minutes !
– C'est pour raison médicale, explique l'autre. Mon médecin m'a prescrit, voilà trois mois, un traitement intensif avec un médicament à base de fer. Alors, si mes mains sont humides, elles rouillent.

——— *1140*

Un grand voyageur confie à un dermatologue :
— Depuis mes dernières vacances en Amérique du Sud, j'ai de terribles démangeaisons sur tout le corps.
— Où étiez-vous exactement ? En Argentine ? En Bolivie ? Au Chili ?
— Non, dans un pays beaucoup plus petit que ceux que vous citez : au Grattémoilà.

——— *1141*

— Ça y est, annonce le directeur d'une équipe de recherches dans un laboratoire de produits pharmaceutiques, nous avons mis au point un nouveau remède pour lutter contre la migraine, que nous avons provisoirement baptisé le Tac. Mais les recherches se poursuivent.
— Pour augmenter encore son efficacité ?
— Non, pour lui trouver un nom tiré du grec, d'au moins cinq syllabes, qui impressionne davantage les patients.

——— *1142*

À l'hôpital, une infirmière dit à un malade très craintif :
— Allongez-vous à plat ventre et baissez votre pantalon de pyjama. J'ai demandé à une douzaine de mes collègues de venir m'assister. Alors, devant cette assemblée, j'espère que vous allez enfin vous conduire comme un homme – et cesser d'appeler votre mère quand je m'apprête à vous faire une piqûre tout à fait indolore.

——— *1143*

— Fichez-moi le camp, et en vitesse, ordonne le médecin à un nouveau patient. Quand vous serez à une centaine de mètres de mon cabinet, appelez-moi avec votre portable pour me décrire en détail vos symptômes. Je vous dirai, alors, si vous êtes contagieux ou non.

——— *1144*

Une femme raconte à une collègue de travail :
— Marina a été hospitalisée d'urgence. Depuis deux jours, toutes ses amies lui rendent visite en lui apportant des fleurs.
— Mon Dieu ! Et qu'est-ce qu'elle a eu ?
— Des roses, des œillets, du lilas, des violettes…

1145

Après avoir longuement examiné un patient, le médecin demande à l'épouse du malade :

– Avez-vous entendu parler de ce que les concessionnaires automobiles appellent la « prime à la casse » ?

– Oui, mais nous ne comptons pas acheter une voiture.

– Je voulais seulement vous dire que, si cette prime s'appliquait au domaine de la santé, vu l'état de votre mari, vous pourriez réaliser une bonne affaire.

1146

Au cœur de l'Afrique, un touriste, souffrant de migraine, va trouver le pharmacien du village.

– J'ai examiné la composition du médicament que vous m'avez vendu ce matin, lui dit-il : venin de serpent, dent pilée de crocodile et bave de crapaud. Êtes-vous bien sûr que c'est l'équivalent de ce que nous appelons, chez nous, le Doliprane® ?

1147

– Docteur, dit un homme, je suis une victime du réchauffement climatique.

– Comment cela ?

– J'ai régulièrement du persil qui me pousse dans les oreilles mais, auparavant, cela se passait, tout à fait normalement, après le 21 mars, jour du printemps – alors que, cette année, j'ai remarqué les premières pousses dès le 1er février.

1148

Une jeune femme en robe de mariée se présente au service des urgences.

– J'avais invité à mon mariage, explique-t-elle, ma meilleure amie à laquelle j'avais soufflé son fiancé. Pour me féliciter, elle avait apporté des fleurs. Malheureusement, je n'ai pas eu le temps de les esquiver quand elle me les a lancées et c'était d'autant plus ennuyeux que les fleurs étaient encore dans leur pot.

1149

Dans un laboratoire, un chercheur dit à son assistante :

– Je crois bien que le virus du rhume de cerveau se paie ma tête.

– Qu'est-ce qui vous fait dire cela ?

– Non seulement il se dissimule avec tant d'habileté que je n'ai jamais réussi à l'isoler, mais, tout à l'heure, quand j'ai éternué trois fois de suite, j'ai nettement eu l'impression de l'entendre me dire, en ricanant : « À vos souhaits ! »

1150

— Mon médecin, raconte une femme à une amie, m'a prescrit une cure de vitamine C.

— Ne fais pas de mystère avec moi, proteste l'autre. Ne me donne pas seulement l'initiale de cette vitamine.

1151

Un médecin dit à l'homme qui est venu le consulter :

— Pourquoi cette obstination à vouloir que je traite vos troubles de mémoire ? Oubliez donc cela, une bonne fois.

1152

— Et maintenant, dit son assistante à un médecin, j'introduis M. Bigoudard.

— Bigoudard ? Ah ! oui, celui que j'ai surnommé « Labyrinthe ».

— Au fait, cela m'a toujours intriguée. Pourquoi ce surnom ?

— C'est que, vu son état, je ne vois pas comment il pourrait s'en sortir.

1153

Un homme dit à une pharmacienne :

— Pour soigner mon rhume de cerveau, je voudrais un flacon de…

Un éternuement l'interrompt et il fait :

— Watzchtproum !

Après avoir jeté un coup d'œil dans ses rayons, la pharmacienne répond :

— Je n'ai pas ce genre de médicament. À la place, puis-je vous proposer un remède plus classique mais, certainement, tout aussi efficace : l'huile goménolée ?

1154

Dans un hôpital, un patient dit au médecin-chef qui fait sa visite matinale :

— J'ai beaucoup de mal à avaler cela, docteur.

— Les pilules que je vous ai prescrites ?

— Non, le fait que, malgré votre manque de qualification, vous ayez décroché votre diplôme.

——— 1155

Un homme qui, à la suite d'un accident de moto, a dû être hospitalisé, gît sur son lit, entouré de bandelettes.

Il ne peut réprimer un mouvement d'humeur quand sa femme, qui vient lui rendre visite, lui lance joyeusement :

– Alors, en ce beau jour, comment va notre petit Toutankhamon ?

——— 1156

– Surtout, conseille le médecin à un de ses patients, décontractez-vous. Prenez la vie avec insouciance, sans jamais montrer aucune hâte. Cela dit, dépêchez-vous un peu, le mois prochain, pour être à l'heure au rendez-vous que je vais vous fixer. Cela vous évitera d'arriver avec un quart d'heure de retard, comme vous l'avez fait aujourd'hui, ce qui me tape particulièrement sur les nerfs.

——— 1157

– Ça y est, dit le chirurgien à son patient, je vous ai posé un pacemaker qui fait également fonction de réveil-matin. Il vous réveillera, tous les matins, en sonnant à 7 heures 30 précises.

– Parfait.

– Par contre, il faudra qu'on se revoie vers le 20 mars prochain pour une nouvelle opération.

– Une nouvelle opération ? Pour quoi faire ?

– Pour mettre votre pacemaker à l'heure d'été.

——— 1158

– Alors, docteur, demande un patient, quel est votre diagnostic ?

– Tendance irrésistible à la kleptomanie. Je vais vous écrire cela noir sur blanc dès que vous aurez eu l'obligeance de me rendre mon stylo et mon bloc d'ordonnances que vous m'avez dérobés dès votre arrivée.

——— 1159

Un médecin reçoit un homme qui a une tête de veau.

– Laissons provisoirement de côté les effets secondaires, lui dit-il, et considérons l'essentiel : ce médicament à usage vétérinaire que je vous ai prescrit, vous a-t-il, oui ou non, débarrassé de vos terribles migraines ?

——— 1160

Dans la salle d'attente d'un dermatologue, une feuille de papier de verre est disposée dans un petit casier, avec cet avis :

« EN CAS DE DÉMANGEAISONS INTENSES
BRISEZ LA VITRE. »

——— 1161

Un homme qui est tombé du toit de sa maison où il était en train de fixer une antenne parabolique ouvre, sur son lit d'hôpital, une lettre de son assureur :

« Monsieur, si vous relisez avec attention notre contrat, vous verrez que, si vous êtes totalement protégé en cas de chute, cette garantie cesse de s'appliquer dès que vous touchez le sol. »

——— 1162

Le directeur d'un laboratoire qui fabrique des tranquillisants se fâche de voir les membres de son conseil d'administration se tordre de rire alors qu'il vient de lcur exposer la situation catastrophique de l'entreprise.

– Bon, dit-il, c'est fini pour aujourd'hui. Nous ferons une nouvelle réunion jeudi prochain et ce jour-là, avant de venir, par pitié, n'absorbez aucune de nos bibines !

——— 1163

L'assistante d'un médecin prévient celui-ci :

– Parmi les vingt patients assis dans la salle d'attente, il y a un homme qui, manifestement, a hâte de vous consulter.

– Il vous l'a dit ?

– Non, mais il a exprimé son impatience mieux que par des mots : il s'est complètement déshabillé.

——— 1164

– J'ai peur, dit un patient, d'avoir attrapé la grippe porcine après avoir mangé une andouillette.

– Quel genre d'andouillette ? questionne le médecin. Une andouillette fabriquée industriellement ?

– Non, non, une authentique andouillette de Troyes.

– Nous allons voir cela. Ouvrez grand la bouche et faites : « A. A. A. A. A. »

——— **1165**

Un vieux pharmacien soupire en voyant l'ordonnance, tapée sur ordinateur, que lui tend une cliente.

– Où est le bon temps des ordonnances à la main, totalement illisibles, qu'un pharmacien avisé déchiffrait ainsi : « J'ai gagné mon pognon, à présent à vous de jouer. Le médecin » ?

——— **1166**

Un dentiste ferme définitivement son cabinet en expliquant :

– J'ai commis l'erreur de m'installer sur le même palier qu'une école où l'on enseignait la tyrolienne En entendant brailler les élèves de ce cours de chant, les gens auxquels j'avais fixé rendez-vous pensaient que ces cris étaient poussés par mes patients, en train de souffrir sous la roulette. Effrayés, ils rebroussaient chemin, ce qui m'a conduit tout droit à la faillite.

——— **1167**

– Mon fils, dit fièrement une femme à une voisine, est médecin – et parmi les meilleurs. Vous devriez aller le consulter.

– Mais je suis en parfaite santé.

– Soyez sûre que mon fils, calé comme il l'est, saura bien vous trouver quelque chose.

——— **1168**

Voici une question moins stupide qu'elle n'en a l'air :

Le mari d'une dermatologue est-il en droit de se plaindre que ses chemises n'aient plus de boutons ?

——— **1169**

Un nouveau patient expose ses symptômes à un médecin :

– Je me mets au lit, chaque soir, comme les poules, après avoir mangé comme un oiseau et je dors comme un loir…

Le médecin se saisit d'une feuille de papier sur laquelle il écrit quelques mots.

Le patient s'étonne :

– Alors que je n'ai pas encore eu le temps de vous dire ce qui ne va pas chez moi, vous rédigez déjà mon ordonnance ?

– Pas du tout. Je vous indique simplement l'adresse d'un bon vétérinaire.

TECTONIQUE DES PLANQUES.

Sommeil

——— 1170

En se réveillant, un homme s'écrie :
– J'ai fait un cauchemar terrible cette nuit.
– Qu'as-tu rêvé ? demande sa femme.
– J'étais sur une île des Galapagos avec Sharon Stone complètement nue.
– Et tu appelles cela un cauchemar ?
– Oui, parce que, moi, j'étais une énorme tortue.

——— 1171

– Pour vous inciter au sommeil, conseille un médecin, imaginez une barrière sautée par des moutons.
– Jamais de mouton pour moi, proteste le patient, je suis végétarien.
– Alors, au lieu d'une barrière, pensez à des pommes de terre – sautées également.

——— 1172

Dans un magasin de meubles, une femme questionne avec méfiance :
– Garantissez-vous ces matelas qu'on remplit d'eau ?
– Mieux que cela, répond le vendeur. Nous les livrons avec, en prime, deux gilets de sauvetage.

——— 1173

Le président du mouvement des écologistes doit passer la nuit dans un hôtel.
– Demain matin, dit-il au portier, réveillez-moi à 6 heures 30.
– Monsieur, répond le portier, étant donné vos convictions, je vais faire mieux que cela. Voici le coq qui est la fierté de notre basse-cour. Je vous le confie. Pour l'heure du réveil, vous n'aurez qu'à traiter directement avec lui.

——— *1174*

— Patron, dit un employé, j'ai rêvé, cette nuit, que vous m'accordiez une augmentation.

— Quelle coïncidence ! s'écrie le patron.

L'employé s'étonne :

— Vous aussi, vous avez rêvé que vous m'accordiez une augmentation ?

— Non. La coïncidence, c'est que, moi aussi, j'ai rêvé – mais je ne me souviens plus du tout de quoi.

——— *1175*

Un matin, une femme demande à son mari :

— Hier, tu m'as bien dit que tu avais remarqué que le moteur de la voiture faisait un bruit bizarre, du genre « tatatak gling gling ».

— C'est vrai.

— Cela devait beaucoup te tracasser. Cette nuit, je t'ai entendu ronfler, comme toujours. Mais, au lieu du ronron habituel, tu faisais, précisément, « tatatak gling gling ».

——— *1176*

— Non, proteste une jeune femme qui a accepté de venir boire un dernier verre dans l'appartement d'un ami de rencontre, je ne suis pas du tout du genre à coucher la première fois. Je m'en vais. Donnez-moi mon sac à main et le petit sac en plastique que je vous ai confié, en arrivant.

— Et qu'est-ce qu'il y a dans ce sac en plastique ?

— Ma chemise de nuit et trois préservatifs.

——— *1177*

Alors que son mari fait une sieste sur le canapé du salon, une femme se demande quel pourrait être le meilleur moyen de le réveiller :

— Tirer le canon à côté de lui serait sans effet, jouer du clairon ne ferait que l'inciter à dormir encore plus profondément. Décidément, je ne vois qu'une chose à faire : fouiller délicatement dans sa poche pour prendre le portefeuille où il range ses cartes de crédit. Là, je suis sûre qu'il va se redresser en hurlant.

1178

Après avoir lu un article dans *Géo,* un homme dit à sa femme :
– Je me pose des questions à propos du yéti, l'abominable homme des neiges.
– Tu te demandes s'il existe réellement ?
– Non. Je me demande s'il peut avoir les pieds aussi froids que toi, quand tu viens te coucher.

1179

– Ce qui serait bien, dit à un médecin, un homme qui souffre de somnambulisme, c'est que vous m'examiniez quand je suis en pleine crise. Alors, au lieu de venir vous consulter à 14 heures, dans votre cabinet, on pourrait se donner rendez-vous vers 3 heures du matin, sur le toit de mon immeuble.

1180

Un habitant de l'Himalaya explique le secret de son sommeil :
– Quand je suis au lit et que j'ai soufflé ma bougie, je me représente des yaks en train de sauter une barrière.
– Et c'est efficace ?
– Oh oui ! Le temps qu'une de ces énormes bêtes prenne son élan et arrive à décoller du sol, je suis complètement endormi.

1181

– Mon père, raconte Adrien (5 ans) à ses copains, dort avec juste la veste de son pyjama.
– Tu dis cela, mais tu l'as vu ?
– Bien sûr.
– Tu as vu ton père se balader vêtu seulement de sa veste de pyjama ?
– Non, mais j'ai vu le pantalon de son pyjama soigneusement plié dans l'armoire.

1182

Après des mois de recherches et d'expériences ratées, Thomas Edison a, enfin, réussi à faire s'allumer sa lampe à incandescence.
À ce moment, sa femme surgit, tout ensommeillée.
– Il est 3 heures du matin, dit-elle. Tu sais combien l'électricité coûte cher. Alors, éteins cette loupiote et viens te coucher.

——— ***1183***

— Voici comment procéder pour assurer la vente de ce nouveau somnifère, dit le directeur d'un laboratoire à ses représentants. À partir de 23 heures, sonnez aux portes de tous les foyers d'un même quartier et consultez attentivement votre montre. Ceux qui mettront plus de 5 minutes à vous répondre étaient visiblement en plein sommeil : inutile d'insister. En revanche, vous trouverez de bons clients parmi ceux qui, victimes d'insomnie, vous ouvriront leur porte en moins de 30 secondes.

——— ***1184***

Un couple de moutons est étendu dans la prairie.
La femelle se plaint :
— J'aurais besoin qu'on m'aide à m'endormir.
À quoi le mâle répond :
— Ne compte pas sur moi.

——— ***1185***

— Chaque nuit, raconte une femme, mon mari me réveille en sursaut. Tout en dormant profondément, il serre contre lui le polochon en le couvrant de baisers et en lui disant : « Carmen, je t'adore. »
— Et qu'est-ce qui vous inquiète le plus ?
— L'évolution de ses goûts musicaux. Jusqu'alors, mon époux préférait de loin Mozart à Bizet.

——— ***1186***

— Il y a, confie un homme au psy qu'il est venu consulter, deux choses dont je ne supporte plus le ton autoritaire. D'abord, ma belle-mère…
— Et ensuite ?
— Mon réveille-matin.

——— ***1187***

En ouvrant en grand les rideaux pour laisser le soleil pénétrer dans la chambre, une femme dit à son compagnon qui dormait profondément :
— Il est 7 heures 30 ! Allez, lève ton cul pour aller au boulot.
— Je t'en prie, supplie-t-il, n'emploie pas des mots comme cela.
— C'est le mot « cul » qui te gêne ?
— Non. C'est plutôt le mot « boulot ».

1188

Alors qu'elle visitait un magasin de meubles, une femme s'est évanouie. Deux employés la prennent par les bras et les pieds et l'installent dans un lit, exposé dans une vitrine.

Un médecin, appelé en urgence, conclut ainsi son examen :

– Cette femme a été bien secouée. Certes, elle se remettra de son malaise, mais elle devra garder le lit pendant les trois prochains jours.

Et, se retournant vers le directeur du magasin, il enchaîne :

– Profitez-en donc, quand elle sera remise sur pied, pour lui demander de vous faire un rapport sur la qualité de votre literie.

1189

– Notre émission de ce soir, annonce le présentateur du petit écran, sera consacrée à l'insomnie. Et, d'abord, voici un grand coup de cymbales pour réveiller les téléspectateurs qui somnolent sur leur canapé afin qu'ils ne perdent aucun de nos conseils sur l'art de s'endormir facilement.

1190

– J'ai fait un cauchemar cette nuit, raconte un homme à sa femme.

– Quel genre de cauchemar ?

– Nous avions divorcé et, un jour, nous nous retrouvions par hasard. Moi, je te suppliais de m'épouser de nouveau.

– Et en quoi est-ce un cauchemar ?

– Dans mon rêve, tu acceptais.

1191

Mal réveillée, une femme questionne son mari :

– Tu sais qui pouvait frapper à 3 heures du matin ?

– C'était le coq du voisin. Il a dit qu'avec le boucan qu'on a fait, hier, en recevant des amis, il n'a pas pu fermer l'œil, lui qui se couche comme les poules. Alors, il me prévenait qu'exceptionnellement, il ne chanterait pas avant 8 heures.

1192

Un homme qui se plaint d'insomnies consulte un spécialiste. Celui-ci lui prescrit un nouveau médicament très efficace.

– Il vous suffira, lui dit le docteur, d'en prendre un comprimé, une demi-heure avant de vous endormir, et un autre, trois heures avant de vous réveiller.

——— 1193

Le directeur des essais d'une grande fabrique de matelas reçoit un coup de téléphone :

– Ici, Madame Claudette. J'ai une affaire à vous proposer. Voilà : vous mettez, chaque nuit, votre usine à la disposition de mes douze collaboratrices. Et je vous jure qu'elles leur en feront voir de plus dures, à vos matelas, que toute votre équipe actuelle d'essayeurs.

——— 1194

Une femme raconte à une amie :

– Jean-Philippe, mon mari, est vraiment l'homme de mes rêves. Mais les choses se gâtent quand je me réveille.

——— 1195

– J'ai un problème, dit un patient au médecin : à la fin du déjeuner et du dîner, je suis pris d'un irrésistible besoin de dormir. Pouvez-vous m'indiquer un moyen pour que je cesse de m'endormir à table ?

– Il en existe un, très simple : mangez au lit.

——— 1196

Une mère dit à son fils qui rentre de l'école :

– Ton père est en train de suivre un passionnant débat politique à la télévision. Ne le réveille surtout pas !

——— 1197

Avant de prescrire un médicament, un médecin en vérifie les contre-indications dans le Vidal.

Sa patiente lui dit :

– C'est quoi, ce Post-it, que vous avez collé sur la couverture de votre gros livre rouge ?

– Oh ! un simple avertissement dû à l'expérience : « L'usage prolongé de cet ouvrage provoque une irrésistible somnolence. »

——— 1198

Un homme se réveille, furieux. Sa femme s'inquiète :

– Que se passe-t-il ?

– Il se passe que j'étais en train d'assister à une représentation du Crazy Horse Saloon. Et, tout d'un coup, les strip-teaseuses ont disparu pour faire place à ce panneau « Provisoirement, vous n'êtes plus connecté à Inter-rêves ».

——— 1199

En s'étirant, un homme se lève du divan sur lequel il vient de faire la sieste et s'écrie :

– Que ça fait du bien ! Maintenant, je me sens prêt à affronter le monde.

Il réfléchit un moment, fronce les sourcils et conclut :

– Si le monde est dans le même état qu'il était avant que je ne m'endorme, je crois que je ferais mieux de piquer un autre roupillon.

——— 1200

Une jeune femme a été placée, au cours d'un dîner, à côté d'un philosophe un peu sourd.

Ne sachant comment amorcer la conversation, elle trouve son inspiration dans ce qu'elle voit sur la table, pour accompagner l'apéritif.

Elle interroge le philosophe :

– Aimez-vous les noisettes ?

– Beaucoup, répond-il. Vous devez être charmante quand vous mettez ce genre de chemise de nuit ultrasexy. Auriez-vous une photo de vous dans cette charmante tenue ?

AUX CHIOTTES L'ARBITRE !
Bri

Sport

——— **1201**

Un instructeur explique à des élèves parachutistes qui vont effectuer leur premier saut :

– C'est très simple : j'ouvre la porte de la carlingue, vous vous placez juste devant et quand je crie « Go », vous sautez. Comptez dix secondes pendant lesquelles vous descendez en chute libre puis tirez sur la poignée de votre parachute. Celui-ci s'ouvre alors automatiquement.

Un des élèves s'inquiète :

– Et si, pour une raison quelconque, mon parachute ne s'ouvre pas ?

– Aucun problème. Vous le rapportez au bureau des fournitures et on vous le changera sans formalité.

——— **1202**

– Je me promenais avec un camarade de mon âge, raconte une étudiante à une autre, quand il m'a entraînée dans un petit bois, derrière le terrain de tennis.

– Et alors ?

– Il s'est mis à me caresser et à m'embrasser…

– Et alors ?

– J'ai résisté longtemps mais j'ai craqué quand nous en sommes arrivés au jeu décisif.

——— **1203**

Deux hommes, qui ont chacun une jambe dans le plâtre, marchent, en s'aidant de béquilles, sur un trottoir.

Le premier porte un tee-shirt avec ces trois mots explicatifs :

« ALPE-D'HUEZ »

Dans le même esprit, le second porte cette inscription :

« BANANE DE LA MARTINIQUE. »

——— **1204**

Après avoir utilisé un sifflet avec force, une femme dit à son mari qui regarde un match de football, vautré sur le canapé :

– Le dîner est servi. Il restera environ dix minutes sur la table et je peux t'assurer que, si tu ne te lèves pas tout de suite, il n'y aura pas de prolongation.

——— **1205**

Un homme un peu corpulent, qui veut perdre du poids, a acheté sur Internet une machine qui doit être actionnée avec les bras et les jambes.

En ouvrant la boîte, il y trouve cette notice :

« Après avoir soulevé à grand-peine cet engin qui pèse plus de 50 kilos pour l'installer dans votre appartement, vous aurez suffisamment transpiré pour la journée. Remettez à demain son inauguration. »

——— **1206**

Un professeur d'équitation explique à l'ancien capitaine d'un navire de plaisance qui débute :

– Soyez sûr que votre cheval s'arrêtera si vous tirez un bon coup sur les rênes. Inutile de vous charger d'une ancre à jeter en cas de besoin.

——— **1207**

Une jeune femme qui a passé la nuit avec un footballeur confie ses impressions à une amie :

– Je l'avais vu, auparavant, à la télévision, jouer en défense et, franchement, sur le terrain, il ne vaut pas grand-chose. Mais au lit, quel attaquant !

——— **1208**

Un Anglais, qui a émigré en Australie, écrit à l'un de ses jeunes neveux, restés au pays :

« Je t'ai, comme je te l'avais promis, acheté un beau boomerang. À trois reprises, je te l'ai envoyé par la poste. Et, à chaque fois, mon colis m'est revenu. »

CHAMPION DE PLONGEON

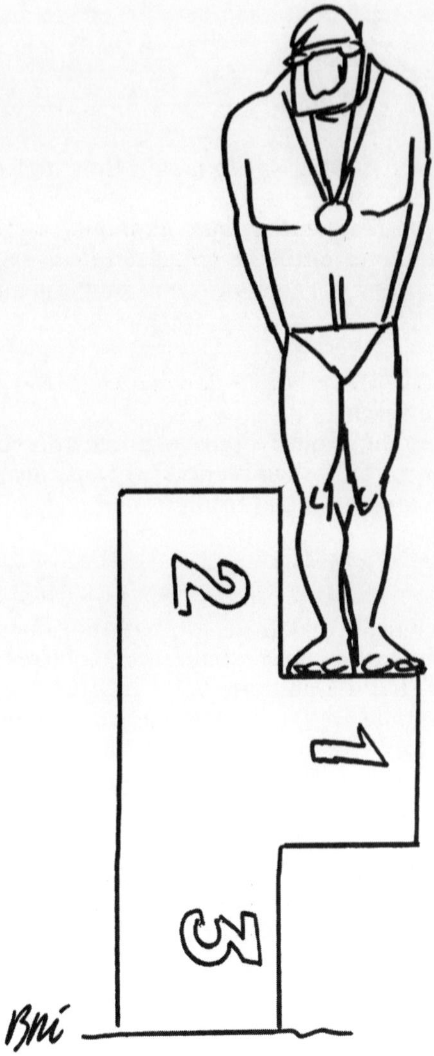

1209

– Autrefois, raconte une femme, je me rendais chaque matin jusqu'à la gare, pour prendre mon train, en marchant d'un bon pas pendant vingt minutes. Un jour, j'ai eu l'idée d'y aller en courant et je m'en suis félicitée.
– Faire du jogging vous a fait du bien ?
– C'est surtout qu'en me voyant courir, mon attaché-case à la main, un automobiliste s'arrête régulièrement à ma hauteur en me disant : « Pour ne pas rater votre train, voulez-vous que je vous emmène à la gare ? »

1210

Un homme, qui était allé canoter sur le lac du Bois de Boulogne, frotte son crâne meurtri.
– J'avais demandé à ma femme de ramer, explique-t-il. Quand j'ai reçu un grand coup de rame sur la tête, j'ai cru, d'abord, à une rébellion de l'équipage mais, enquête faite, il s'agissait d'une simple maladresse.

1211

La femme d'un coureur cycliste lui dit :
– Tu dois absolument t'entraîner pour le prochain tour de Grande-Bretagne. Pour te mettre dans l'ambiance, je vais installer ton vélo d'appartement sous une bonne douche froide.

1212

À cinq minutes de la fin du match de football, un joueur, après avoir reçu un carton rouge, est renvoyé au vestiaire par l'arbitre.
Un de ses coéquipiers confie à un autre :
– Il fait le coup à chaque fois et je sais bien pourquoi : il a horreur qu'on le voie tout nu. Alors, avec cette méthode, il a le temps de prendre sa douche en solitaire, avant que le reste de l'équipe débarque.

1213

– J'ai toujours été nulle en maths, confie une belle blonde et, pourtant, c'est grâce à elles que j'ai trouvé un boulot.
– Quel genre de boulot ?
– Habillée, si l'on peut dire, d'un minuscule bikini, j'évolue sur un ring de boxe en présentant au public les pancartes portant le numéro du round à venir.

——— ***1214***

Gulliver raconte l'un de ses voyages :

– Quand je suis arrivé, comme un géant, parmi les Lilliputiens, ceux-ci m'ont fait une proposition que je n'ai pas pu refuser.

– Devenir leur roi ?

– Non. Être capitaine de leur équipe de basket.

——— ***1215***

À l'hôpital, deux hommes qui se sont fracturé chacun une jambe sont allongés, l'un à côté de l'autre, dans la même chambre.

– Certes, dit l'un, je ne doute pas que la descente de la piste noire des Menuires soit très dangereuse, mais je vous jure que, lorsque les trottoirs sont verglacés, la montée vers la poste de cette même localité n'a rien de commode non plus.

——— ***1216***

Une championne de tennis dit au garçon qui lui a fait part de son désir de l'épouser :

– Nous n'en sommes pas encore là car mes prétendants sont nombreux, mais, disons que la superbe boîte de chocolats que tu m'as offerte t'a qualifié pour les seizièmes de finale.

——— ***1217***

Une femme explique à l'employé qui recueille les paris :

– Je voudrais mettre 10 euros sur la victoire de mon équipe de football favorite en finale de la Coupe de France.

– Quel est son nom ?

– Je l'ignore, mais vous allez la reconnaître tout de suite quand je vous aurai dit qu'elle a dans ses rangs un avant-centre de 25 ans environ, absolument à croquer, avec ses jambes musclées et poilues émergeant de son short rouge rayé de jaune.

——— ***1218***

Une jeune femme qui s'apprête à coucher avec l'athlète détenant le record mondial du 100 mètres lui demande :

– Tu es bien sûr que tu peux faire quelque chose en plus de 9 secondes et 75 centièmes ?

...LA VIDÉO-SURVEILLANCE A ÉTÉ COUPLÉE AVEC UN FLASHBALL ET UN TAZER
SÉCURIT PRO
BAL

1219

Un homme des cavernes explique :

– J'avais eu l'idée de constituer deux équipes de onze gaillards qui auraient frappé à coups de pied une boule de granit pour la mettre dans les buts adverses. J'aurais appelé ce sport le football. Mais, comme cela fait mal aux pieds des joueurs, je vais plutôt inventer le basket.

1220

– Votre roman est trop long, dit un éditeur à un auteur. Il faut que vous élaguiez sérieusement votre manuscrit.

– Bon. J'ai pris pour héros un champion de tennis. Dans ma version initiale, je lui faisais disputer les Internationaux de tennis, de Roland-Garros, en cinq sets, avec un interminable jeu décisif. En le dopant à fond, je devrais lui permettre de s'imposer en trois sets gagnants.

1221

En grimpant sur une balle de golf qu'un joueur s'apprête à frapper de toutes ses forces, une fourmi dit à une autre :

– Je vais rendre visite à ma cousine, au trou n° 7 et, pour cela, je prends le direct de 10 heures 27.

1222

On demande à l'entraîneur d'une équipe de football :

– Quel a été le résultat de votre match contre Plouzenec-sur-Anse ?

– 3 à 2, en notre faveur et une victoire par KO.

– Et qui a remporté cette victoire ?

– Le député de la circonscription qui en était venu aux mains avec le préfet pour savoir qui allait lancer le coup d'envoi.

1223

Un skieur exprime sa colère aux sauveteurs qui l'emportent sur une civière, alors qu'il est en piteux état :

– Mon moniteur m'avait averti : « Quand vous vous lancerez sur la piste jaune, méfiez-vous, à mi-course, d'un sapin particulièrement dangereux ».

– Mais, alors, pourquoi ne vous êtes-vous pas méfié ?

– Ce que ce stupide moniteur ignorait, c'est qu'il ne s'agissait pas d'un sapin, mais d'un épicéa.

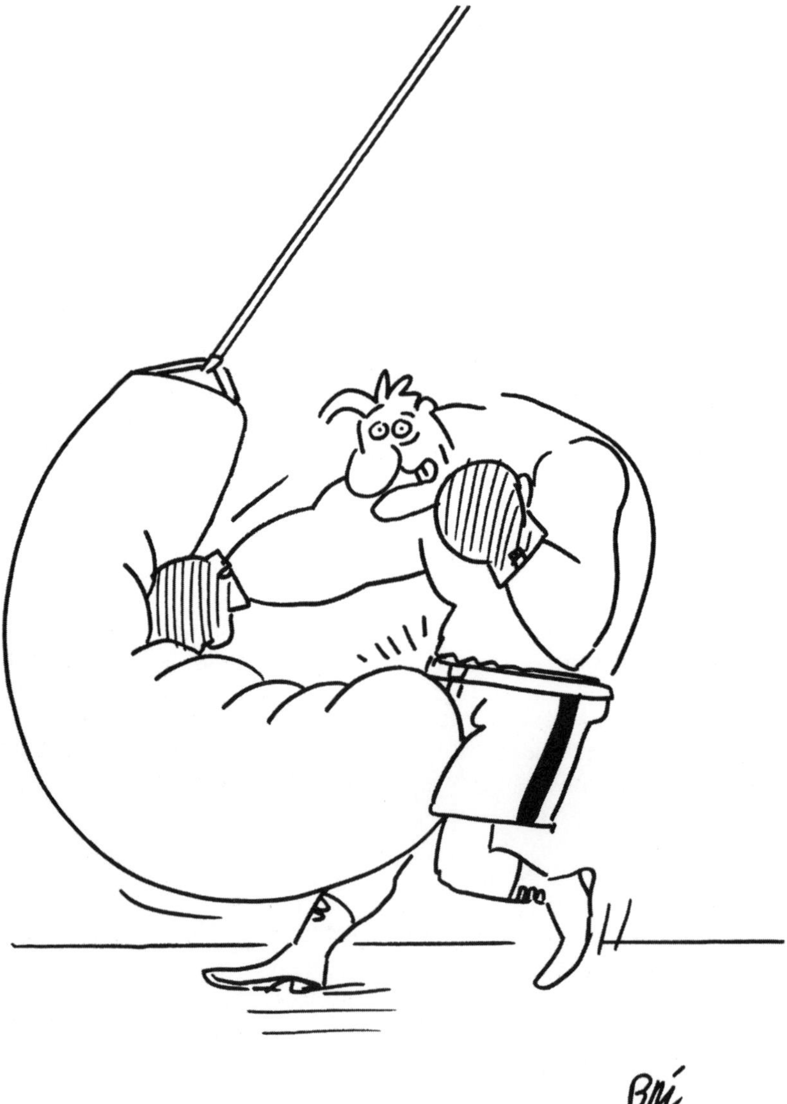

——— **1224**

– Je sais bien, dit un joueur de tennis à sa partenaire, que cela te donne un côté sexy que tu n'as pas à l'état naturel mais, maintenant, retire ces deux balles de tennis de ton soutien-gorge et poursuivons la partie.

——— **1225**

On dit à un guide de haute montagne :
– Ce doit être dangereux d'emmener des alpinistes plus ou moins expérimentés à l'assaut des pics les plus raides.
– Il n'y a aucun danger : je me fais toujours payer d'avance.

——— **1226**

L'entraîneur d'un coureur à pied emmène celui-ci dans un pré.
– Il faut absolument, lui dit-il, que tu améliores ton temps aux 100 mètres si tu veux participer aux prochains jeux Olympiques. Alors, mets-toi en position. À « partez », je lâche le taureau. À vos marques, prêt, partez !

——— **1227**

Avant la troisième reprise d'une rencontre de boxe, un entraîneur dit à son poulain :
– Tu es vraiment trop mou avec ton adversaire. Si tu veux avoir une chance de ne pas terminer KO, il va falloir que tu te réveilles et que tu te secoues un peu. Pour te motiver, imagine qu'un jour de canicule, tu as mis une pièce de 2 euros dans un distributeur de boissons fraîches, pour boire un Coca, et que cette satanée machine a avalé ta pièce sans te délivrer ton coca. Alors, tu as compris comment tu dois taper dessus ?

——— **1228**

Un homme avec un bras en écharpe explique :
– Le mois dernier, à Courchevel, j'ai été victime d'un accident de ski.
– Sur la piste noire, la plus raide ?
– Non, à l'hôtel Bellevue, où j'étais au lit en train de faire l'amour avec la femme d'un moniteur quand celui-ci, alerté par une lettre anonyme, a surgi comme un fou furieux !

1229

– Depuis que j'ai pris une lesbienne pour petite amie et pour coach, dit une championne de tennis, j'ai appris à donner plus de satisfaction aux spectateurs.

– En améliorant votre coup droit ?

– Non, en ne portant plus que de petites culottes transparentes, bordées de dentelle.

1230

Une femme dit à son mari, rivé comme d'habitude au poste de télévision pour suivre un match de football :

– Pour employer un langage à ta portée, j'ouvre, aujourd'hui, la saison des transferts : je retourne chez ma mère.

1231

Avec une pomme sur la tête, le fils de Guillaume Tell dit au célèbre archer qui est en train de bander son arc :

– Mais, papa, si tu veux vraiment exercer ton adresse, pourquoi ne vas-tu pas plutôt à la taverne du coin où tu étonnerais tout autant les foules en jouant aux fléchettes ?

1232

Une superbe fille dit au jeune footballeur amateur qui est amoureux d'elle :

– Pour l'instant, en ce qui concerne ma vie sentimentale, contente-toi de te tenir bien sagement sur le banc des remplaçants. Un jour, tu seras peut-être appelé à jouer en première division. Et, qui sait, avec un peu de chance, tu peux avoir l'occasion de marquer un joli but.

1233

Sur un terrain de golf, un joueur dit à un autre, en voyant une balle frapper successivement le tronc de quatre gros arbres avant de rouler jusqu'à un trou :

– Je déteste faire une partie avec ce joueur qui est très fort au billard.

——— 1234

Le responsable d'un club de gymnastes voit un de ses champions, qui évoluait à la barre fixe, s'écraser lourdement au sol en y perdant quelques dents.

– Si nous parvenons, dit-il, à convaincre le Comité international olympique de mettre ce genre d'atterrissage au programme de ces épreuves, je crois que nous avons un sérieux prétendant pour le podium.

——— 1235

Deux alpinistes effectuent l'ascension d'un pic très difficile d'accès.

– C'est en franchissant cette crevasse, l'année dernière, raconte l'un d'eux, que j'ai perdu mon guide.

– Il était vieux ?

– Assez : sa couverture était très abîmée et il lui manquait plusieurs pages.

——— 1236

Un boxeur, qui vient d'être mis KO, ouvre péniblement un œil et murmure :

– Je demande un nouveau comptage.

L'arbitre questionne :

– Qu'est-ce que vous voulez que je recompte ?

– Le nombre des poings de mon adversaire : durant toute la rencontre, j'ai eu l'impression qu'il en avait trois.

——— 1237

Un amateur de football s'est endormi sur le divan pendant que la télévision diffusait un match de Ligue 1.

Sa femme en profite pour bavarder avec sa mère.

À un moment, elle dit à celle-ci :

– J'ai trouvé de belles chaussettes à Troyes.

Le mari émerge brusquement de son sommeil et s'écrie :

– J'ai tout entendu ! Sept à trois. En faveur de qui ?

Bri

1238

— J'ai prévu de sélectionner le petit David comme gardien, dit l'entraîneur d'une équipe de football au président du club. Il n'a pas encaissé un seul but au cours des dix premiers matches de la saison.

— David ? Qui est-ce ?

— Vous ne connaissez que lui, voyons : Frédéric.

— Mais s'il se prénomme Frédéric, pourquoi l'appelez-vous David ?

— Parce qu'il a une façon imparable de protéger ses buts des attaquants – avec sa fronde.

1239

Une femme dit à son mari qui part, une fois de plus, avec ses clubs de golf :

— Peux-tu me préciser quand tu comptes être de retour à la maison ? pour le déjeuner ? pour le dîner ? pour ma demande de divorce ?

1240

Des alpinistes constatent que le dernier de la cordée est tombé pendant l'escalade d'un pic :

— Nous avons eu tort… dit le premier de cordée.

— D'avoir utilisé une corde aussi peu solide ?

— Non, de lui avoir confié le sac contenant les provisions.

1241

Dans un stade, un spectateur dit à un autre :

— Les joueurs des deux équipes de football ont très mal pris la distribution massive par l'arbitre de cartons jaunes et de cartons rouges. J'ai peur qu'ils ne s'apprêtent à lui faire un mauvais parti.

— Qu'est-ce qui vous fait penser cela ?

— Regardez l'arbitre : il agite un drapeau blanc.

——— 1242

Un professeur de judo vient de donner sa vingtième leçon à une superbe jeune femme.

– Et, maintenant, lui annonce-t-il, je vais vous montrer quelques prises interdites.

– Je veux bien, fait la belle, mais vous me promettez que vous m'épouserez après ?

LES CAMPAGNES
ANTI TABAC...
VOUS SAVEZ....
Bri

Tabac

1243

Un des compagnons d'aventure de Christophe Colomb tend à l'explorateur une feuille de tabac séchée et roulée, qu'il allume avec un tison.

– De quoi s'agit-il ? demande Colomb.

– D'un plaisir nouveau que m'a révélé un Indien.

– Comment cet Indien s'appelle-t-il ?

– Oh ! il a un nom impossible, genre Chikatunatunga mais, comme je suis d'origine irlandaise, je l'ai surnommé Nick O'Tine.

1244

Deux jeunes femmes, qui travaillent dans une tour de la Défense, sont descendues pour fumer une cigarette sur le trottoir.

– Cette tabagie est épouvantable, dit l'une, avec tous ces gens qui ont eu la même idée que nous. J'ai hâte de retourner au bureau pour respirer un peu d'air frais.

1245

Le jour où l'on fête le 100e anniversaire d'un homme visiblement en pleine forme, quelqu'un l'interroge :

– Quel est le secret de votre éternelle jeunesse ?

– Jamais je ne me féliciterai trop d'avoir cessé de fumer.

– Quand cela ?

– La semaine dernière.

1246

— Alors, demande, très fier de lui, un homme à sa femme, comment me suis-je débrouillé pour faire cuire un bifteck pour la première fois de ma vie ?
— À voir l'épais nuage noir qui a envahi toute la cuisine, je me suis dit que j'avais été bien bête de vouloir lutter contre la pollution de l'air en cessant de fumer.

1247

Au Paradis, un élu, nouvellement arrivé, allume une cigarette.
Un ange surgit aussitôt et lui dit :
— L'usage du tabac est proscrit ici mais, si vous voulez bien me suivre, je vais vous mener à un endroit où vous pourrez vous livrer impunément à votre vice, sans crainte d'allumer un incendie.

1248

— Mon compagnon, Glukzwztwphuf, est d'une humeur massacrante, confie une femme des cavernes à une amie.
— Pour quelle raison ?
— Il a inventé la cigarette et il trépigne, en attendant qu'un autre petit malin découvre le feu.

1249

— Je suis allé consulter un psy trois fois par semaine pendant un an, explique un homme, pour lui raconter combien j'avais honte de détruire ma santé et d'empoisonner mes proches, en fumant deux paquets de cigarettes par jour.
— Alors, ça y est, tu ne fumes plus ?
— Si, mais, maintenant, j'en suis fier.

1250

Un touriste demande à un Napolitain :
— Le Vésuve a cessé de fumer. Pensez-vous que ce soit définitif ?
— Si j'en juge par ma propre expérience, répond l'Italien, dans moins de six mois, il devrait avoir repiqué.

——— **1251**

– Je vais tenter de bien me faire comprendre, dit un médecin à un fumeur. D'après vos radios, le goudron que vous avez accumulé dans vos poumons suffirait à remettre à neuf un trottoir d'environ 20 mètres carrés.

——— **1252**

– Je comprends bien votre mécontentement, Seigneur, dit un de ses anges au Bon Dieu, mais ne pensez-vous pas qu'il est un peu excessif de déclencher un violent orage de pluie et de grêle d'une demi-heure sur le village de Saint-Jérôme-en-Aubrac, simplement pour tenter d'éteindre la pipe que, malgré toutes les promesses qu'il vous a faites, le curé de cette paroisse s'est remis à fumer ?

——— **1253**

Un couple accueille des amis qu'ils ont conviés à une soirée :

– Georges et Élisabeth, merci d'avoir répondu à notre invitation. À quel groupe de convives voulez-vous vous intégrer ? Ceux qui, lorsque vous ferez mine d'allumer une cigarette, vous en dissuaderont en vous expliquant que le tabac est une horreur ou ceux qui jugent que fumer est une abomination ?

——— **1254**

– Pour m'encourager à cesser de fumer, raconte un homme, mon médecin m'avait prescrit de me coller un patch sur un bras, en me disant que ça me ferait le même effet qu'autrefois, quand j'allumais une cigarette.

– Et ça n'a pas été le cas ?

– Non, tant que j'allumais mes cigarettes, je ne m'étais jamais brûlé le bras avec la flamme d'un briquet.

OUI, OUI!
IL A LE DROIT
DE FUMER
BM

——— *1255*

Un 13 février, un homme se présente dans un bureau de poste pour envoyer un millier de petits colis, tous à des hommes.

Un employé l'interroge :

– Qu'y a-t-il, là-dedans ?

– Une boîte de cigares accompagné de ce petit mot, signé d'un cœur : « Mon grand chéri, devine quelle est la petite Valentine qui t'aime. » ?

– Et cela vous sert à quoi de faire ces cadeaux ?

– Je suis avocat, spécialisé dans les divorces. Et je peux vous assurer qu'avec cela, je ne vais pas manquer de clientes !

PRESSE
LE TABAC VA AUGMENTER
Alors, quelles sont les nouvelles ?
Bri

Téléphone

1256

De son bureau, un publicitaire appelle son domicile. C'est sa fille qui prend la communication. Il lui demande :

– Maman n'est pas là ?

– Non, elle est chez le coiffeur.

– Quand elle reviendra, peux-tu lui dire ceci : « Je dîne au Ritz avec le responsable du budget du roquefort » ?

– OK.

La mère rentre, une heure plus tard, et sa fille, qui n'a pas noté le message par écrit, lui dit :

– Papa a téléphoné. Il dîne avec un certain Fritz qui arrive de Belfort. Et je crois qu'ils comptent reprendre du fromage.

1257

Après avoir observé à la jumelle la façon dont sa voisine d'en face a accueilli son amant, une femme dit à l'amie qui est venue lui rendre visite :

– Ça y est, c'est le moment d'appeler son mari à son bureau en lui conseillant de rentrer au plus vite chez lui.

– Sous quel prétexte ?

– Dis-lui, par exemple, que sa femme ne doit pas se sentir bien car elle s'est mise au lit sur le coup de 4 heures de l'après-midi.

1258

Le souffleur conseille au metteur en scène qui s'apprête à monter la pièce de Racine, *Britannicus* :

– Prévoyez de poser un téléphone portable sur un guéridon.

– Que vient faire un portable dans cette histoire de la Rome antique ?

– Ma femme a l'habitude de m'appeler pendant les représentations. En entendant la sonnerie et en me voyant répondre au téléphone, les comédiens risquent d'être décontenancés s'ils ne peuvent pas en faire autant.

1259

La standardiste d'une grande entreprise dit à une femme qui veut absolument parler par téléphone au directeur :

– Je vous mets en attente, en très longue attente... Pénélope... Je veux dire : Mme Miribois.

1260

Au Paradis terrestre, Ève vient d'avoir sa première dispute avec Adam.

– Seigneur, supplie-t-elle, vous qui pouvez tout, vous serait-il possible d'inventer au plus vite le téléphone, pour que je puisse raconter tout ce que m'a fait subir ce monstre à ma meilleure amie.

1261

Un homme, qui veut prendre rendez-vous avec un médecin, est accueilli par un message enregistré :

– Le Dr Silverman, actuellement en consultation, ne peut vous répondre pour l'instant... Afin de vous permettre de l'attendre dans les meilleures conditions, nous allons vous diffuser les *Quatre saisons,* de Vivaldi. L'attente prévisible devrait durer à peu près jusqu'à la fin de l'automne.

1262

Après une nouvelle expédition sur la Lune, des astronautes défilent dans Broadway.

Un vétéran, qui se souvient du précédent accueil des New-Yorkais, s'écrie :

– C'est beaucoup moins bien qu'à l'époque où tous ceux qui travaillaient dans les gratte-ciel, manifestaient leur enthousiasme en lançant par les fenêtres des confettis découpés dans de vieux annuaires téléphoniques. Aujourd'hui, ils se contentent d'envoyer sur Twitter 100 000 messages portant ce mot : « Bravo ! »

1263

Un chanteur appelle au téléphone son parolier habituel :

– J'ai bien reçu le texte de la nouvelle chanson que tu m'as adressé par mail. Qu'est-ce que tu peux être répétitif ! Qu'est-ce que tu peux être répétitif ! Qu'est-ce que tu peux être répétitif !

——— 1264

Deux snobs rivalisent de vantardises.

– Ma famille, dit le premier, est si vieille que mon père a été un des compagnons de lutte de Vercingétorix.

– Ce n'est rien à côté de la mienne. Quand elle a eu le téléphone, le numéro qui lui a été attribué devait être composé en chiffres romains.

——— 1265

En arrivant, un lundi matin, dans un bureau, une femme de ménage s'aperçoit qu'un téléphone n'a pas été raccroché. Elle le porte à son oreille et fait :

– Allô ?

– Enfin, dit une voix furieuse, vous vous décidez à me passer le service des réclamations après m'avoir mis en attente.

– En attente ! Quand vous a-t-on mis en attente ?

– Vendredi dernier, à 17 heures 28.

——— 1266

– J'ai lu, dit un homme, qu'il existe un service téléphonique sur la contraception. Si une femme l'appelle, des spécialistes lui expliquent ce qu'elle doit faire pour éviter de tomber enceinte. Une chose me semble fantastique, à ce propos…

– Quoi donc ?

– Que des individus soient en vie uniquement parce que, avant de faire l'amour, leur mère a composé un faux numéro et qu'elle n'a pas eu le courage de recommencer.

——— 1267

Un homme a pris pour sonnerie d'appel, sur son portable, quelques mesures de la sonate *Clair de lune,* de Beethoven.

Un soir, son téléphone sonne. Il répond :

– Allô ?

Aucun correspondant ne se manifeste.

– Bah ! conclut-il, faute de l'avoir rechargé à temps, je dois avoir une éclipse.

VOUS AVEC LE BRACELET
ET MOI AVEC LE BLACK BERRY
NOUS SOMMES TOUT LES DEUX
EN LIBERTE SURVEILLÉE
Bri

——— 1268

Un play-boy, après avoir déployé toute sa séduction, dit à la jeune femme dont il veut faire la conquête :

– Dès que vous vous sentirez une irrésistible envie de faire l'amour, n'hésitez pas à m'en avertir : voici le numéro de mon portable…

– Je peux vous promettre une chose, répond-elle : à chaque fois que votre téléphone ne sonnera pas, ce sera moi.

——— 1269

La standardiste d'une petite entreprise répond à l'appel téléphonique d'un homme :

– Si vous voulez parler au DRH, appuyez sur la touche 1 de votre téléphone. Si c'est au directeur que vous souhaitez parler, tapez 2. Et si vous voulez faire du baratin à la grande blonde du service contentieux, attendez-vous à une longue attente : vous êtes le douzième en ligne.

——— 1270

La femme de Graham Bell écoute un bruit évoquant un poing qui frappe violemment contre une porte : « Toc ! Toc ! Toc ! ».

– Ton téléphone est une bonne invention, dit-elle. Mais tu pourrais trouver autre chose pour signaler à tes correspondants qu'ils ont un appel.

——— 1271

Une femme qui s'inquiète fait le numéro de son domicile : son jeune fils décroche.

– Eh bien, mon chéri, lui dit-elle, que fais-tu en ce moment ? Tu regardes la télévision ?

– Non. Je réponds au téléphone.

——— 1272

Dans une tribu d'Indiens, une squaw se fâche après sa fille qui agite une couverture au-dessus d'un feu de fagots :

– Ces nuages de fumée en forme de cœur ne me trompent pas, dit-elle. Tu es encore en train d'échanger des mots doux avec ce jeune coureur de la tribu voisine !

——— 1273

Un comédien appelle au téléphone :

– Allô… le théâtre Molière ?

– Vous avez fait un faux numéro, répond la femme qui a décroché. Ici, c'est une pharmacie.

– Ce qui explique peut-être, en partie, mon erreur, dit le comédien, c'est que j'appelais le directeur de ce théâtre à propos de mes cachets.

——— 1274

– Je crois, dit une femme à son mari, que notre fille et son fiancé sont faits pour s'entendre.

– À quoi vois-tu cela ?

– J'ai entendu, successivement, sonner leurs portables respectifs, et ils ont tous les deux choisi comme musique d'appel le *Boléro* de Ravel.

——— 1275

Un homme téléphone à la femme de ses rêves :

– Ma chérie, je ne pense qu'à toi. Je n'aime que toi. Tu occupes toutes mes pensées et rien ne saurait passer avant toi dans mon cœur… Excuse-moi, mon amour, je vais te mettre en attente. Mon ami Jean-Marc m'appelle sur une autre ligne pour me donner les résultats de foot.

——— 1276

Un homme est en train de regarder, à la télévision, une représentation du *Jules César* de Shakespeare quand le téléphone se met à sonner.

Au bout d'un moment, sa femme surgit d'une pièce voisine.

– Tu ne vas pas laisser ce téléphone carillonner indéfiniment, comme cela, s'écrie-t-elle. Pourquoi ne réponds-tu pas ?

– J'étais persuadé, dit son mari, que c'était un appel de Marc-Antoine à César.

——— *1277*

– Maman, dit Alain (8 ans), pendant que tu étais dans le jardin, il y a une heure de cela, une femme t'a appelée au téléphone.

– Tu as noté son nom ?

– Je n'y ai pas pensé.

– Et son numéro ?

– Non plus.

– Mais, alors, comment vais-je pouvoir la rappeler ?

– Tu n'as pas à la rappeler, elle doit toujours être au bout du fil. Je lui ai dit que j'allais te chercher et puis, comme il y avait un dessin animé à la télé, j'ai complètement oublié.

VAS-Y, ZAP MOI QUELQUE CHOSE DE BIEN. JE TE REGARDE.
Bni

Télévision

——— 1278

Un homme confie sa déception à un ami :

– Je me suis acheté un poste de télévision en 3D et, le soir où je l'ai inauguré, je me réjouissais à l'idée de voir de magnifiques images en relief.

– Et ça n'a pas été le cas ?

– Hélas non !

– Qu'est-ce qui passait ce soir-là sur l'une des rares chaînes qui émettent en 3D : une émission en direct du Crazy Horse Saloon avec de pulpeuses strip-teaseuses ?

– Non : un documentaire sur la Beauce.

——— 1279

Assise sur le canapé pendant que le réparateur de télévision s'efforce de trouver l'origine de la panne, une femme devient subitement toute rouge.

– Pourriez-vous, demande-t-elle, au technicien remettre volontairement en contact ces deux fils électriques, comme vous venez de le faire par hasard ?

– Pourquoi, chère Madame ?

– Eh bien, jamais, depuis le premier jour de mon mariage, il y a quatre ans de cela, je n'avais éprouvé un tel orgasme !

——— 1280

À l'ophtalmo qui lui demande s'il peut lire la dernière ligne du tableau :

Y A C N L E M C

le patient, fan de l'émission *Des chiffres et des lettres,* répond :

– CYCLAMEN, pas mieux.

1281

En regardant dans sa boule de cristal, une voyante dit à l'homme qui est venu la consulter :

– C'est curieux. En ce qui concerne votre avenir, je ne vois, dans ma boule, qu'une sorte d'averse de neige.

– Et qu'en concluez-vous ?

– Soit que la société qui vous emploie va vous muter au pôle Nord, soit que vous allez abandonner, à cause de la mauvaise qualité de l'image, la vieille antenne de toit de votre téléviseur et passer enfin au câble.

1282

Le propriétaire d'un bar dit à sa serveuse :

– L'image du téléviseur qui diffuse les matches de foot pour nos clients est d'une qualité déplorable, ces jours-ci. Pour qu'ils ne s'en rendent pas trop compte, je vais vous demander de mettre une robe beaucoup plus décolletée. S'ils aperçoivent votre nombril, ce serait parfait.

1283

– Mon mari est très craintif, raconte une femme. Figurez-vous qu'il a fait équiper notre canapé d'une ceinture de sécurité pour pouvoir regarder sans risque les compétitions de Formule 1 dont il raffole.

1284

En rentrant du bureau, un homme découvre sa femme, assise devant le téléviseur qu'elle a installé complètement de biais en surélevant à gauche, sur une pile de livres, les pieds de la table qui le supporte.

– Alors, chérie, demande-t-il, ton torticolis te fait toujours souffrir ?

1285

Le roi d'un petit État dit à la reine, assise à côté de lui :

– Ma chère, pourriez-vous me passer mon sceptre ?

La souveraine proteste :

– Vous n'allez pas haranguer le peuple à cette heure tardive !

– Pas du tout. Les piles de la télécommande sont à plat et je voudrais utiliser mon sceptre pour zapper sans avoir à me lever de ce canapé.

REAL TV
Bri

1286

Un scénariste propose à un producteur de télévision :

– On pourrait faire une série avec pour personnage principal un gamin de 6 à 7 ans qui ne penserait qu'à manger à longueur de journée.

– Et que prévoyez-vous comme budget ?

– 200 dollars par épisode.

– C'est tout ?

– Je veux dire 200 dollars pour alimenter notre héros en chips, cacahuètes, pop-corn et boissons gazeuses.

1287

Rentrant d'une soirée bien arrosée avec ses copains, un homme est accueilli par sa femme qui lui dit :

– Toi qui aimes tant les jeux de questions à la télévision, tu vas certainement avoir beaucoup de plaisir à répondre à cette question : « Étant donné l'heure tardive à laquelle tu reviens à la maison, préfères-tu dormir sur le paillasson devant la porte d'entrée ou sur le tapis de la salle de bains ? »

1288

Un grand cuisinier qui présente une émission de télévision finit de lire sur le téléprompteur la recette qu'il a élaborée pour les téléspectatrices :

« Ajoutez les poireaux émincés, que vous avez passés au beurre pendant cinq minutes, à votre mélange d'œufs et de crème fraîche. Versez le tout dans votre pâte à tarte. Vérifiez que votre four est bien à 220 °C. Enfournez… Quel idiot ! Tu as encore oublié le sel… »

1289

– Quand ma femme regarde un film à la télévision, raconte un homme, elle s'identifie complètement à l'un des personnages. Hier, en feuilletant *Télé Câble,* je lui ai demandé : « Ça te dirait de regarder ce soir sur Classic, un film de Claude Lelouch, *Le Chat et la Souris* ? »

– Et que t'a-t-elle répondu ?

– « Miaou. »

——— *1290*

Un dialoguiste est en train d'écrire quelques drôleries pour une sitcom.
– Chéri, lui dit sa femme, toi qui adores le comique de répétition, tu vas rire : je rentre d'une tournée d'achats dans les boutiques, je me rafraîchis un peu, et je repars.

——— *1291*

Sur une chaîne de la télévision italienne, l'animateur d'un jeu qui veut faire trouver le nom du fleuve « Pô » demande à une concurrente :
– Pouvez-vous me citer le nom du plus long fleuve d'Italie ?
– Je l'ai sur le bout de la langue, répond-elle. Je suis sûre que je le retrouverais si vous m'en donniez la première syllabe.

——— *1292*

– Mon mari, dit une femme, est passionné par les émissions sur les animaux et je m'en suis félicitée encore récemment.
– En quelles circonstances ?
– Le téléviseur devant lequel il passe ses journées était tombé en panne et la réparation demandait trois jours. Pendant ce temps, j'ai installé le fauteuil de mon mari devant le bocal où évoluent deux poissons rouges et mon époux ne s'est aperçu de rien.

——— *1293*

Une jeune mariée dit à son époux :
– Sur une des chaînes du câble, la soirée est entièrement consacrée à l'érotisme, mais elle est interdite aux moins de 18 ans. Passe-moi ta carte d'identité que je vérifie ta date de naissance et, dès que ce sera fait, allez, hop, au lit !

——— *1294*

Après avoir consulté le programme, une femme demande à son mari :
– Qu'est-ce que tu préfères voir, ce soir, la 37e ou la 48e ?
– Je ne comprends pas.
– Je m'explique : allons-nous regarder la 37e diffusion d'*Autant en emporte le vent* ou la 48e de *La Grande Vadrouille* ?

1295

Alors que leurs enfants regardent depuis deux heures *Sesame Street* à la télévision, une femme dit à son mari :

– Endosse ton costume de Kermit la grenouille et va les prévenir que le déjeuner est servi.

1296

– La télévision a diffusé, hier soir, un excellent film d'Alfred Hitchcock, dit une femme à une voisine. Je n'avais pas vécu un pareil suspens depuis le jour où j'avais oublié mon sac chez ma meilleure amie, avec, à l'intérieur, ma carte d'identité comportant ma véritable date de naissance.

1297

Le producteur d'une nouvelle série, dans laquelle l'héroïne possède un adorable petit yorkshire, interroge son assistante :

– Les spectateurs ont-ils apprécié le premier épisode diffusé hier ?

– Tout le laisse penser. Nous avons reçu trois mails de félicitations pour la comédienne qui joue le rôle principal et 27 boîtes de Canigou, Pal et Pedigree pour le chien.

1298

– Qu'est-ce que votre « Contrat de confiance » couvre, au juste ? demande une femme, méfiante, au moment d'acheter un téléviseur dans un grand magasin.

– La même chose qu'ailleurs mais avec une garantie supplémentaire : lorsque vous faites l'amour avec un de nos livreurs, vous avez l'assurance qu'il n'ira pas, ensuite, en parler partout.

1299

Au bureau, on bavarde :

– Ma femme, dit un employé, passe ses journées à regarder des feuilletons comme *Les Feux de l'amour,* en s'imaginant qu'elle aurait pu épouser un millionnaire.

– Vous avez de la chance. Ma femme, elle, s'imagine qu'elle *a* épousé un millionnaire, et cela en participant activement aux émissions du *Téléachat.*

1300

L'institutrice demande à un élève :

– Quel est le nom d'un célèbre empereur français, né à Ajaccio et mort à Sainte-Hélène ?

– Napoléon. Et vous, Madame, savez-vous comment se nomme l'étoile de mer, dans les dessins animés de la série *Bob l'Éponge* ?

– Heu... non.

– C'est Patrick. Le score est donc de 1 à 0, en ma faveur.

Ce SOIR
DANS VOTRE
VILLE LE
GRAND ZAMBA
Bridenne

Théâtre

——— *1301*

Un comique, qui ne se fait pas d'illusion sur son talent, a engagé un chauffeur de salle. Celui-ci, à chaque fois qu'un bon mot de l'artiste est tombé à plat, dresse à bout de bras une pancarte ordonnant au public :

RIEZ

Le soir de la première du nouveau spectacle de l'amuseur, une joyeuse bande de copains, installée au premier rang, attend avec impatience qu'on leur intime l'ordre :

RIEZ

Aussitôt, ils agitent des pancartes sur lesquelles ils ont écrit :

AH ! AH ! AH !

——— *1302*

Alors que le feu ravage la scène d'un théâtre, deux spectateurs sont perplexes :

– Avec les trouvailles que multiplie ce metteur en scène d'avant-garde, dit l'un d'eux, comment savoir s'il faut applaudir ou appeler les pompiers ?

——— *1303*

Une femme de ménage a suivi le directeur du théâtre jusque sur la scène. Installée dans la cage du souffleur, une autre employée du service de nettoyage lui murmure ce qu'elle a à dire :

– Monsieur le directeur, au nom de tout le personnel, je vous demande 5 pour cent d'augmentation.

——— *1304*

À l'Opéra, le maître de ballet dit à une jeune danseuse trop impétueuse :

– Votre manie de tout anticiper va vous causer des ennuis.

– À qui le dites-vous, répond-elle. J'ai accepté, il y a trois mois, de coucher avec mon fiancé et, maintenant, je suis enceinte.

KÂPOUT!
HA! HA! ELLE EST BONNE CELLE LÀ!
ILS SONT DRÔLES CES

1305

Un médiocre auteur dramatique va consulter un oto-rhino-laryngologiste auquel il confie :
– Depuis quelques jours, j'ai les oreilles qui sifflent.
– Avec le genre de pièces que vous écrivez, dit le médecin, vous ne pouviez tout de même pas vous attendre à ce qu'elles vous applaudissent.

1306

À la sortie des artistes d'une salle de théâtre, un homme qui tient un bouquet de fleurs à la main dit à un gorille, qui porte un bouquet identique :
– Moi, je viens féliciter l'actrice qui joue la Belle. J'espère que vous, vous êtes là pour la Bête.

1307

Un vieux comédien dit au metteur en scène qui s'apprête à lui faire jouer *Hamlet* :
– Je pense que je devrais dire ma grande tirade « To be or not to be » en m'agenouillant devant le trou du souffleur.
– Vous pensez que cela donnera plus d'intensité dramatique au texte de Shakespeare ?
– Je crois surtout que, dur d'oreille comme je le suis devenu, si j'ai un trou de mémoire, j'entendrai beaucoup mieux le souffleur en prenant cette position.

1308

Le rideau se lève sur la scène de l'Opéra.
Un homme s'adresse au public :
– La danseuse-étoile qui devait interpréter *La Mort du cygne* est souffrante. Y aurait-il un vétérinaire dans la salle ?

1309

On interroge un très mauvais comédien :
– Comment la première de la pièce que vous deviez créer hier s'est-elle passée ?
– Assez bien. Quand le rideau s'est baissé, la moitié de la salle s'est levée pour vociférer et siffler.
– Et l'autre moitié ?
– Par chance, elle n'était pas venue.

1310

Deux antiques sociétaires de la Comédie française jouent *Roméo et Juliette.* Le vieux Roméo, perclus de rhumatismes, arrive sous le balcon de sa belle, qui questionne :

– C'est toi, Roméo ?

– Oui, fait-il, d'une voix chevrotante.

– Bon, alors reprends ton souffle en t'asseyant sur un banc dans le jardin. Si tu m'accordes un petit quart d'heure, je descends te rejoindre.

1311

Pendant une représentation de la pièce de Paul Claudel, *Le Pain dur,* un des comédiens a un trou de mémoire. Il se tourne vers le souffleur et voit que celui-ci a déserté son poste en laissant ce mot d'explication :

« Je suis allé à la plus proche boulangerie
acheter une baguette bien tendre. »

1312

– Moi, dit un auteur dramatique, je n'attache aucune importance aux critiques. Je trouve que c'est déjà leur faire trop d'honneur que de les ignorer.

1313

– Si je vous prenais, chaque jour, un kilo de bananes et que je vous laissais les fruits en n'emportant que les peaux, dit un homme à un marchand de fruits et légumes, est-ce que vous me les feriez à un prix intéressant ?

– J'avoue qu'on ne m'a jamais demandé une chose pareille. Mais… que comptez-vous faire de ces peaux de banane ? Vous les mangez ?

– Non, je les jette sous les pieds de mon partenaire. Voyez-vous, je suis clown dans un cirque.

1314

– Vous me prenez au dépourvu avec votre demande d'augmentation, dit le directeur d'une salle de théâtre au souffleur. Alors, qu'est-ce que vous me conseillez de vous répondre ?

1315

Un critique est formel :

– Pour employer un langage familier aux joueurs de belote, dans cette pièce historique, certes, Albert Dupaton joue un roi mais, malheureusement pour lui, il a pour partenaire, dans le rôle de son Premier ministre, Frédéric Balivourne qui, lui, est un as.

——— 1316

Un médiocre comédien se plaint à un ami :

– Cette vie est terrible ! Nous sommes toujours au milieu des gens. Je rêve de solitude mais comment la trouver ?

Son ami lui suggère :

– Et si tu réunissais tous tes admirateurs sur *Facebook* ?

——— 1317

En pleine représentation, le souffleur, dans son trou, reçoit un appel téléphonique de sa femme.

Imperturbable, le héros de la pièce, en entendant la sonnerie, dit sèchement à sa partenaire :

– Quand nous devons avoir une conversation sérieuse, Charlotte, tu pourrais tout de même imposer silence à ton portable !

——— 1318

Pour jouer dans une pièce dont l'action se passe au temps des chevaliers, un comédien essaie une lourde armure, chez le costumier.

– Oui, dit-il, j'y suis à l'aise. Mais qu'est-ce que c'est, cette espèce de trappe qui se relève dans le dos ?

– La sortie de secours en cas d'incendie.

——— 1319

À la Comédie française, une actrice jouant le rôle de Julie, la confidente de Camille dans *Horace* de Corneille, lance la célèbre réplique :

– « Que vouliez-vous qu'il fît, contre trois ? ».

Comme frappée d'une illumination, elle se tourne vers le souffleur pour lui demander :

– Au fait, hier, dans le championnat de basket, savez-vous ce que Montluçon a fait contre Troyes ?

——— 1320

Le directeur d'un théâtre se désespère :

– Moins de vingt fauteuils hier et, ce soir, la location est encore plus catastrophique ! Il faut absolument faire quelque chose.

– C'est déjà fait, lui dit l'auteur de la pièce. J'ai modifié le troisième acte de mon adaptation du roman de Flaubert, *Madame Bovary.*

– De quelle façon ?

– Eh bien, excédé de n'être jamais payé, le marchand de frivolités, Lheureux, envoie à notre héroïne, couverte de dettes, un huissier qui l'oblige, après un alléchant strip-tease, à lui remettre en gage tous ses vêtements.

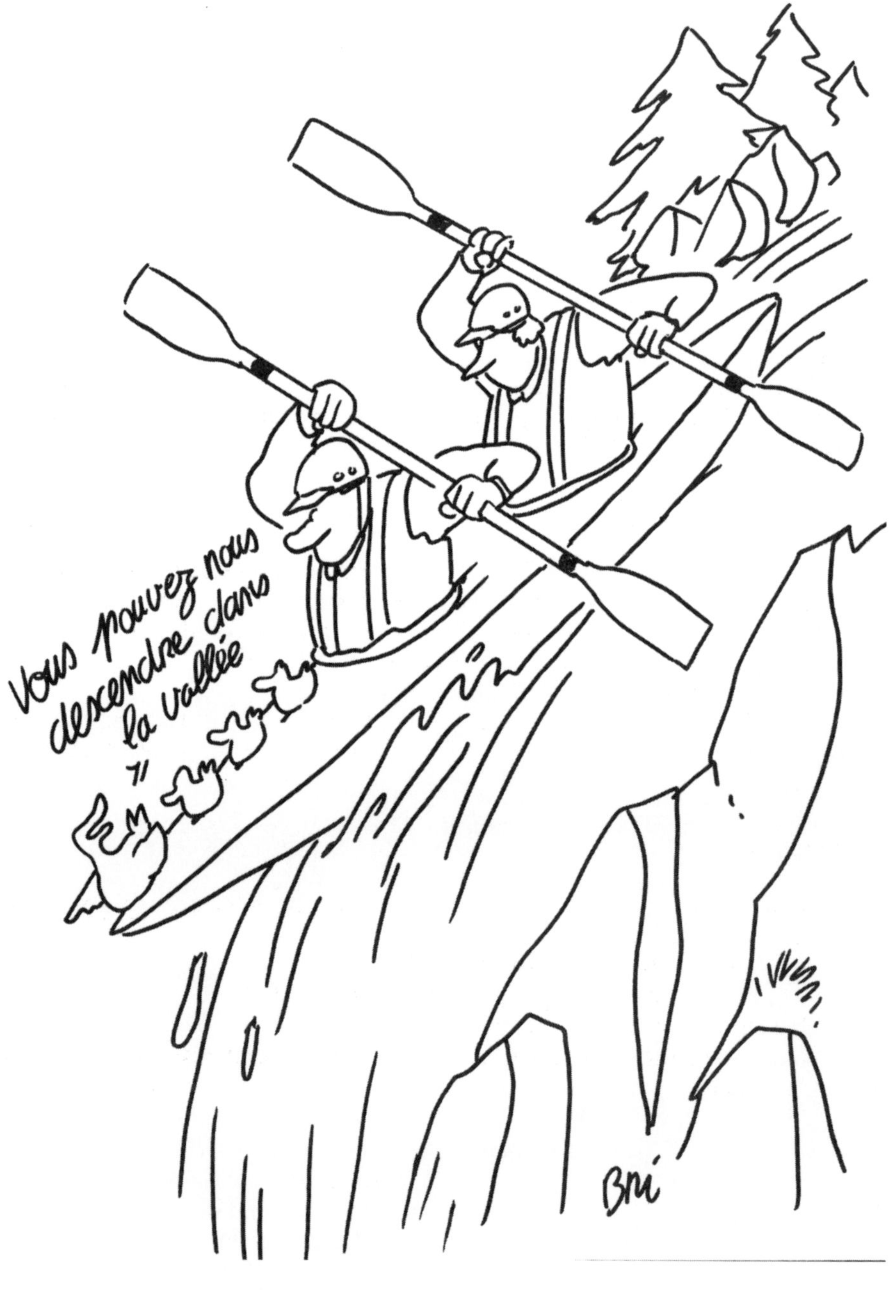
Vous pouvez nous descendre dans la vallée ?
Bri

Transports en commun

1321

Dans un train de nuit, un voyageur dit à la belle blonde à côté de laquelle il est allongé :

– Je viens de bouleverser toutes les théories de Newton à propos de la loi sur la gravitation.

– Comment cela ?

– C'est la seule manière d'expliquer comment, en tombant de la couchette du bas que j'occupais, je me suis retrouvé dans la couchette supérieure où vous êtes installée.

1322

À la gare de Lyon, à Paris, un homme, venu accueillir un ami, ne sait comment occuper le temps après avoir vu, sur le tableau lumineux, que le TGV en provenance de Montpellier sera en retard d'une demi-heure.

Il se dirige vers la cafétéria et commande :

– Un express, s'il vous plaît.

– Désolée, lui répond la serveuse, mais, en raison d'un incident survenu dans le percolateur, aucun café ne pourra être servi avant environ 20 minutes.

1323

Dans une rame du RER, une femme se tourne vers un voyageur qui, rouge de colère, lance des imprécations.

– Que faites-vous ? lui demande-t-elle.

– Je dis à ma femme ce que je pense de sa conduite.

– Mais votre femme n'est pas là.

– C'est ma chance : quand je l'ai en face de moi, elle ne me laisse pas ouvrir la bouche.

1324

À un arrêt de bus, un homme dit à une séduisante jeune femme qui attend comme lui :

– Puisque nous allons faire ce qu'on peut assimiler à une croisière d'une demi-heure ensemble, permettez-moi de me présenter : Antoine Duval – vous pouvez m'appeler Tony.

1325

– Pour repartir sur des bases nouvelles et regagner la confiance des voyageurs, dit le directeur de la SNCF à son adjoint, nous devrions procéder comme l'ont fait, avant nous, de nombreuses entreprises : changer de nom.

– Et que proposez-vous, à la place de la SNCF ?

– ELR.

– Que signifie ce sigle ?

– Excusez le retard.

1326

Une femme s'indigne, alors que leur taxi vient de la déposer avec son amant à l'aéroport :

– Vous avez un sacré culot, dit-elle au chauffeur. Après nous avoir regardés pendant une demi-heure faire l'amour, à l'arrière de votre voiture, vous réclamez, en plus, un pourboire !

1327

– C'est bon, dit une femme, réveillée à deux heures du matin par un homme éméché, ces explications sont parfaitement convaincantes. Un tel retard se justifie par la panne d'un métro bloqué, pendant deux heures, sous un tunnel. Il ne vous reste plus qu'à ressortir, aller dans votre maison qui est juste à côté de la mienne et reprendre tout votre baratin, en souhaitant que votre femme soit aussi indulgente que moi pour gober vos mensonges.

1328

Un curé dit à l'un de ses paroissiens :

– Homme de peu de foi ! Vous avez claironné partout votre intention de faire un tour de France en auto-stop. Et, hier, on vous a vu acheter un horaire de la SNCF !

1329

Un garçon très pingre a fait marcher interminablement, pendant une soirée, la jeune fille dont il est amoureux. Celle-ci, exténuée, réussit, après de longues supplications, à le convaincre de prendre le bus pour rentrer chez elle.

La mère de la jeune fille, indignée de cette façon d'agir, se précipite au domicile du garçon et carillonne à sa porte sur le coup de minuit.

– Manifestement, lui dit-elle, cela vous a arraché le cœur de payer deux tickets de bus. Voici 2 euros pour vous rembourser le montant de la place de ma fille.

– Il ne fallait pas vous déranger à cette heure-ci, répond-il, en empochant la pièce. Votre fille aurait fort bien pu attendre jusqu'à demain matin pour me les rapporter, ces 2 euros !

1330

– Comment faites-vous, demande-t-on à un ingénieur, pour imaginer les sièges du TGV ?

– Nous engageons des étudiants pour tester nos prototypes. Tant qu'ils disent être à l'aise, nous rapprochons les sièges de ceux qui les précèdent de 2 centimètres environ. Quand nos cobayes protestent, en disant qu'ils ne savent plus où mettre leurs jambes, nous rapprochons encore les sièges, mais de 5 centimètres cette fois, et, alors, la fabrication peut commencer.

1331

Un jeune homme monte dans un bus parisien. Le chauffeur remarque qu'il porte un pantalon et lui fait payer un ticket à plein tarif.

Juste derrière lui, arrive un gamin d'une dizaine d'années. Le chauffeur remarque qu'il porte une culotte courte et lui fait payer un ticket à demi tarif.

Vient enfin une superbe blonde, vêtue d'une robe ultralégère sans rien dessous. Il la laisse s'installer sans lui faire payer quoi que ce soit.

Pourquoi ?

Elle lui avait présenté son Pass Navigo.

1332

Un voyageur du métro en aborde un autre :

– Pardon, Monsieur, pourriez-vous me dire quelle heure il est ?

L'homme, ainsi sollicité, regarde sa montre et répond :

– Dans trois minutes, il sera tout juste dix heures.

L'individu se fâche :

– Je vous demande l'heure qu'il est en ce moment – pas celle qu'il sera dans trois minutes !

1333

Dans un bureau de Pôle Emploi, un homme confie à l'employé qui l'accueille :

– Il y a une chose que je déteste : c'est qu'on parle derrière mon dos.

– Dommage. J'allais vous proposer un boulot de chauffeur de taxi.

1334

Un général à la retraite dit à l'un de ses collègues :

– L'ignorance de la jeune génération m'effraie. L'autre jour, je disais à mon petit-fils qu'un de mes ancêtres avait été blessé à Austerlitz. Et il m'a demandé : « Sur quel quai ? »

– Il est effectivement stupide, rétorque l'autre. Comme si le quai où s'est produit l'accident de chemin de fer avait de l'importance !

1335

– J'ai trouvé un truc formidable, dit un professeur de grec. Je trimballe toujours avec moi une petite statue représentant le dieu des bergers d'Arcadie dans une boîte sur laquelle j'ai écrit son nom en grosses lettres : PAN !

– Et ça vous sert à quoi ?

– En voyant cela, les gens se lèvent prudemment pour me laisser toute la banquette quand je prends le métro.

1336

Une vieille dame dit à l'employé de la gare :

– Je voudrais un billet pour Lorraine.

L'employé questionne :

– Vous voulez dire « pour la Lorraine » ?

– Bien que ce soit un peu familier, vous pouvez appeler ma fille comme ça. Alors, il vient ce billet ?

1337

Dans un autobus bondé, un voyageur qui a réussi à trouver une place assise remplit une grille de mots croisés.

S'adressant à une femme, debout dans l'allée centrale, il lui dit :

– Je cherche un mot en huit lettres, « une bête de somme ». Cela pourrait être « marmotte » mais ça demande confirmation. Passez à votre voisin.

——— ***1338***

Un chauffeur de taxi s'indigne quand sa femme lui annonce qu'elle a l'intention de le quitter :

– Me faire cela à moi – alors que je t'ai consacré les meilleurs 230 000 kilomètres de ma vie !

——— ***1339***

– Qui peut passer de première en seconde sans changer de vitesse ?

– Le passager d'un TGV.

——— ***1340***

Dans un wagon bondé du RER, un homme se lève et dit, aimablement, à une voyageuse qui se tient debout, devant lui :

– C'est toujours avec plaisir que j'offre mon siège à une dame – sauf lorsqu'il s'agit d'une infirmière tenant une seringue pour me faire une piqûre.

——— ***1341***

Le recruteur de la SNCF dit à un candidat à l'embauche :

– Vous êtes arrivé avec vingt minutes de retard au rendez-vous que je vous avais fixé. Voilà qui est tout à fait dans l'esprit de la maison. Vous êtes engagé… comme conducteur de trains.

——— ***1342***

Le conducteur d'un bus parisien dit à l'extraterrestre qui vient de monter dans le véhicule :

– Désolé, jeune homme, mais je vais à la gare de l'Est. Vous devez prendre, au coin de la rue à droite, l'autobus qui va au Champ-de-Mars.

——— ***1343***

À la gare de Lyon, un homme fait part de son inquiétude à l'employé chargé des renseignements :

– Mon jeune neveu a pris le TGV à Marseille et l'énorme retard accumulé par ce train me préoccupe d'autant plus que c'est la première fois qu'il voyage seul.

L'employé demande :

– Quel est l'âge de votre neveu ?

– Quand il est monté dans le TGV à Marseille, il avait neuf ans mais il risque d'en avoir beaucoup plus quand il arrivera – s'il arrive un jour !

1344

Un homme éméché monte dans un autobus. Avisant un passager en uniforme à galons dorés, il lui dit :

— Donnez-moi un ticket.

— Mais, proteste le galonné, je ne suis pas le chauffeur de ce bus, je suis commandant de bord à Air France.

— Bon sang ! répond l'homme éméché, je suis tellement saoul qu'en croyant prendre le bus, je suis monté dans un avion. Et, dites-moi, commandant, votre Airbus fait bien une escale à l'avenue du Moulin ?

1345

Une femme écrit à la direction de la SNCF :

« Messieurs, j'habite tout près de la voie et vos trains, en passant devant chez moi, font un vacarme infernal. Tout tremble dans ma maison. Envoyez-moi un inspecteur pour qu'il vérifie mes dires afin que l'on puisse mettre un terme à cette situation intolérable. »

Quelques jours plus tard, un jeune inspecteur se présente au domicile de la plaignante, qui lui explique :

— Vous ne pouvez pas imaginer à quel point ça en est. Tenez : quand je suis couchée et qu'un train passe, ça tremble tellement que, pour un peu, cela me précipiterait par terre.

— Vous exagérez, Madame.

— Pas du tout. Et le mieux est de tenter l'expérience.

L'inspecteur accepte mais, très soigneux, il prend la précaution d'ôter son pantalon avant de s'allonger sur le lit.

À peine est-il installé que le mari, qu'une grève-surpise a libéré plus tôt que prévu, pénètre dans la pièce.

Fou de colère, il se précipite vers sa commode d'où il tire un revolver et, en en menaçant l'homme, il hurle :

— Que faites-vous en cette tenue dans mon lit conjugal ?

— Vous n'allez pas me croire, dit le malheureux, mais j'attends le train de 10 heures 53.

1346

Un homme, qui rencontre un ami dans la rue, lui dit :

— Tu as l'air bien guilleret.

— C'est parce que je rentre juste d'un voyage d'agrément.

— Ah ! Et où es-tu allé ?

— À la gare de Lyon, mettre ma femme dans le TGV pour Avignon où elle va passer huit jours chez sa mère.

——— *1347*

– Depuis plusieurs semaines, raconte un homme à un collègue de travail, quand je rentrais chez moi le soir, je trouvais la maison vide. Un petit mot de ma femme précisait : « Ton dîner est dans le réfrigérateur. »

– Et alors ?

– Eh bien, hier, j'ai trouvé la porte fermée, une valise, contenant mes affaires, posée sur le seuil et ce petit mot : « Ton dîner est au wagon-bar du TGV de 19 heures 25 pour Turin. Bon voyage et ne reviens jamais. »

MARCHÉ DU TRAVAIL :
LE BALAIS EST EN PROMO !
Bni

Travail

——— *1348*

Un chasseur de têtes dit à la blonde qui sollicite une place d'assistante de direction.

– Maintenant que vous êtes à deux doigts d'être engagée, après avoir répondu « oui » aux dix questions que je vous ai posées, j'espère que vous n'allez pas tout gâcher en répondant non à cette petite dernière : « Êtes-vous libre à dîner ce soir ? »

——— *1349*

Un employé de Pôle Emploi s'étonne :

– Pourquoi, demande-t-il à un homme, cherchez-vous des individus qui ne savent pas lire pour peindre des pancartes pour les manifestations des ouvriers en grève ?

– Je ne veux pas que, après avoir peint à longueur de journée des pancartes proclamant : « Augmentez nos salaires », ils viennent, ensuite, m'en agiter une sous le nez.

——— *1350*

Installée confortablement dans sa baignoire, une femme écarquille les yeux en voyant que, de l'autre côté de la vitre, un laveur de carreaux, éponge en main, est à l'œuvre.

– Voyons, proteste celui-ci, comment voulez-vous que je fasse correctement mon boulot si vous n'arrêtez pas de me regarder !

——— *1351*

– Dis donc, demande une femme à son mari, que fait au juste le mari de Clara ?

– Il achète et revend des huiles.

– Oh ! que c'est vulgaire ! Moi, on m'avait dit qu'il était dans les oléagineux.

1352

– J'exige, dit le patron à sa nouvelle secrétaire, que vous soyez présente au bureau, chaque matin, sur le coup de 9 heures.

– Pour me permettre de gagner un peu de sommeil, suggère la jeune femme, serait-ce possible qu'il s'agisse du neuvième coup plutôt que du premier ?

1353

– En Chine, dit un ouvrier, ils travaillent quinze heures par jour pour une poignée de riz. Nous, au moins, on a les frites !

1354

En s'allongeant sur le canapé du salon en plein après-midi, un homme dit à sa femme :

– Je me repose un peu, à titre préventif. Tu sais que demain je dois aller à Pôle Emploi pour chercher un travail.

1355

– Vous n'êtes pas très en forme, dit le médecin à l'homme qui est venu le consulter. Je vais vous faire un certificat qui vous permettra de vous remonter un peu. J'indique que vous ne vous rendrez pas à votre travail pendant cinq jours. Mais ma proposition semble vous contrarier ?

– C'est surtout le fait que vous parliez de « jours ». Voyez-vous, je suis veilleur de nuit.

1356

Le responsable du recrutement, dans une grande entreprise, accueille un jeune homme qui sollicite un emploi.

En lui tendant un formulaire, il lui dit :

– Représentez par une note de 1 à 10 :

1) le désir qu'ont vos parents de vous voir quitter le foyer familial ;

2) l'envie que vous avez d'entrer dans notre maison ;

3) faites la différence entre les notes attribuées aux questions n° 2 et n° 1. Si elle est positive, nous pourrons peut-être examiner votre cas.

——— 1357

Pas dupe, un ouvrier s'écrie :
– Moi, je dis que les syndicats qui nous envoient défiler dans la rue sont de mèche avec les cordonniers pour qu'après la manifestation, nous allions faire ressemeler nos chaussures.

——— 1358

Un vagabond demande à une fermière :
– Vous n'auriez pas un petit boulot pour moi ?
– Vous tombez à pic, répond-elle. J'ai ce grand tas de bois à scier et j'allais justement faire chercher un homme pour effectuer ce travail.
– Parfait, dit le vagabond. Donnez-moi l'adresse de cet homme et je vous le ramène dans une demi-heure.

——— 1359

– Qu'est-ce que vous faisiez comme métier ? demande l'employé de Pôle Emploi à un chômeur.
– Je travaillais dans un cabaret de Pigalle où je massais les strip-teaseuses.
Le fonctionnaire s'écrie :
– Quel merveilleux moyen de se faire des ampoules !

——— 1360

Un jeune garçon demande à son père, qui est industriel :
– À quelle vitesse une autruche court-elle ?
– Voyons, proteste le père, cesse de me poser des questions aussi stupides alors que je me tracasse pour faire tourner mon entreprise.
– Je vais poser ma question autrement, dit le gamin. Supposons que, dans ton entreprise, comme tu le dis, une ouvrière doive travailler huit heures d'affilée pour gagner 30 euros. Pendant sa journée de travail, combien de kilomètres une autruche aura-t-elle parcouru ?

——— 1361

Un homme s'inquiète en voyant sa femme s'apprêter à sortir.
– Tu pars pour un entretien d'embauche avec un éventuel employeur et tu es nue sous ton manteau !
– C'est un truc, explique-t-elle, pour me faire pardonner de n'avoir aucun diplôme. J'espère détourner son attention en ouvrant brusquement mon manteau quand il me dira : « Montrez-moi vos références. »

CELUI QUI ATTRAPE
LA QUEUE DU MICKEY
GAGNE UN C.D.D
Bni

——— ***1362***

Le chasseur de têtes demande au jeune homme qui présente sa candidature :

– Quelle est votre motivation pour travailler chez nous ?

– J'ai entendu dire que vous aviez un excellent système de chauffage et moi, en hiver, si je ne suis pas bien au chaud, je m'enrhume.

——— ***1363***

Un homme sans travail, qui sollicite la charité des passants, a posé son chapeau à l'envers sur le trottoir, avec cet avis :

« Je suis un ancien fonctionnaire dans le besoin. Vos dons sont reçus de 9 heures à 12 heures et de 14 heures à 18 heures, tous les jours, sauf le samedi, le dimanche, les jours fériés et les jours de grève qui vous seront signalés avec un préavis de deux jours. »

——— ***1364***

Le directeur d'un centre d'appels exige de ses employés qu'ils fassent un grand sourire quand ils s'adressent à des inconnus au téléphone. Pour les y aider, il a fait disposer, devant chacun d'eux, un miroir.

Quelque temps après, on interroge une jeune femme :

– Vous voir ainsi toute la journée dans la glace a-t-il modifié votre comportement ?

– Énormément.

– Vous êtes devenue plus aimable ?

– Non, mais j'ai changé de dentifrice.

——— ***1365***

– Je souffre, dit un homme, d'une double personnalité.

– Cela vous gêne beaucoup ? interroge le psy.

– Au contraire : les syndicats m'embauchent pour défiler lors de toutes leurs manifestations. Alors que la police cherche à diminuer le nombre des participants, eux sont ravis de me compter pour deux personnes.

——— ***1366***

– Pendant des années, raconte un homme, quand je passais devant cette banque, je n'avais qu'un désir : m'y faire engager et, une fois dans les lieux, monter jusqu'au sommet.

– Et tu y es parvenu ?

– En un sens, oui. C'est moi, désormais, qui manœuvre l'ascenseur.

...et ici le p'tit coin

——— *1367*

En voyant un ouvrier qui défonce un trottoir au marteau-piqueur, une jeune femme dit à l'amie qui l'accompagne :

– J'ai beaucoup de sympathie pour ce genre de travailleurs.

– Pour quelle raison ?

– Un jour où je marchais sur un trottoir où travaillait un de ses semblables, il s'est mis à actionner sa machine infernale. Cela m'a fait tellement trembler que j'en ai perdu ma culotte – et c'est ainsi que j'ai trouvé un mari.

——— *1368*

Un jeune homme qui a un diplôme bac + 2 répond à une question du directeur des ressources humaines d'une grande entreprise :

– Quelle est mon ambition ? À court terme, être engagé, dans votre entreprise, comme coursier. Et, à plus long terme, devenir le maître du monde.

Bru

Vacances

—— *1369*

– Où cours-tu ainsi ? demande un homme à un ami.

– Je vais prendre un train pour rejoindre ma femme que j'avais envoyée en vacances à Deauville.

– Qu'est-ce qui justifie cette hâte ?

– Figure-toi qu'elle m'a envoyé un mail disant : « Je m'amuse follement. »

– Et alors ?

– Ce qui m'inquiète, c'est que, pour la première fois depuis son départ, elle ne me demandait pas de lui envoyer de l'argent.

—— *1370*

Un navire qui a heurté un iceberg est en train de couler. Alors qu'ils surnagent dans les flots glacés, le capitaine dit à la vigie qui a signalé la présence de l'iceberg :

– Si nous nous tirons de cette situation, vous m'écrirez dix mille fois, afin de l'avoir bien en tête et de ne pas recommencer la même erreur : « Bâbord est à gauche et tribord à droite. »

—— *1371*

Allongé sur la plage, un homme voit s'installer, à côté de lui, un couple qui transporte tout un attirail.

– Quel dommage ! s'écrie-t-il.

Le nouvel arrivant s'inquiète :

– Qu'est-ce qui est dommage ?

– Vous avez pensé aux chaises longues, aux matelas gonflables, au panier-repas et à la glacière. Si seulement vous aviez pensé à prendre, en plus, votre piano, j'aurais pu vous jouer une très jolie ballade de Chopin.

Bri

——— *1372*

Dans une grotte préhistorique, un visiteur dit au guide :

– Je ne doute pas une seconde que, comme vous nous l'assurez, ces dessins sur les parois remontent à quelque 20 000 ans. Une chose m'étonne, cependant : au milieu de tous ces aurochs, mammouths laineux et autres rhinocéros bicornes, que fait ce poulet de Loué portant l'inscription « Label rouge » ?

——— *1373*

Un patron charmant dit à son assistante :

– Je vous trouve pâlotte depuis quelque temps. Manifestement, vous auriez bien besoin de bronzer.

– Alors, vous m'accordez huit jours de vacances pour que j'aille prendre le soleil à Saint-Tropez ?

– Mieux que cela. Je vous ai acheté une lampe à bronzer. Après vous être entièrement déshabillée, vous pouvez vous allonger, à plat ventre, sur mon bureau pour l'inaugurer.

——— *1374*

Le capitaine d'un navire qui a abordé sur une île qu'il croyait déserte demande au naufragé qu'il y a découvert :

– Depuis combien de temps êtes-vous là ?

– Je compte les jours, explique le naufragé, sur les arêtes des poissons que j'ai attrapés et mangés. Comptez vous-même : je suis sur cette île depuis 329 colinots, 127 maquereaux, 248 sardines et 12 thons rouges.

——— *1375*

Complètement perdu dans une campagne lointaine, un automobiliste demande son chemin à un agriculteur, qui lui explique :

– Roulez tout droit jusqu'à ce que vous voyiez la mère Chalendard avec sa chèvre, dans un champ. À ce moment-là, prenez la première route à droite.

– Mais, objecte l'automobiliste, supposez que, pour une raison quelconque, la « mère Chalendard », comme vous dites, ne soit pas dans son champ, qu'est-ce que je fais ?

– Ne vous occupez pas d'elle. Tournez quand même à droite après ne pas l'avoir vue.

——— 1376

– Ma belle-mère, raconte un homme, voulait passer les vacances en Camargue et je ne comprenais pas pourquoi mon beau-père n'était pas tenté. Et puis, j'ai compris : il a pensé qu'avec tous ces taureaux en liberté, ce serait dangereux pour lui de porter sa Légion d'honneur.

——— 1377

Dans l'Égypte antique, le fils du pharaon, qui passe ses vacances à la mer avec toute sa famille, dit à son père :

– Je voudrais construire une pyramide de sable. Tu peux me faire envoyer deux mille de tes esclaves pour m'aider ?

——— 1378

Le gardien d'un labyrinthe de verdure demande à une visiteuse :

– Vous aimez vraiment vous perdre là-dedans et chercher la sortie pendant des heures ? C'est la troisième fois que je vous vois cette semaine.

– C'est vrai, mais il y a une bonne raison à cela. Quand j'aurai compris l'astuce pour m'extirper de ce fouillis inextricable, je pourrai m'aventurer dans la chambre de ma grande fille pour tenter d'y mettre un peu d'ordre.

——— 1379

Une blonde rentre toute rouge d'un séjour sur la Côte d'Azur.

– Tu n'as pas utilisé de lotion antisolaire ? lui demande une copine.

– J'en ai consommé douze grands flacons et ça ne m'a rien fait du tout. Et, en plus, le produit a un goût atroce.

——— 1380

– Quand nous sommes en vacances, raconte une femme, mon mari a un gag dont il ne se lasse jamais. Il arrive sur une plage bondée et plante, au milieu des baigneurs affolés, une pancarte portant ces deux mots :

« SABLES MOUVANTS. »

——— 1381

Dans la jungle africaine, une touriste a pris la pose.

– Chéri, dit-elle à son mari, qui s'apprête à la photographier, prévois de régler la vitesse d'obturation de l'appareil au 1/500e de seconde et, si tu veux échapper au lion qui fonce vers toi, règle ta vitesse de course à pied à environ 50 kilomètres à l'heure.

NON ... C'EST PAS UN PYJAMA C'EST UN CAMOUFLAGE LAPIN
Bni

1382

– Les choses peuvent toujours être pires, assure un homme. Ainsi, un jour, le navire sur lequel j'étais en croisière ayant fait naufrage, je me suis trouvé à nager dans une mer infestée de requins.
– Et alors ?
– J'ai repris espoir en voyant un objet flottant sur lequel je me suis réfugié.
– En quoi était-ce pire que les requins ?
– C'était une mine.

1383

Une femme demande à sa voisine :
– Avez-vous passé de bonnes vacances ?
– Très bonnes. En admettant, une fois pour toutes, que la façon dont mon mari envisage quinze jours de repos s'apparente à celle dont un ours entre en hibernation.

1384

Après avoir entendu un spécialiste du réchauffement climatique prédire, pour les années à venir, une montée spectaculaire du niveau des océans, un promoteur immobilier achète plusieurs hectares d'alpages, à 500 mètres d'altitude, dans les Alpes, et il les met en vente avec cette annonce :

« INVESTISSEZ AUJOURD'HUI DANS CE QUI SERA
LA PLAGE DE DEMAIN. »

1385

– Je suis moitié anglais et moitié américain, dit un grand voyageur.
– Et comment cela se traduit-il ?
– Sur mon passeport, l'aigle chauve qui symbolise l'Amérique est en train de boire une tasse de thé.

——— 1386

Deux vacanciers prennent le petit déjeuner, servi sous forme de buffet, dans l'hôtel où ils sont descendus.

– Pour déjeuner sur la plage, dit le mari à sa femme, tu peux prendre ces deux beaux pamplemousses. Si tu les glisses dans ton soutien-gorge, la serveuse pensera que ta poitrine, d'ordinaire si plate, s'est brusquement gonflée dans la nuit.

– De ton côté, suggère la femme, glisse donc une banane dans ton pantalon. Le seul ennui, c'est que si elle remarque cette excroissance, la serveuse pensera aussitôt : « Tiens, il a dissimulé une banane dans son pantalon ! »

——— 1387

Une femme demande à l'un de ses voisins :

– Avez-vous passé de bonnes vacances ?

– Super. En revenant de Bali, à l'aéroport de Roissy, nous avons retrouvé toutes nos valises et nous avons perdu ma belle-mère.

——— 1388

Pour la énième fois, un homme raconte ce qui s'est passé après que le bateau sur lequel il était en croisière a fait naufrage :

– Je me suis trouvé à voguer, au gré des flots, un mois durant, dans un canot de sauvetage avec un cannibale et un Écossais qui jouait interminablement de la cornemuse.

– Vous deviez craindre le pire.

– Et c'est le pire qui est arrivé : affamé, l'Écossais joueur de cornemuse, a mangé le cannibale.

——— 1389

Sur la plage, une femme dit à son mari qui s'est coincé le corps dans la chaise longue qu'il avait entrepris d'installer.

– Voyons, ce ne doit pas être tellement compliqué de te sortir de là. Réfléchis un peu : l'année dernière, quand nous étions perdus dans un labyrinthe de verdure, quelles manœuvres as-tu faites pour gagner la sortie ?

——— 1390

Lassé des quolibets des touristes qui visitent la « capitale de l'andouille », Vire (dans le Calvados), un charcutier du lieu présente ses produits dans sa vitrine, avec ce commentaire :

« À Vire, il passe chaque jour plus d'andouilles
qu'il n'en reste. »

——— 1391

Un maître-nageur, après avoir pratiqué le bouche-à-bouche, a réussi à ranimer un baigneur qui avait failli se noyer.

L'homme, qui a repris connaissance, raconte :

– Tandis que je sombrais dans les vagues, toute ma vie a défilé devant moi – sauf, malheureusement, les trente heures que j'ai passées à prendre des leçons de natation.

——— 1392

Deux randonneurs se retrouvent, un matin, dans le hall de l'hôtel de montagne où ils passent les vacances.

– Ma femme, dit l'un, a eu beaucoup de mal à récupérer des forces après nos 20 kilomètres de marche sur les sentiers, hier. Ce matin, j'ai hésité à la réveiller.

– Alors, elle ne sera pas des nôtres, aujourd'hui ?

– Si, mais pour lui permettre de dormir encore un peu, je l'ai chargée en travers de mon sac à dos.

——— 1393

En prenant son appareil photographique, une vacancière dit à son mari :

– Ne cherche surtout pas à être naturel : souris.

——— 1394

Sur la plage, une jeune femme demande à une autre :

– Pourquoi le chef de la police locale observe-t-il tout ce qui bouge avec des jumelles depuis ce matin ?

– On m'a dit qu'il voulait protéger les vacanciers d'un danger qui les menace.

– De deux choses l'une : ou c'est le requin des *Dents de la mer* qui évolue dans la zone de baignade, ou c'est cet horrible dragueur de Franck, qui nous a harcelées l'année dernière, qui est de retour. Espérons que ce n'est pas ce casse-pieds !

——— ***1395***

Un spécialiste des voyages en autocar recrute beaucoup de clients avec cette annonce :

« PROFITEZ DU MEILLEUR DE L'AUTOMOBILE, ASSEYEZ-VOUS SUR UN SIÈGE CONFORTABLE ET LAISSEZ-NOUS PRENDRE LE VOLANT. »

——— ***1396***

Une vacancière qui s'était endormie, sur la plage, au soleil, vient consulter un dermatologue.

– Quand je vais au restaurant, lui dit le médecin, je commande toujours mon steak « bien cuit ». Mais, si on m'en servait un brûlé à ce point-là, je le renverrais en cuisine sans hésitation.

——— ***1397***

En entrant à l'improviste dans un bureau, un chef de service trouve un de ses employés allongé à plat ventre sur sa chaise, en train de faire les mouvements de la brasse.

– Si je comprends bien, M. Martinot, dit-il, après trois années successives de vacances dans les Alpes, vous avez envie de bord de mer !

——— ***1398***

– Eh bien, s'écrie le chef-cuisinier du *Titanic* à qui l'on vient d'annoncer que le gigantesque paquebot allait couler dans les dix minutes, on peut dire que c'est de la chance !

– Comment cela, de la chance ?

– Je me tracassais parce qu'à la suite d'une maladresse d'un de mes marmitons, je m'apprêtais à servir au commandant un potage trop salé.

——— ***1399***

En déballant les affaires de son fils qui revient de passer l'été dans un camp de vacances, une femme confie à une amie :

– C'est fou, ce que Jean-Marc a pu changer en deux mois. Il a changé de tout : de taille, de poids, de voix, de regard – bref, de tout, sauf de sous-vêtements.

1400

Un naufragé du Sahara dit à son compagnon d'infortune :

– Si ce n'est pas un mirage sonore, je crois bien entendre une alarme antivol. Il doit y avoir quelqu'un, à proximité, en train de voler un chameau.

1401

À Venise, un gondolier répond à des touristes qui s'inquiètent du prix de la course :

– Cela dépend de ce que vous voulez voir : pour la maison de Casanova et le Pont des Soupirs, c'est 100 euros. Pour la tour Eiffel et le Trocadéro, c'est 100 000 euros.

1402

Patrice (7 ans), qui s'est endormi sur le siège arrière de la voiture, pendant que ses parents chargeaient les bagages dans le coffre, s'éveille en sursaut et demande :

– Ça y est, nous sommes arrivés à Nice ?

– Presque, répond la mère. Pour l'instant, papa est encore en train de manœuvrer pour sortir du garage.

1403

Le maître-nageur dit à un homme qui vient prendre sa première leçon de natation :

– D'abord, il vous faut vaincre la peur panique que vous avez de l'eau. Nous allons procéder par étapes. Tenez, pour commencer, essayez de tremper un petit doigt dans cette tasse.

1404

– Ça ne va pas du tout, dit le directeur d'une agence de voyages à l'une de ses employées. Il faudrait que vous oubliiez une bonne fois votre vocation première d'être psychanalyste. Quand une cliente vient vous voir en vous disant qu'elle voudrait aller au bout du monde, il faut lui répondre : « J'ai justement à vous proposer un séjour de rêve dans un des meilleurs d'hôtels d'Hawaï » et non braquer votre lampe de bureau sur elle en lui demandant : « Qu'est-ce que vous cherchez à fuir ? »

1405

– Ma femme et moi, raconte un vacancier, nous promettions des émotions fortes tandis que nous chercherions, des heures durant, la sortie d'un labyrinthe de verdure.
– Et ça n'a pas été le cas ?
– Nous n'avons pas pu y entrer...
– Pourquoi ?
– J'avais perdu les billets.

1406

Sur la plage, un homme a ramassé un coquillage enduit de mazout qu'il porte à son oreille.
Et il entend :
– Vous avez beau ne pas m'avoir dit quels sont mes droits, je ne parlerai que devant un gant de toilette savonneux, capable de nettoyer tout ça.

1407

Leur bateau ayant fait naufrage, un homme et sa femme nagent au milieu des épaves.
Soudain, l'œil de la femme s'illumine :
– Dirigeons-nous par là, dit-elle. Nous allons enfin réussir à faire ce qui nous faisait tellement envie, depuis le début de cette croisière : passer la soirée à la table du commandant.

1408

Un couple d'automobilistes erre, depuis plusieurs heures, à la recherche de sa résidence de vacances.
– Alfred, dit la femme, excédée, vu ton talent pour trouver ton chemin, tu me permettras à l'avenir de t'appeler GPS : mon « Gros Pigeon Stupide ».

1409

Après avoir ranimé une belle baigneuse qui s'était aventurée loin de la côte, en pratiquant la respiration artificielle, un maître-nageur lui dit :
– Je vous trouve particulièrement sexy. J'aimerais vous revoir. Est-ce possible ?
– Certainement. Que diriez-vous de me sauver de nouveau la vie demain, même heure, même endroit ?

1410

Épuisée par une longue marche dans les Alpes, une randonneuse demande à son mari :

– Pourquoi le Bon Dieu a-t-il mis les magnifiques panoramas que tu aimes tant contempler en haut des montagnes plutôt qu'en bas ?

1411

– Ce bateau de croisière fait rêver, dit un homme à sa femme. Regarde tout ce qui est servi à bord : caviar et foie gras à tous les repas, champagne à gogo… Mais ça coûte 2 000 euros par personne et nous ne disposons pour nos vacances que d'un budget de 300 euros.

– Que faire, alors ?

– Eh bien, nous allons passer quinze jours en Auvergne, chez la tante Julie. Ça ne s'annonce pas mal non plus pour la nourriture. Dans sa dernière lettre, elle disait qu'elle avait mis des haricots verts en bocal et qu'elle avait fait trois pots de gelée de coing.

1412

– Vous pensez trop aux vacances, dit l'ophtalmo au patient qui est venu faire vérifier sa vue. Je vous montre, sur mon tableau, un A, vous voyez la tour Eiffel ; un O, pour vous, c'est le Colisée vu d'avion, et un Z, un serpent à sonnette qui se tortille dans le désert du Nevada.

1413

En vacances dans un village loin de tout, un homme soupire :

– Quel trou ! Mais quel trou !

Impatientée, sa femme lui lance :

– Mais, enfin, c'est bien toi qui a proposé de venir passer un mois ici.

– Oui, gémit le mari, mais, d'habitude, quand je suggère quelque chose, tu as l'intelligence de t'y opposer.

1414

– Vous rêvez de vous baigner dans une eau bien chaude, dit l'agent de voyage au couple qui est venu le consulter. C'est facile, même pour la somme ridicule que vous comptez consacrer à vos vacances. Voici deux billets.

– Deux billets d'avion pour Tahiti ?

– Non. Deux billets d'entrée à la piscine municipale. Ça devrait vous plaire : l'eau y est à 26 °C.

——— ***1415***

Un naufragé du désert dit à son compagnon d'infortune :
– J'ai une sorte de mirage.
– Lequel ?
– Je vois une superbe fille qui se fait bronzer, toute nue, au pied d'une dune. Et elle me parle.
– Que te dit-elle ?
– Mon nom est Florence – Florence d'Arabie.

——— ***1416***

– Pour choisir l'endroit où nous irons passer les vacances, raconte Yann (9 ans), comme papa et maman ne sont pas toujours d'accord, ils lancent une pièce en l'air pour jouer à pile ou face.
– Et ça se passe comment ?
– Si la pièce tombe sur face, c'est maman qui décide. Et si elle tombe sur pile, c'est grand-mère.

——— ***1417***

– J'ai trouvé un bon truc pour faire de l'auto-stop, raconte une jolie fille, habitant le Tarn.
– Lequel ?
– Je revêts un corsage très décolleté et je me tiens sur le bord de la route, près d'une pancarte indiquant :
« AMATEURS DE PITTORESQUE, VISITEZ LES GORGES. »

——— ***1418***

À la suite de la rupture d'une conduite d'eau, la boutique d'une agence de voyages a été complètement inondée.
Le directeur donne cette consigne à ses employés :
– Laissez tomber les propositions de séjour à Katmandou, Mexico et Ouagadougou et forcez sur toutes nos offres pour Venise.

——— ***1419***

– Moi, dit une belle estivante, je ne supporte pas que des hommes à l'œil égrillard, allongés sur la plage, me matent au moment où, après avoir ôté mon maillot de bain et enfilé ma robe, je remets ma culotte.
– Et alors, que fais-tu ?
– Je ne remets pas ma culotte.

1420

– Quand je serai grand, dit Adrien (8 ans), je veux être le capitaine d'un bateau de croisière avec des centaines de passagers.

– Mais, lui fait remarquer un de ses copains, tu sais qu'en cas de naufrage, tu devras être le dernier à quitter le navire.

– Et alors ? C'est le bon moment, au contraire, quand les requins sont rassasiés, après avoir dévoré tous les autres naufragés.

1421

Une femme est venue au secours de son mari qui, occupé à pêcher la crevette, est tombé, tête la première, dans une mare d'eau.

Quand il a repris ses esprits, il demande :

– Comment m'as-tu trouvé ?

– En voyant la tête hilare de plusieurs crabes qui revenaient de ce trou, explique-t-elle, j'ai tout de suite pensé que tu devais être là.

1422

Mélissa (7 ans), à peine éveillée, porte à son oreille le coquillage vide qui lui a permis, la veille, d'écouter la mer.

En reconnaissant le bruit familier, elle s'écrie :

– Ce n'est pas malin de ma part. Hier, avant d'aller au lit, j'avais oublié de la débrancher.

1423

Le propriétaire d'un yacht de 10 mètres se penche sur le bastingage et hèle un homme qui fait de la planche à voile :

– Avec le vent qui souffle, lui dit-il, cela va vous être facile : pourriez-nous nous remorquer jusqu'au port, à deux milles d'ici ? Nous sommes en panne de carburant.

1424

Le jour où un couple fête ses noces d'or, le mari explique :

– Avant de proposer à celle qui est devenue ma femme de m'épouser, je me suis posé la question : « Est-ce bien le genre de personne dont je supporterais la présence à mes côtés, en permanence, si je devais visiter un pays en autocar pendant une semaine ? » En répondant « oui » à cette question, je savais que notre couple durerait toute la vie.

——— ***1425***

Un navire de croisière ayant fait naufrage, un touriste nage jusqu'à un minuscule îlot rocheux.

Là, il aperçoit une grande bassine pleine d'eau sur laquelle flotte une balle de ping-pong, désignée par une flèche, avec ce commentaire :

« VOUS ÊTES ICI. »

——— ***1426***

– Croyez-vous, demande un vacancier naïf à un beau maître-nageur, que le bouche-à-bouche est ce qui convient le mieux pour soigner ma femme qui s'est assise sur un oursin ?

——— ***1427***

Ravi de la danse qu'il vient d'effectuer avec une ravissante Italienne à la poitrine largement décolletée, un homme lui dit :

– La première fois que je suis venu à Rome, j'ai été conquis par cette ville au point d'aller lancer un euro, par-dessus mon épaule, dans la fontaine de Trevi, pour être sûr d'y revenir un jour. Est-ce que cela marcherait avec vous, si je glissais, entre vos deux magnifiques seins, deux beaux billets de 100 euros ?

——— ***1428***

Dans le désert du Sahara, un homme dit à un autre :

– J'ai un drôle de mirage. Je crois voir un policier en train de régler la circulation.

– Gare-toi vite ! lui ordonne son compagnon d'infortune. C'est sûrement comme chez nous : on ne voit des policiers dans la rue que lorsque le cortège d'un invité de marque qui arrive de l'aéroport s'apprête à surgir.

——— ***1429***

– Nous avons eu, ma femme et moi, une discussion difficile à propos des prochaines vacances, raconte un homme. Moi, je voulais aller à Bali.

– Et votre femme ?

– Elle voulait venir avec moi.

——— 1430

Le directeur d'un centre de bronzage vient trouver une femme qui, avant de partir en vacances, se fait dorer la peau sous une lampe à infrarouges.

– Désolé de vous interrompre, lui dit-il, mais il est midi.

– Et alors ?

– C'est l'heure du déjeuner et je voudrais utiliser cette lampe pour me faire griller des saucisses.

——— 1431

– Dans une réserve d'Indiens, aux États-Unis, raconte un grand voyageur, j'ai visité une grotte ornée de peintures préhistoriques absolument extraordinaires.

– Chez les Indiens ?

– Oui.

– Et comment cette grotte se nomme-t-elle ?

– La grotte de la Squaw.

——— 1432

Le responsable d'un camp de vacances accueille des jeunes qui viennent d'arriver :

– J'exige de vous trois choses, leur dit-il : le respect, la courtoisie et l'honnêteté.

D'un seul élan, les jeunes arrivants se mettent à hurler :

– Va te faire foutre !

– Bon, conclut l'homme chargé de les recevoir, l'essentiel est que vous soyez honnêtes.

——— 1433

Deux femmes d'une cinquantaine d'années vêtues de bikinis s'allongent sur la plage.

– C'est merveilleux, s'écrie l'une d'elles : ça sent bon le sable chaud.

– Oui, répond l'autre, mais nos admirateurs ne sont pas légion.

——— *1434*

Un farceur se rend, avec son 4x4, au cœur du Sahara. Là, dans la région la plus désertique, il dépose une barque équipée de deux rames devant laquelle il plante cette pancarte :

« À LOUER POUR UNE PROMENADE ROMANTIQUE AVEC LA FEMME DE VOS RÊVES. »

——— *1435*

– Dès le premier jour de mes vacances, raconte un campeur couvert de bandelettes, comme j'avais installé ma tente dans un champ, j'ai pulvérisé un produit éloignant les moustiques.
– Alors, cela a fait fuir les moustiques ?
– Non, et en plus, ça a attiré un taureau.

——— *1436*

– Voyez, dit un vieux pêcheur à un couple de vacanciers, comme la surface de l'eau est calme : c'est ce que nous appelons une mer d'huile.
– Justement, fait la femme, cette mer d'huile ne risque-t-elle pas de traumatiser les sardines ?

——— *1437*

– J'ai trouvé, dit le directeur d'une agence de voyages à ses clients, ce qui vous convient pour aller aux Baléares avec le budget réduit dont vous disposez. Ce sera le 14 juin.
– Le départ ?
– Le départ *et* le retour. Une fois le voyage réglé, vos moyens ne vous permettent pas de payer ne serait-ce qu'une seule nuit à l'hôtel.

——— *1438*

Une vacancière donne à développer des photos qu'elle et son mari ont prises durant un voyage en Grèce, dans une boutique annonçant :

PHOTO EN UNE HEURE

– Vous remarquerez, lui dit le commerçant, que le mot « photo », dans mon annonce, est au singulier. Comme vous en avez 36, revenez les chercher toutes dans 36 heures.

——— *1439*

Avant de projeter le film de ses vacances aux Sables-d'Olonne, un homme distribue des coquillages vides à ses invités en leur disant :

– Pour entendre le bruit de la mer, portez à votre oreille un de ces coquillages. Prenez en deux, si vous choisissez la stéréo.

——— *1440*

Un couple de vacanciers roule depuis près d'une demi-heure vers le sud quand la femme, après avoir tourné la tête vers l'arrière du véhicule, s'écrie :

– Mon Dieu, c'est terrible ! Nous les avons oubliés à la maison.

– Mes cannes à pêche ?

– Non, les enfants.

– Ouf, tu m'as fait peur !

——— *1441*

Une extralucide, qui vient de prendre possession de sa chambre d'hôtel, dit à l'employé qui a transporté ses bagages et qui tend la main pour quémander un pourboire :

– Je vous félicite, jeune homme. Cette ligne, juste à côté de la ligne de cœur, dévoile que vous êtes complètement désintéressé. Un pourboire serait donc totalement superflu. À bientôt, donc, et merci encore.

——— *1442*

Au cours d'une réception chez des amis, un homme raconte les dernières vacances qu'il a passées, avec sa femme, sous le soleil brûlant de l'île Maurice.

– Voyez, dit-il à ses invités, comme ma femme est bronzée. Mais, pour que vous puissiez mieux vous en rendre compte… ajoute-t-il.

Il se tourne vers sa femme et lui demande :

– Peux-tu ma chérie relever ta robe, baisser ta culotte et montrer à ces messieurs-dames comme tu étais blanche avant de partir ?

——— *1443*

– C'est trop bête, dit une femme à ses enfants : ça fait trois heures que nous guettons l'affreux monstre du Loch Ness et nous n'avons pas réussi à le voir. Bon, avant de ranger l'appareil photo, je vais prendre quelques clichés de papa.

——— 1444

Un couple de milliardaires se prélasse à bord de son yacht.

– C'est curieux, dit la femme à son mari, ce hors-bord qui fonce vers nous en arborant le drapeau à tête de mort et tibias entrecroisés des pirates. Et le plus bizarre est que l'homme qui le pilote ressemble beaucoup à ton ancien associé qui vient de faire cinq ans de prison à cause de ton témoignage accablant lors de son procès.

——— 1445

À son retour au Japon, un touriste raconte :

– Je m'en souviendrai de Paris et de ses Méchants-Élysées.

– Vous voulez parler, sans doute, des Champs-Élysées.

– Si vous vous y étiez fait faucher, comme moi, votre portefeuille, dès votre arrivée, je suis sûr que vous les rebaptiseriez ainsi.

——— 1446

Après vingt ans passés sur une île déserte, un naufragé a été enfin recueilli à bord d'un navire qui passait par là.

Le capitaine l'interroge :

– N'avez-vous pas, au fil des années, perdu la notion du temps ?

– Pas du tout ! En observant les changements de la mer et l'évolution de la végétation, je peux vous dire que nous sommes, en ce moment, au mois de mars.

– C'est exact.

– Vraisemblablement autour du 15.

– Nous sommes le 15, précisément. C'est tout à fait extraordinaire.

– La seule chose, dit le naufragé, dont je n'ai pas la moindre idée, c'est le siècle dans lequel nous sommes.

——— 1447

– Notre fils, dit une femme à un couple de visiteurs, va vous jouer une fantaisie de Schumann au violon. Je suis sûre que, lorsqu'il vous proposera de vous régaler d'un second morceau, vous estimerez que vous vous en tirerez à bon compte en suppliant mon mari de vous passer les films que nous avons tournés, pendant nos dernières vacances, à Athènes.

——— *1448*

– Pourquoi, s'étonne une femme, laisses-tu le chat jouer avec cette pelote de laine en en faisant une boule qu'on n'arrivera jamais à démêler ?
– Justement : quand il aura fini, je veux la prendre pour modèle afin de peindre une affiche indiquant la sortie aux personnes qui se seraient perdues dans un labyrinthe de verdure.

——— *1449*

Des vacanciers ont pris la route du sud, à bord de leur voiture à laquelle ils ont fixé leur bateau.
Soudain, le véhicule s'emballe dans une descente.
– Ne t'affole pas, dit la femme à son mari qui conduit. Appuie par petits coups successifs sur le frein, moi, je tire le frein à main et, si l'on ne parvient toujours pas à s'arrêter, je jette l'ancre.

——— *1450*

– J'ai passé quelques heures fabuleuses avec une reine du strip-tease, raconte un homme à ses copains. Nous avons d'abord dîné, puis nous avons regardé un film…
– Et après ?
– L'avion, où elle occupait la place 12 B et moi la 47 A, a atterri.

——— *1451*

Le commandant d'un navire en détresse a fait descendre les canots de sauvetage et il ordonne aux passagers :
– D'abord les enfants et les femmes – sauf, évidemment, celles qui mènent le combat pour l'égalité des sexes et qui auront certainement à cœur de rester à bord, jusqu'au naufrage final, avec les hommes auxquels elles veulent tant ressembler.

——— *1452*

Alors qu'ils se retrouvent au fond d'un gouffre de 1500 mètres, un vacancier dit à sa femme :
– Ça y est, j'ai compris mon erreur. À chaque fois que je croyais consulter ma boussole, je regardais, en fait, ma montre de plongée.

—— *1453*

Un couple de naufragés s'est réfugié sur une île déserte.
– Que fais-tu ? demande l'homme à sa femme. En ôtant ton corsage et ton soutien-gorge pour les fixer comme un drapeau, en haut d'un cocotier, tu as les seins à l'air.
– Et alors ?
– Quelqu'un pourrait te voir.
– Ne sois pas stupide, répond la femme. Dans ce coin perdu, il n'y a aucun témoin – à part ces six périscopes.

—— *1454*

– J'avais appelé mon premier yacht *La Carmagnole*, raconte un playboy. Automatiquement, quand j'y invitais une jolie fille, par association d'idées, elle se mettait à chanter : « Ah ! ça ira, ça ira… »
– Et alors ?
– Fort de cette expérience, j'ai rebaptisé mon yacht le *Sans-Culotte.*

—— *1455*

Le maire d'une station balnéaire fait apposer cet avis sur la plage :

« Par mesure de sécurité
BAIGNADE INTERDITE
Si vous décidez de braver cette interdiction,
ne mordez pas les requins. Ils appartiennent
à une espèce protégée. »

Vêtements

1456

La femme d'un ardent défenseur de la nature lui dit :
– J'ai vu un amour de petite robe dans une vitrine et j'aimerais bien aller me l'acheter. Est-ce qu'exceptionnellement, tu pourrais sacrifier une de tes espèces protégées – je veux dire ce billet de 50 euros que tu dissimules dans la poche secrète de ton portefeuille ?

1457

– Je regrette, dit un tailleur spécialisé dans les retouches, mais, malgré ma bonne volonté, je ne vois pas comment je pourrais mettre à votre taille ce pantalon beaucoup trop large pour vous. Par contre, si vous dînez chaque soir, chez mon ami Mario, qui tient une pizzeria, juste à côté, ça devrait pouvoir s'arranger en deux mois.

1458

– C'est curieux, dit, en riant, un homme à sa femme, tu ne portes d'ordinaire que des petites culottes roses et, aujourd'hui, tu en mets une noire.
– Simple précaution. Je vais récupérer la voiture que tu as donnée à réparer et je me méfie de ce garagiste qui a les mains toujours couvertes de cambouis.

1459

– Ce manteau de fourrure est magnifique, dit une femme à une amie qu'elle n'a pas vue depuis longtemps.
– Oui, c'est mon mari qui me l'a offert pour mon 30e anniversaire.
– Eh bien, dis donc, tu as dû dépenser une fortune en antimite pour le conserver en si bon état depuis tant d'années.

——— 1460

– Maman, dit une jeune mariée, je peux t'assurer que mon mari fait le meilleur usage de la superbe cravate que tu lui as offerte pour son anniversaire. Tu verrais ses chaussures : elles n'ont jamais été aussi bien cirées.

——— 1461

– C'est drôle comment naît une vocation, raconte un homme. Quand j'étais enfant, mes parents m'avaient inscrit au mouvement des scouts. Chaque week-end, nous faisions de longues marches en chantant : « Un kilomètre à pied, ça use, ça use ; un kilomètre à pied, ça use les souliers ; Deux kilomètres à pied, ça use, ça use… » Dès l'âge de treize ans, je savais comment j'allais gagner ma vie : en devenant cordonnier.

——— 1462

– Tu as une nouvelle robe, dit un homme à sa femme. Combien l'as-tu payée ?

La femme tousse légèrement. Le mari suggère :

– 100 euros ?

Elle tousse un peu plus fort.

– 200 euros ?

Elle est prise d'une véritable quinte de toux.

– 300 euros ?

– On va jouer au portrait chinois, propose la femme. Si j'étais l'héroïne d'une célèbre pièce de théâtre, devine qui je serais ?

– Heu…

– *La Dame aux camélias.*

——— 1463

– C'est trop bête, dit une femme au chausseur qui lui a fait essayer une centaine de paires d'escarpins sans qu'elle parvienne à se décider. Je suis venue chez vous ce matin parce que j'avais écrit sur un pense-bête le mot « pieds ».

– Et alors ?

– Tout à coup, cela me revient. Ce n'était pas du tout des chaussures que je voulais acheter, mais deux pieds de veau pour accompagner un bœuf mode.

——— 1464

Un homme dit, hilare, à son épouse :

– J'ai vu, sur Internet, qu'une petite commune de la Nièvre s'appelle Poil. La municipalité organise une grande fête avec ce slogan : « Tous à Poil, dimanche. » Ce serait drôle qu'on y fasse un saut.

– Impossible, répond sa femme.

– Et pourquoi donc ?

– Je n'ai rien à me mettre.

——— 1465

– Ma femme, explique un homme, s'habille pour être vue dans tous les beaux endroits.

– Quel genre d'endroits ?

– Les cuisses, les fesses, la poitrine…

——— 1466

Le vendeur d'une boutique de chaussures s'extasie quand une cliente, après s'être déchaussée, lui tend son pied :

– Oh ! s'écrie-t-il, voici un superbe 40 qui a tout le charme d'un minuscule 38 !

——— 1467

– J'ai lu, dit une jeune femme à une amie, que l'amour est aveugle.

– C'est sans doute vrai.

– En pensant que toute règle a ses exceptions et que mon nouvel amant a peut-être dix dixièmes d'acuité visuelle, avant de le recevoir chez moi, samedi soir, pour une joyeuse partie de jambes en l'air, je me suis offert un déshabillé transparent très affriolant !

——— 1468

– En effet, Madame, dit le responsable du service des objets trouvés, on nous a bien rapporté du champ de foire une culotte et un soutien-gorge. Pour vous les restituer, je pourrais vous demander de m'en faire une description détaillée mais je pense que ce serait beaucoup plus drôle, pour vous comme pour moi, que vous me racontiez comment vous les avez perdus.

——— 1469

Une jeune mariée veut acheter une chemise pour son époux.
Le vendeur l'interroge :
— Quelle est son encolure ?
— Je ne le sais pas de façon précise, répond-elle, mais, un jour, alors que nous n'étions que fiancés et que nous envisagions une date pour notre mariage, il m'avait tellement exaspérée par ses tergiversations que j'ai fait mine de l'étrangler. C'est ainsi que j'ai vu que le cercle formé par mes mains correspondait exactement à son tour de cou.

——— 1470

— Moi, dit une femme à une amie, quand je fais quelque chose, c'est avec l'idée que je vais remporter une victoire. C'est ainsi que je suis partie à l'assaut des boutiques de mode le premier jour des soldes.
— Et alors ?
— Ça s'est terminé par un véritable Waterloo : j'avais oublié de prendre ma carte de crédit.

——— 1471

Après avoir passé trois heures à se faire montrer de nouveaux modèles, une femme dit à la vendeuse, épuisée :
— Ça y est, je crois qu'on y arrive, peu à peu. Cette robe que j'essaie en ce moment, longue, verte, avec des manches courtes et une ceinture dorée - eh bien, c'est très exactement le contraire de ce que j'espérais trouver chez vous.

——— 1472

Une femme, qui est entrée à la clinique pour donner le jour à un bébé, reçoit un coup de fil de son mari :
— Je suis à la maison et je voudrais laver mon tee-shirt à la machine. À quelle température dois-je régler celle-ci ?
— Cela dépend. Qu'y a-t-il d'écrit sur ton tee-shirt ?
— Heu… « Mangez des pommes ».

——— 1473

Dans une boutique de nouveautés, une cliente se regarde devant une glace en pied et s'écrie :
— Oh ! cette robe est affreusement indécente ! Quand je me penche, on voit mes seins et mes fesses ! Je la prends tout de suite !

1474

– C'est la sixième fois en un mois, raconte, avec un grand sourire, le directeur d'un magasin de vêtements, que des voyous pénètrent en plein jour dans ma boutique pour me voler.
– Ça a l'air de vous amuser.
– Oui, parce qu'à chaque fois, ils sont repartis en se contentant d'emporter les vêtements de la caissière et de mes quatre vendeuses.

1475

À la veille de la Fête des mères, Léa (10 ans) dit à une vendeuse d'un grand magasin :
– Je voudrais offrir à ma mère une douzaine de beaux mouchoirs. Pour vous donner une idée de la taille de son nez, je l'ai entendue dire, un jour, qu'elle achète ses culottes en taille 42.

1476

– Tu ne mets plus ton costume à carreaux que tu aimais tant ? dit une femme à son mari.
– Sûrement pas ! Je me suis aperçu que, lorsque je le portais dans un wagon de métro bondé, il y avait toujours au moins deux voyageurs qui passaient le temps en utilisant ses cases pour jouer au morpion.

1477

– Nos robes, expliquent la vendeuse d'une boutique de nouveautés, sont proposées en trois longueurs : « courte », « ultracourte » et « si votre mouchoir tombe à terre, ne le ramassez surtout pas ».

1478

Un contribuable excédé s'écrie :
– Le Premier ministre nous a incités, hier, une fois de plus, à nous serrer la ceinture. Je n'y manquerai pas, pour ma part, dès qu'il m'aura donné suffisamment de pouvoir d'achat pour me payer un pantalon.

1479

Une jeune femme achète un escabeau :
– Pourriez-vous me l'envelopper dans un emballage-cadeau ? demande-t-elle au vendeur.
– Heu...
– J'insiste. C'est pour offrir à un gringalet qui me reproche toujours de porter des chaussures à talons hauts quand je sors avec lui.

——— 1480

Une jeune femme dit à son amie qu'elle accompagne dans une boutique de vêtements :
– Cette robe que tu es en train d'essayer est atrocement vulgaire et racoleuse. C'est tout à fait ton genre. Achète-la sans hésiter.

——— 1481

– Ça alors, dit un homme à son jeune fils, tu as emporté ma plus belle cravate à l'école. Peux-tu me dire pourquoi ?
– Je vais faire mieux que cela, papa. Regarde la belle médaille que j'ai gagnée grâce à elle au concours de la tenue la plus ringarde.

——— 1482

Comment un célibataire fait-il le tri entre ses sous-vêtements ?
Il les range dans deux paniers étiquetés, respectivement :
LINGE VRAIMENT SALE
et
LINGE SALE À PORTER ENCORE LA SEMAINE PROCHAINE

——— 1483

Une femme rentre, ravie, d'une tournée d'achats dans les magasins.
– Chéri, dit-elle à son mari, j'ai trouvé une petite robe absolument adorable.
Il s'inquiète :
– Elle est chère ?
– Et regarde, enchaîne la femme, la belle chemise que j'ai achetée pour toi.
– J'ai compris, dit en soupirant le mari : elle est encore plus chère que je ne l'imaginais !

——— 1484

– Tiens, Bijou, dit une femme à son caniche, va porter à ton papa, qui somnole sur le fauteuil, là-bas, la facture de ses nouveaux chaussons.

——— 1485

Un grand couturier annonce à ses collaborateurs :

— Au cours d'une de mes insomnies, j'ai eu une idée que je n'hésite pas à qualifier de géniale. Nous allons, désormais, à l'intérieur de chacun de nos vêtements, mettre une étiquette portant une date limite de consommation.

— Pour quelle raison ?

— De façon à permettre à nos clientes de prouver à leurs maris que leur robe est complètement démodée et qu'elles n'ont plus rien à se mettre.

——— 1486

— C'est bête que les lacets se vendent par paires, dit un homme. Un seul me suffirait pour changer celui qui vient de se casser quand j'ai voulu le nouer.

— De toute façon, enchaîne sa femme, le second ne sera pas perdu. Quand nous irons bronzer sur la Côte, cet été, je pourrai toujours m'en faire un maillot de bain.

——— 1487

— Je parie, dit Lucas (7 ans) à un copain, que tu as des trous à tes chaussettes.

— Non, je n'ai pas de trous à mes chaussettes.

— Alors comment fais-tu pour glisser tes pieds dedans quand tu veux les enfiler ?

——— 1488

— Ma petite amie Myriam, raconte un célibataire à un copain, m'a reçu, hier, en portant juste une nuisette qu'elle avait achetée pour la circonstance. Ce qui m'a plu, surtout, c'est la matière de cette nuisette.

— Ah ! en quoi était-elle confectionnée ?

— 10 % soie naturelle et 90 % Myriam.

——— 1489

Le patron d'une petite boutique de vêtements veut engager un vendeur. Il reçoit deux candidats auxquels il dit :

— Regardez attentivement ces manteaux et décrivez-m'en les diverses teintes.

Le premier candidat répond :

— Il y a là plusieurs sortes de marron.

Et le second :

— Beige clair, beige foncé, châtaigne, marron d'Inde, ours brun, écureuil, feuille morte…

— Vous êtes engagé !

——— 1490

Une femme surgit avec sa culotte aux chevilles. En voyant son jeune fils rafistoler son lance-pierres avec un élastique, elle s'écrie :

– Je comprends mieux à présent ! Et dire que je me faisais une joie en croyant que j'avais beaucoup maigri !

——— 1491

Dans un magasin de chaussures, une femme dit à une autre cliente :

– Cela fait deux heures que j'essaie des chaussures neuves et je n'ai vu aucun modèle qui me convienne. Je me laisse une dernière chance : puis-je essayer les vôtres ?

——— 1492

– Qu'est-ce que tu mets comme robe pour aller à cette soirée ? demande un homme à sa femme.

– Je crois que je vais choisir « la Vie ».

– « La Vie » ?

– C'est un surnom que j'ai donné à cette robe parce que tu dis toujours qu'elle est trop courte.

——— 1493

Un chef d'entreprise vient d'acheter un manteau de vison qu'il demande au vendeur de faire livrer à sa femme.

– Je suppose, lui dit celui-ci, en clignant de l'œil, que vous allez faire passer cela en frais généraux.

– Surtout pas ! Je règle ce cadeau sur mon propre compte. Imaginez que la facture m'en soit adressée au bureau et que mon assistante tombe dessus. Vous voyez d'ici la scène de jalousie que je devrais affronter !

——— 1494

Dans une boutique de chaussures, après avoir essayé durant toute une journée les derniers modèles, une jeune femme conclut :

– Non, je ne vois rien chez vous qui me convienne, mais je ne perds pas espoir. Envoyez-moi donc votre prochain catalogue au palais.

– À quel nom, Madame ?

– Princesse Cendrillon.

——— 1495

Dans une réception, une invitée dit à une autre :
— Ta robe fait sensation. D'où vient-elle ? de chez Dior ?
— Non, pas de chez Dior.
— De chez Jean-Paul Gaultier, alors ?
— Non, pas de chez Jean-Paul Gaultier non plus.
— C'est un modèle de chez Chanel ?
— Non, pas de chez Chanel.
— Mais, alors, d'où peut-elle bien venir ?
— Je l'ai achetée pour 20 euros dans une vente de charité.
— Eh bien, tu me croiras si tu veux, mais c'était ma première idée.

——— 1496

— Quand j'étais célibataire, raconte une femme à une voisine, lorsque j'avais un bon coup de blues, je prenais deux aspirines et je me mettais au lit. Depuis que je suis mariée, j'ai trouvé un truc beaucoup plus apaisant…
— Lequel ?
— Je prends la carte de crédit de mon mari et je vais faire une tournée dans les boutiques de vêtements.

——— 1497

Furieux de ne pas trouver une chemise convenable à se mettre, un homme dit à sa femme :
— Tu admettras avec moi que ce qu'il y a de plus propre dans cette maison, c'est le contenu de ton panier de linge sale !

——— 1498

— Mon entretien d'embauche n'avait pas abouti, raconte une jeune femme. Je regagnais tristement la porte de sortie quand j'ai eu l'idée de refaire le coup du futur banquier Laffite qui avait attiré l'attention d'un éventuel employeur en se baissant pour ramasser une épingle. Et ça a marché.
— Vraiment ?
— Il faut dire que ce qui m'a beaucoup aidée, c'est que je portais, ce jour-là, une jupe très, très courte qui, lorsque je me suis baissée, a bien mis en valeur mes références.

——— 1499

En visitant, à Beaune, les caves d'un vigneron, une femme éclate de rire devant une barrique d'un hectolitre de contenance.

– Qu'est-ce qui t'amuse ainsi ? lui demande son mari.

– Je pensais que, si tu voulais te faire faire un pantalon, ton tailleur n'aurait pas besoin, s'il avait ce tonneau sous la main, de prendre ton tour de taille.

——— 1500

Au moment de s'habiller pour la soirée, une étudiante demande à sa colocataire :

– À ton avis, qu'est-ce qui serait le mieux assorti à ma robe bleue à pois blancs : Jérémy, avec sa barbe de trois jours, son tee-shirt à l'effigie de Che Guevara et son jean trop long troué au genou, ou Nicolas, en costume gris très strict, avec une cravate à rayures ?

——— 1501

Le riche admirateur d'une belle blonde lui dit :

– Je t'offre un magnifique manteau de breitschwanz si tu es capable de m'épeler correctement ce mot. Alors, pour gagner ce manteau, que me réponds-tu ?

– O.U.I.

——— 1502

La vendeuse explique à une femme qui s'étonne du prix d'un pull en pure laine :

– Il faut trois moutons mérinos pour confectionner un pull de ce genre.

– Mais, s'étonne la femme, comment peut-on apprendre à ces bêtes stupides à tricoter ?

——— 1503

Un gamin rend visite à sa mère qui est hospitalisée pour quelques jours. Celle-ci s'inquiète :

– Papa se débrouille bien, avec toi, à la maison ?

– Très bien. Sauf qu'hier, il a failli me brûler les jambes avec le fer quand il a repassé mon pantalon.

1504

— Mes clientes, raconte un marchand de chaussures, expriment rarement leurs sentiments par des paroles mais plutôt par des cris. « Ah ! » signifie : « J'ai enfin trouvé le modèle qui me plaît ». « Oh » veut dire « Elles sont vraiment jolies ». Et « Aïe ! », « C'est exactement la taille qui me convient ».

1505

— Pouvez-vous me faire un costume d'été ? demande un homme à un tailleur.
— Oui. Mais il faut compter trois semaines.
— C'est inouï ! s'indigne l'homme, trois semaines ! Alors que le Bon Dieu a créé le monde en six jours !
— Une simple question, fait l'artisan. Vous l'avez bien regardé, le monde, ces derniers temps ?

1506

Une belle blonde raconte :
— Après le bac, j'ai suivi une formation commerciale en me spécialisant dans le domaine des emballages destinés à bien mettre en valeur le produit.
— Et qu'avez-vous appris de plus intéressant à ce propos ?
— Je n'ai plus acheté que des soutiens-gorge renforcés.

1507

Au bureau des réclamations d'un grand magasin, un homme rapporte une chemise dont la taille correspond à celle d'un garçonnet.
— Au premier lavage, explique-t-il, cette chemise a rétréci de moitié.
— Mais, Monsieur, dit la vendeuse, quand vous l'avez achetée en solde, à un prix ridicule, nous avions annoncé « avec 50 % de réduction ». C'est bien ce qui s'est passé.

1508

— Je me demande, dit une cliente, hésitante, à la vendeuse d'une boutique de nouveautés, si cette robe me convient bien.
— Elle vous va à merveille, Madame Bellucci... pardon, Madame Durandet. Ma confusion vient de ce qu'en vous voyant porter ce vêtement, j'ai eu l'impression de me trouver en face de la superbe actrice, Monica Bellucci.
En se regardant dans la glace, l'acheteuse répond :
— C'est vrai que cette robe me va très bien. Je la prends.

——— ***1509***

Une jeune vendeuse d'une boutique de vêtements pour femmes demande à une collègue :

– À ton avis, qu'est-ce que le patron avait en tête quand il m'a fait cette proposition : « Cela vous plairait de laisser tomber la robe pour vous mettre à la nuisette ? »

——— ***1510***

– Eh bien, dit le cordonnier à l'homme qui lui apporte une paire de chaussures à réparer, il ne reste pratiquement rien de vos semelles. Vous avez fait de la randonnée sur des chemins de montagne ou quoi ?

– En fait, je travaille dans une fabrique de purée en sachets et la machine à écraser les pommes de terre est restée en panne pendant quinze jours. Alors, nous avons dû nous débrouiller avec les moyens du bord.

——— ***1511***

– Récemment, raconte une jeune femme, j'ai fait sensation au cours d'une soirée mondaine, en portant une robe très décolletée, sans bretelles. Ma couturière m'avait prévenue : « Au moindre mouvement brusque, vos seins risquent de jaillir d'un seul coup ».

– Et vous avez fait sensation en entrant dans la pièce ?

– Non. Seulement quand un petit malin a lancé du poivre dans l'air pour provoquer une crise d'éternuements.

——— ***1512***

– Je me suis laissée convaincre par Brigitte Bardot, raconte une brave femme. C'est trop horrible de penser qu'il faut sacrifier 200 visons pour faire un manteau. Alors, j'ai abandonné la fourrure pour le synthétique, mais cela ne m'empêche pas de me tracasser, en me demandant : pour fabriquer le manteau que je porte, combien a-t-il fallu de petits polyesters ?

Bri

Vie conjugale

——— *1513*

Une femme très jalouse annonce à son mari :

– Tu as, au courrier, une carte de Saint-Valentin que t'envoie un de tes anciens flirts, Cathy, avec des bisous partout, partout, partout.

– Ne me dis pas que tu as ouvert une enveloppe adressée à mon nom pour lire le message qu'elle contenait !

– Si. Et j'ai même répondu à ton ex-petite amie, en lui conseillant de s'abstenir de ce genre de chose à l'avenir. Ce qu'elle fera certainement, car j'ai joint à ma lettre une photo récente de toi.

——— *1514*

Au terme d'une violente dispute avec sa femme, un homme sort de l'appartement en en claquant la porte si fort qu'un tableau, accroché au mur, se détache et tombe sur le plancher.

L'épouse n'entend plus parler de son mari pendant une quinzaine d'années et puis, un beau jour, elle le voit réapparaître.

– Reconnais, au moins, que dans notre dernière discussion, j'avais raison, lui lance sa femme.

– Tu avais raison.

– Bon. Alors, dit la femme, raccroche ce tableau que tu as bêtement fait tomber en t'en allant et ne t'avise pas de recommencer.

——— *1515*

– Le garçon que je fréquentais, raconte une femme, m'avait séduite en m'assurant que si j'acceptais de l'épouser, il nous bâtirait un foyer sur de solides fondations.

– Et alors ?

– Je l'ai épousé. Franchement, comme architecte, on fait mieux !

ALLEZ CHÉRIE
ON FAIT
LE MONT VENTOU
Bri

——— *1516*

– Mon mari est affreusement terre-à-terre, regrette une femme. Un jour, j'ai revêtu pour lui une nuisette transparente que je venais d'acheter. Eh bien, le soir même, craignant que je n'attrape froid dans cette tenue, il m'a apporté une bouillotte à remplir d'eau chaude.

——— *1517*

– Suppose, dit une femme, très irritée, à son mari, que nous soyons respectivement baptisés Pile et Face ; eh bien, toi, sans aucun doute, tu serais Face.

– Et pourquoi ne pourrais-je pas être Pile ?

– Parce qu'une pile a, au moins, un côté positif.

——— *1518*

– C'est vrai, reconnaît une femme, j'ai brisé mon parapluie sur la tête de mon mari sous le coup de la colère, mais c'était une erreur.

– Vous soupçonniez ses relations coupables avec sa secrétaire ?

– Non, ça, c'était bien établi. Mais, par contre, j'ignorais la fragilité de mon parapluie. Si j'avais su, j'aurais plutôt utilisé, pour frapper ce voyou, un de ses clubs de golf.

——— *1519*

Le jour où ses parents fêtent leurs noces d'or, un homme demande à son père :

– Quel est le secret de votre entente parfaite, maman et toi ?

– Ne crois pas, mon fils, explique le père, que nous n'ayons jamais eu de différend, ta mère et moi. Mais, à chaque fois que nous avons entamé une dispute, celle-ci s'est arrêtée très vite : dès que nous avions d'un commun accord établi lequel de nous deux avait tort, c'est-à-dire moi.

——— *1520*

Deux amies se retrouvent, après s'être perdues de vue durant plusieurs années.

– Et ton mari, dit l'une, comment va-t-il ?

– Tu veux parler du Dinosaure ?

– Je l'ai connu sous le nom de Cédric. Quel rapport a-t-il avec un dinosaure ?

– Un jour, sans préavis, il a totalement disparu.

——— *1521*

— Vous êtes, maintenant, mari et femme, dit le curé. Jeune homme, vous allez pouvoir embrasser la mariée – dès qu'elle aura fini de tirer la langue et de faire la nique à cette jeune femme de l'assistance qui, je le suppose, fut, un temps, sa rivale.

——— *1522*

— Avant de faire quoi que ce soit, dit un homme à sa belle-mère, votre fille me demande systématiquement mon avis.
— C'est une preuve d'intelligence de sa part.
— Mais, elle ne suit jamais mes avis.
— Elle est encore plus intelligente que je ne le croyais.

——— *1523*

— Je m'étais toujours dit, raconte une femme, que, pour être heureuse en ménage, il fallait que j'épouse un homme brun, grand et séduisant.
— Et que s'est-il passé ?
— J'ai été très heureuse en épousant un grand brun, après avoir eu la bonne idée, dans mes exigences, de remplacer « séduisant » par « gros contributeur à l'impôt sur la fortune ».

——— *1524*

Désespérée, une femme appelle sa mère :
— C'est terrible, lui dit-elle. Après une sévère dispute, mon mari a décidé de quitter le domicile conjugal.
— Ce n'est pas grave, assure la mère. Il est déjà parti à plusieurs reprises et il est toujours revenu.
— Oui, mais, cette fois, je suis sûre qu'il ne reviendra pas.
— Qu'est-ce qui te fait penser cela ?
— Il a emporté notre photo de mariage qui lui servait à s'entraîner aux fléchettes.

——— *1525*

Un mari brimé par sa femme se fâche, pour une fois :
— Prends garde, dit-il, à sa femme. Si tu continues à m'exaspérer ainsi, tu risques de faire sortir la bête qui est en moi.
— Surtout pas, proteste-t-elle, en riant. Tu sais bien que j'ai toujours eu peur des souris.

HÉ! HOoo J'AI PAS FINI!
Bri

1526

La vendeuse suggère à un homme qui veut commander un bouquet de fleurs pour sa femme mais qui semble hésitant :

– Je pourrais vous conseiller utilement si vous me disiez franchement ce que vous cherchez à vous faire pardonner en offrant ce bouquet.

1527

Une femme, très en colère, dit au conseiller conjugal qu'elle est venue consulter avec son mari :

– Que les confidences que nous vous faisons sur notre vie de couple vous amusent, passe encore, mais vous n'avez pas besoin de souligner chacune d'elles par des rires enregistrés, comme dans les sitcoms de la télévision.

1528

– Mon mari, raconte une femme à une amie, fait mon admiration.

– Ne me dis pas qu'il ne commet pas d'erreurs.

– Si, bien sûr. Mais, au lieu de répéter toujours la même, il en invente sans cesse de nouvelles.

1529

– Quand j'ai fait la connaissance de celle qui allait devenir ma femme, dit un homme, j'étais tellement épris d'elle que j'ai écrit un *ABC de l'amour.*

– Et, après l'avoir épousée ?

– J'en ai écrit le *DDT.*

1530

– À mon mariage, explique une femme, je pleurais, mon fiancé pleurait, ma mère pleurait, mon père pleurait, ma belle-mère pleurait, le curé pleurait…

– La cérémonie était-elle émouvante à ce point ?

– C'est surtout que des ouvriers en colère manifestaient à côté de l'église, et que les CRS leur avaient lancé des grenades lacrymogènes.

——— 1531

— Mon petit ami, dit une jeune femme à une copine, m'a traitée de nymphomane.
— Sur quoi s'appuyait-il pour dire cela ?
— Sur le petit guéridon de la chambre, tandis que je me mettais au lit, toute nue, en l'incitant à m'y rejoindre.

——— 1532

Le conseiller conjugal dit à la femme qui est venue le consulter :
— Pourriez-vous me situer l'intensité de l'amour que vous éprouvez pour votre mari sur une échelle allant de 0 à 20 ?
— Plutôt qu'une échelle, demande-t-elle, pourrais-je plutôt utiliser un tabouret de cuisine ?

——— 1533

— Si tu as réellement l'intention de retourner chez ta mère, dit un homme à sa femme, emmène donc avec toi ton père, ta sœur et tes deux cousins.

——— 1534

— Je suis allée rendre visite à Mme Fitonnet cet après-midi, dit une femme à une amie. Figure-toi que son mari a été hospitalisé pour une grave blessure à la tête.
— Je comprends qu'elle en soit très chagrinée
— Ce qu'elle regrette, surtout, c'est qu'en s'amochant ainsi, il lui ait brisé un vase chinois auquel elle tenait particulièrement.

——— 1535

— J'ai surnommé mon mari « Trampoline », raconte une femme.
— Pourquoi cela ?
— Avec lui, je passe par des hauts et des bas.
— C'est-à-dire ?
— Certains jours, je ne peux pas le sentir. Et, d'autres jours, je le déteste franchement.

——— 1536

– Le jour de mon mariage, raconte une femme, le garçon d'honneur de mon fiancé s'est embrouillé dans le déroulement des événements et il m'a longuement embrassée *avant* la cérémonie.

– Ton fiancé a dû être furieux.

– Oui, d'autant plus que ce délicieux baiser m'a tellement émoustillée que j'ai décidé finalement d'épouser son garçon d'honneur.

——— 1537

Place de la Bastille, à Paris, les manifestants se réunissent avant de défiler.

Une femme dit à une autre :

– Tu es en retard. J'ai bien cru que tu allais manquer notre grande manifestation « Contre toutes les violences ».

– Mon mari voulait m'empêcher de venir. Alors, pour m'échapper, j'ai dû l'assommer avec ma pancarte.

——— 1538

Avec des larmes dans la voix, une femme confie à une amie :

– Après la disparition de mon cher époux, rien, absolument rien, ne saurait me faire oublier mon chagrin.

– Je pourrais, suggère l'amie, me rendre à la plus proche pâtisserie et t'en rapporter deux choux à la crème.

– J'ai tellement de chagrin que si tu veux que ça marche, prends-en donc trois, s'il te plaît.

——— 1539

– Tu vas être content, dit une femme à son mari, en éteignant son portable. Maman me proposait de venir passer huit jours chez nous et je lui ai répondu qu'avant de lui donner mon accord, j'allais t'en parler.

– En effet, je t'ai entendue. Au fait, à qui faisais-tu allusion en disant à ta mère : « Je vais en parler à celui que tu as surnommé : "Un peu mieux que rien" » ?

——— 1540

– Mon ex et moi n'avons jamais perdu le contact, dit une femme. Nos avocats respectifs, qui se sont occupés de notre divorce, dînent l'un chez l'autre, une fois par semaine.

——— **1541**

– Avez-vous, demande le médecin à son nouveau patient, une bonne résistance à la maladie ?

– Disons que j'ai une bonne résistance tout court : j'ai été marié quatre fois et je compte bien remettre cela à la première occasion.

——— **1542**

– Je me suis rendu compte que j'habitais une petite ville, raconte un homme, le jour où je suis sorti de chez moi avec un œil au beurre noir. Je n'ai eu aucune explication à donner aux gens que j'ai rencontrés au cours de la journée : tous savaient déjà pourquoi.

——— **1543**

– Moi, dit une paléontologue, j'ai toujours cru à la théorie de l'évolution selon laquelle toutes les créatures vivantes progressent régulièrement. Mais quand je vois mon mari, pas rasé, en pantalon de pyjama et maillot de corps, vautré sur le divan à regarder la télévision en buvant des bières – je doute.

——— **1544**

– C'est désolant, confie une femme d'une quarantaine d'années à une amie, à chaque fois que je rencontre l'homme idéal, l'un de nous deux est marié. Et ce n'est jamais moi.

——— **1545**

Un conseiller conjugal dit à l'homme qui est venu le consulter :

– Si une lettre anonyme vous avertit que votre femme vous trompe et que celle-ci, lorsque vous lui en parlez, vous dit : « Nous allons aborder ce problème en toute franchise », soyez sûr qu'elle s'apprête à vous mentir effrontément.

——— **1546**

Une femme qui était partie, sa valise à la main, en claquant la porte, après une terrible dispute conjugale, fait demi-tour et rentre à la maison.

Son mari s'esclaffe :

– Tu as renoncé à retourner chez ta mère ?

– Oui. Réflexion faite, je me suis dit que je serais bien bête. C'est toi qui vas retourner chez la tienne !

——— 1547

Un mari jaloux rentre chez lui et ouvre une penderie où s'est réfugié, tout nu, l'amant de sa femme.

– Je me présente, dit aimablement le séducteur : Gérald Patouillard, Gégé pour mes amis de *Facebook*. Puis-je espérer vous compter prochainement parmi eux ?

——— 1548

– Quand je rentre tard, raconte un homme à un collègue de bureau, ma femme se contente de secouer la tête.

– Tu as de la chance.

– Pas tellement ! Je voudrais que tu vois comment elle secoue *ma* tête.

——— 1549

– En suivant l'actualité dans les journaux et à la télévision, explique une femme, je me suis sentie terriblement honteuse d'être heureuse dans un monde où il se passe tant de choses horribles.

– Et alors, pour ne plus avoir ce sentiment de culpabilité, vous vous êtes engagée dans une œuvre humanitaire ?

– Non. Je me suis mariée.

——— 1550

– Ma femme, confie un homme à un conseiller conjugal, m'accuse d'être un affreux fouineur.

– Elle vous l'a dit en face ?

– Non, mais elle l'a écrit en toutes lettres dans son journal intime qu'elle dissimule soigneusement au fond du tiroir de la commode, où elle range ses sous-vêtements.

——— 1551

– J'ai des boutons sur la joue, dit un monsieur à sa femme. Ce doit être une sorte d'allergie à ta mère.

– Qu'est-ce que tu racontes ?

– Une chose est sûre. Pour le 1er janvier prochain, quand elle nous embrassera pour nous souhaiter la bonne année, j'envisage le port d'un masque comme ceux qu'on préconise pour lutter contre la pollution.

– Voyons, lui dit sa femme, tu seras ridicule avec un tel masque.

– Mais… dans mon idée, il est hors de question que ce soit *moi* qui le porte.

——— **1552**

– J'ai décidé d'empoigner nos problèmes à bras-le-corps, dit un homme à sa femme.
– Tu as bien fait.
– D'une part, j'ai dressé la liste de tous nos ennuis dans les domaines les plus divers et, d'autre part, la liste des solutions que nous pouvons leur apporter.
– Et alors ?
– Ce qui m'embête, c'est que la première liste fait vingt pages et la seconde, cinq lignes seulement.

——— **1553**

Une femme, qui a passé sa jeunesse dans une famille recomposée, dit à son mari, au terme d'une épouvantable discussion :
– Je te quitte et je retourne chez... Chez qui, au fait ? Je n'ai que l'embarras du choix. Il y a ma mère, qui en est à son troisième mariage, depuis qu'elle nous a abandonnés, mon père et moi, quand j'avais trois ans. Ou la seconde femme de mon père qui vit, maintenant, avec l'ancienne secrétaire de mon père, qui un temps est venue jouer à la maison le rôle de ma mère défaillante. Ou encore...

——— **1554**

Un conférencier vient de terminer son exposé sur le thème *Comment vaincre votre timidité.*
Personne ne bouge, dans son auditoire, sauf une femme qui lui demande :
– Pourriez-vous me donner un autographe ?
Alors qu'il s'apprête à la féliciter de son audace, elle ajoute :
– C'est pour mon mari qui se dissimule au fond de la salle, enfoui sous un tapis.

——— **1555**

Au cours d'une sévère dispute, une femme dit à son époux :
– Avant que tu n'ailles plus loin, je voudrais te dire quelque chose.
– Quoi ?
– Ne va pas plus loin.

1556

Le conseiller conjugal, qui reçoit un couple en difficulté, dit à la femme :

– Si vous deviez comparer votre mari à un animal, lequel choisiriez-vous ?

– Un ornithorynque.

– Vous savez ce qu'est un ornithorynque ?

– Non. Mais je n'ai, non plus, jamais rien compris à mon mari.

1557

Une riche bourgeoise dit à l'employée de maison qu'elle s'apprête à engager :

– Comme vous pourrez le constater, je ne suis pas exigeante.

– Ça, je le sais déjà.

– Comment pouvez-vous le savoir ?

– J'ai vu la tête de votre mari.

1558

– Je me marie samedi prochain, dit une jeune femme à un pâtissier et j'entends conserver toute mon indépendance.

– Bravo, fait le pâtissier, mais en quoi cela me concerne-t-il ?

– Quand vous confectionnerez le gâteau que nous servirons à nos invités, surmontez-le de deux sortes d'îlots, nettement séparés par du fil de fer barbelé, où vous déposerez, d'un côté la figurine, représentant mon mari et, de l'autre côté, moi en robe de mariée.

1559

– J'ai fait attendre cinq ans celle qui est devenue ma femme avant de l'épouser, raconte un homme.

– Elle ne vous en a pas voulu ?

– En fait, elle se rembourse par mensualités. À chaque fois que nous nous apprêtons à sortir, elle m'oblige à l'attendre une bonne demi-heure.

1560

– Mon gendre, raconte une femme, ne m'a manifesté aucune sympathie quand je me suis fracturé le pied droit.

– Qu'a-t-il fait en cette circonstance ?

– Il s'est contenté de ricaner, en me disant : « Vous n'imaginiez pas que j'avais les fesses aussi dures ? »

1561

– Y a-t-il un secret à votre bonne entente conjugale ? demande-t-on à une femme.
– Il est simple : depuis le premier jour de mon mariage, je suis restée fidèle à mon mari.
– C'est tout ?
– Non. Le plus important, c'est que je suis toujours demeurée aimable avec lui comme si je le trompais.

1562

– Je serais incapable, dit une femme à une autre, de préciser si mon mari est un optimiste ou un pessimiste. Quand je lui sers une bière, il l'avale à une telle vitesse que, jamais, il n'a l'occasion de considérer que son verre est à moitié vide ou à moitié plein.

1563

– Au cours d'une de nos fréquentes disputes, raconte un homme à son psy, ma femme m'a crié que j'avais un « ego » surdimensionné. Ne sachant pas ce que signifie le mot « ego », sur l'instant, j'ai trouvé cela flatteur et j'ai pensé que cela ne pouvait qu'améliorer notre relation conjugale.
– Et alors ?
– Eh bien, les choses n'ont fait qu'empirer depuis. Alors, je vous demande, docteur, si mon ego était le schmilblick, pourrais-je l'utiliser pour donner du plaisir à mon épouse ?

1564

– Je vous écoute depuis quelques minutes, dit une femme à une autre, et je voudrais savoir…
– Quoi donc ?
– À qui faites-vous allusion quand vous parlez de quelqu'un en le surnommant « Décaféiné » ?
– À mon mari. Il est totalement inoffensif mais il n'a aucun goût.

1565

Une jeune fille confie à sa mère qu'elle envisage de se marier.
– Avant de te décider, lui conseille la mère, regarde bien l'homme que tu t'apprêtes à épouser et demande-toi si c'est le genre d'individu chez qui tu aimerais que tes enfants aillent passer un week-end sur deux et la moitié des vacances scolaires.

——— 1566

— Une chose me fait bien rire, assure une femme, entendre dire qu'il n'y a pas de communication dans les couples modernes. Je vous assure que lorsque mon mari reste à siffloter, planté devant le téléviseur, pendant que moi, je remue à grand bruit mes casseroles dans la cuisine, n'importe quel observateur étranger décoderait ainsi le message : « Ils sont drôlement en boule, tous les deux. »

——— 1567

Une femme demande à une amie :
— Où en est ton mari ? Boit-il toujours autant ?
— Hélas ! Si je te disais que ses exploits, en ce domaine, lui ont permis de se faire un nom chez les Alcooliques anonymes.

——— 1568

— Chéri, annonce une femme à son mari, le décorateur que tu avais engagé à prix d'or a examiné notre appartement de fond en comble et son verdict est formel.
— Que t'a-t-il dit ?
— Il me conseille de divorcer car il estime que, jamais, tu ne seras en harmonie avec aucune décoration.

——— 1569

Une femme confie à une amie :
— Mon mari dit toujours que les femmes sont idiotes et les hommes stupides.
— C'est un idiot de dire cela, et tu es stupide de le répéter.

——— 1570

Un farceur demande à une vendeuse d'un grand magasin :
— Auriez-vous une idée d'un cadeau absolument grotesque pour offrir à ma belle-mère ?
La jeune fille suggère en riant :
— Pourquoi pas un portrait, bien ressemblant, de son gendre ?

——— 1571

Un homme explique à un conseiller conjugal :

— Ma femme prétend que je me défile à chaque fois que je devrais me montrer… Mais elle va vous expliquer cela beaucoup mieux que moi.

——— 1572

Une femme conseille à sa fille qui va se marier :

— Quand tu te seras disputée avec ton mari et, qu'au comble de l'exaspération, il t'aura donné son avis peu flatteur sur toute ta famille et sur moi, en particulier, abstiens-toi de m'appeler au téléphone pour me raconter ces horreurs.

— Pourquoi cela, maman ?

— Parce que, le lendemain, après que vous ayez fait l'amour, tu auras pardonné et oublié tout cela – mais pas moi !

——— 1573

— J'hésite encore à répondre favorablement à votre proposition de mariage, dit une femme à son soupirant. Alors, voici ce que je vous propose : si vous avez une pièce de monnaie, nous allons tirer ma décision à pile ou face. Lancez la pièce en l'air et, si elle n'est pas retombée par terre dans la minute qui suit, c'est d'accord, je vous épouse.

——— 1574

— J'ai eu cinq maris, raconte une femme, mais, seul, le premier a compté pour moi. Quand j'en parle avec tendresse, je l'appelle par son prénom, Bruno.

— Et les autres ?

— S'il m'arrive, exceptionnellement, d'y repenser, c'est en les désignant par Etc. n° 1, Etc. n° 2, Etc. n° 3 et Etc. n °4.

——— 1575

Une femme consulte, sur Internet, un site de conseils pratiques. Elle explique :

— J'ai surpris mon mari quand il vous demandait un truc pour faire disparaître les traces de rouge à lèvres sur un col de chemise. À mon tour, je voudrais savoir : que faut-il appliquer sur un crâne chauve pour résorber une grosse bosse ?

——— *1576*

En vacances au bord de la mer, un couple évoque des souvenirs :

– Tu te rappelles, il y a vingt ans, mon chéri, dit la femme, comme tu t'es courageusement jeté à l'eau pour me sauver alors que j'étais en difficulté. C'est comme cela que nous avons fait connaissance et que nous nous sommes mariés.

– Eh oui, répond le mari. Et quand je pense qu'il y avait au moins cinquante personnes qui te regardaient sans faire un geste et que moi, pauvre idiot, j'ai voulu faire le malin !

——— *1577*

– Tu n'as aucune volonté ! crie une femme, excédée, à son mari. Regarde ton ami Ludovic, du jour où il a décidé d'arrêter de fumer, il a tenu parole.

– Ah ! je n'ai pas de volonté, rugit le mari. On va bien voir. À partir de ce soir, je fais chambre à part et rien ne m'en fera démordre.

Effectivement, il va s'installer sur le divan du salon et, trois semaines durant, il boude.

Jusqu'au soir où son épouse, adoucie, vient frapper timidement à la porte du salon.

– Qu'est-ce que c'est ? questionne-t-il, d'une voix peu aimable.

– Je voulais te dire : ton ami Ludovic... eh bien, il a recommencé de fumer.

——— *1578*

Un pauvre mari explique :

– La dernière fois que j'ai eu le dernier mot dans une discussion avec mon épouse, c'est le jour où elle m'a à demi assommé avec une poêle à frire et que j'ai hurlé : « Aïe ! »

——— *1579*

Voyant, une fois de plus, son mari rentrer trempé, alors qu'il était sorti sans parapluie, ni imperméable, en dépit des avertissements de la météo, une femme s'écrie :

– Enfin, il sera dit que, pas une seule fois de ta vie, tu n'auras écouté un bon conseil.

– Félicite-t-en, ma chère, rétorque-t-il. Sinon, tu serais toujours célibataire.

1580

Terriblement frustrée, la femme d'un écrivain trouve qu'il lui consacre trop peu de temps.

– Ah ! gémit-elle un jour, je rêve souvent que je suis un clavier d'ordinateur.

– Pourquoi ?

– Parce qu'alors tu promènerais tes doigts sur moi toute la journée.

– Eh bien, moi, enchaîne-t-il, je rêve fréquemment que tu es un calendrier.

– Pourquoi un calendrier ?

– Parce que je pourrais en changer chaque année.

1581

– J'ai éprouvé une terrible déception, raconte un homme à un autre, quand mon meilleur ami est parti avec ma femme.

– Ce n'est rien à côté de celle que j'ai éprouvée à cause de celui que je prenais pour mon meilleur ami. Après avoir été pendant deux ans l'amant de ma femme, il a quitté définitivement la France – en me la laissant sur les bras.

1582

Une jeune femme avoue, en tremblant, à son mari :

– Tu vas te mettre en colère. J'ai brûlé tout le fond de ton pantalon en le repassant.

– Eh bien, fait le mari, heureusement que j'avais un pantalon de rechange à ce complet.

– Oui, dit sa femme, sinon je me demande où j'aurais pu découper un morceau pour réparer le pantalon que j'avais abîmé.

1583

– Racontez-moi, demande le conseiller conjugal, comment la discussion avec votre mari s'est passée.

– Nous avions commencé à nous disputer à propos des prochaines vacances, explique la femme. Bien vite, le ton a monté et, devant l'attitude menaçante de mon mari, je lui ai lancé une sorte d'ultimatum.

– Et alors ?

– Il n'a pas eu le réflexe de se baisser à temps. C'est ainsi qu'il a perdu deux dents de devant.

——— 1584

Une femme se fâche après son mari :

– Je sais bien, lui dit-elle, que j'ai besoin d'un certain temps pour m'échauffer lorsque nous faisons l'amour. Hier, quand tu as regardé ton bracelet-montre, cela ne m'avait déjà pas plu. Mais je te préviens : la prochaine fois qu'en pleine action, tu secoues ta montre pour voir si elle ne s'est pas arrêtée, là, je demande le divorce.

——— 1585

Surpris par sa femme, très jalouse, pendant qu'il embrassait goulûment la baby-sitter, un homme très astucieux imagine aussitôt une explication valable :

– Ne te méprends surtout pas, ma chérie, dit-il à son épouse. Je racontais à cette jeune personne comment s'était passée notre première rencontre.

——— 1586

– Pourquoi, questionne une femme, ne prendrais-tu pas Stéphane Maillard comme associé ?

– Sûrement pas ! rugit son mari. Il te connaissait bien avant moi et il ne t'a pas épousée. Je ne veux pas avoir pour associé un homme plus intelligent que moi !

——— 1587

Un mari rentre chez lui à l'improviste et trouve son épouse en train de faire des galipettes avec un déménageur. Hors de lui, il se met à hurler :

– Que vous couchiez avec ma femme, si vous y tenez vraiment, passe. Mais, je n'admettrai pas qu'en garant aussi bêtement votre camion, vous m'empêchiez de rentrer dans mon garage.

——— 1588

– Alors, demande une jeune femme à une amie, ça marche, ton mariage avec cet éditeur ?

– Bof ! fait l'autre, sans enthousiasme.

– Que se passe-t-il ? Tu sembles contrariée.

– Il y a de quoi. Il m'avait expliqué qu'il s'était spécialisé dans les manuels sur le thème : « Faites-le vous-même. » Par exemple : Le jardinage, faites-le vous-même, Le bricolage, faites-le vous-même, etc. Moi, je trouvais cela très bien. Jusqu'au soir de notre nuit de noces, où il est allé boire un coup avec des copains, en me laissant en tête à tête avec un vibromasseur.

——— 1589

– Mon mari, dit une femme avec fierté, est de ces chênes qu'on abat.
– C'est amusant, fait son amie, que tu aies l'idée de comparer ton époux à un arbre. Dès le premier jour de mon mariage, j'en ai fait tout autant.
– Et à quoi compares-tu ton mari ?
– À un bonsaï.

——— 1590

Surprise en flagrant délit d'adultère par son mari, dans le lit conjugal, une femme contre-attaque en prenant l'initiative :
– Et qu'est-ce qui me prouve, demande-t-elle, en désignant son amant, que cet homme n'est pas un détective que tu aurais engagé pour faire trébucher ma vertu, afin qu'ensuite tu obtiennes le divorce et que tu te remaries avec ta petite sainte-nitouche de secrétaire ?

——— 1591

– Ma femme, confie un homme, est une véritable terreur.
– Qu'est-ce qui vous fait dire cela ?
– Elle l'a reconnu elle-même en me racontant un épisode de son adolescence. Un cirque ambulant l'avait engagée pour évoquer la vie de sainte Blandine, condamnée à être jetée aux lions. Eh bien, quand ils l'ont vue, les lions en question ont quitté la piste du cirque en poussant des cris apeurés et ils sont allés se réfugier sur les genoux de leur dompteur.

——— 1592

Un homme, très content de lui, s'installe, tout nu, devant la glace de son armoire à glace et, s'admirant sous tous les angles, répète à haute voix :
– C'est beau ça ! 80 kilos de dynamite ! 80 kilos de dynamite…
Sa femme, attirée par ce manège, passe la tête par l'entrebâillement de la porte :
– Hélas ! soupire-t-elle, pourquoi faut-il que la mèche soit si courte !

——— 1593

– Comment ! s'indigne le marié. Je te perds de vue cinq minutes et je te retrouve au lit avec notre garçon d'honneur !
– Ah ! je t'en prie, proteste la jeune mariée. Ta mère m'avait bien dit que tu avais mauvais caractère, mais de là à penser que tu me ferais une scène le jour de notre mariage !

1594

En quittant ses amis, sur le coup de quatre heures du matin, après une soirée copieusement arrosée, un joyeux drille leur dit :

– Je vais tâcher de rentrer chez moi tout doucement parce que ma femme est terrible pour les horaires. Si jamais elle se réveillait, elle m'arracherait les yeux…

Quelques jours plus tard, un de ses copains rencontre la femme en question. Celle-ci bondit vers lui en hurlant :

– Je vous retiens, vous ! Vous savez qu'Albert est rentré au petit matin, jeudi dernier ?

– Il vous a réveillée ?

– Le contraire aurait été difficile. En marchant à tâtons, il était arrivé dans la salle de bains. Il avait tourné le robinet de la douche et il tapait sur la cloison, en suppliant : « Chérie, ouvre-moi. Je vais être trempé si tu me laisses comme cela sous la pluie. »

1595

Un homme raconte à une conseillère du cœur :

– Avec Cindy, la lune de miel a duré deux bons mois.

– Et ensuite ?

– J'ai commis la folie de l'épouser.

1596

– Monsieur le commissaire, dit un homme, ma femme a disparu.

– Quand l'avez-vous vue pour la dernière fois ?

– Il y a trois jours.

– Et vous ne vous êtes pas inquiété plus tôt ?

– Non. Je pensais qu'elle était en train de bavarder avec une voisine.

1597

La femme d'un pianiste virtuose vient d'être surprise en train de faire l'amour dans le lit conjugal avec deux charmants jeunes gens.

– Enfin, dit-elle à son mari, sois un peu logique, pour une fois. Tu n'arrêtes pas de répéter que jamais ton instrument ne vibre aussi bien que lorsqu'on l'effleure à quatre mains – et tu sembles surpris quand j'entreprends d'en faire autant.

1598

– Mon mari, raconte une femme à une amie, a vraiment des attentions charmantes. Ainsi, comme il doit partir une semaine en voyage d'affaires, il a eu, pour éviter que je ne prenne froid la nuit en son absence, la délicate idée de m'acheter une couverture électrique.

– Mon mari, répond l'autre, a eu la même inquiétude avant de s'en aller pour un mois aux États-Unis. Mais il s'est montré encore plus attentionné que le vôtre.

– Comment cela ?

– Il m'a présenté, juste avant son départ, au plus jeune de ses associés.

1599

– Ah ! Comme je regrette d'avoir été infidèle ! raconte une jeune femme à une amie. Surtout depuis que j'ai constamment ce détective privé à mes trousses.

– C'est ton mari qui le paie pour qu'il suive ton amant ?

– Pas du tout ! Ce sont mes cinq amants qui se sont cotisés pour l'engager parce qu'ils sont tous atrocement jaloux de mon mari.

1600

Une femme se fâche après son époux :

– Tu n'es qu'un sale égoïste ! Jamais tu ne penses à autre chose qu'à toi. Toi, toi, toujours toi.

L'homme proteste :

– C'est à *moi* que tu dis cela ?

1601

– Pourquoi, demande le président du tribunal, lorsque votre mari vous a surprise au lit avec votre amant et qu'ils se sont entre-tués sous vos yeux, êtes-vous restée totalement indifférente, sans venir en aide à l'un ou à l'autre ?

– Monsieur le président, répond la belle, il vous est sans doute déjà arrivé de voir deux chiens affamés se battre pour un os. Combien de fois avez-vous vu un os assez bête pour se lancer, lui aussi, dans la bagarre ?

——— 1602

Un homme, marié à une femme très querelleuse, est accueilli en rentrant chez lui, un soir, par un silence glacial. Il réfléchit longuement puis se décide à murmurer :

– Voyons, chérie, je t'ai successivement offert un présent pour ta fête, un pour ton anniversaire, un pour l'anniversaire de notre rencontre, un pour celui de nos fiançailles, un pour celui de notre mariage… Qu'ai-je bien pu oublier, aujourd'hui, qui te contrarie à ce point ?

– Et l'anniversaire de notre première dispute, rugit-elle, ça ne compte pas, pour toi, espèce de monstre sans cœur ?

——— 1603

– Ma femme a un grand défaut, confie un homme à un copain de café. Elle pousse de véritables cris de joie quand elle est en train de faire l'amour.

– Et cela te coupe tes moyens ?

– C'est surtout que, pendant qu'elle fait cela, avec notre jeune et séduisant voisin, sur le canapé de la salle de séjour, moi, je suis obligé de mettre le son de la télé au maximum, si je veux entendre quelque chose.

——— 1604

Une femme raconte sa triste vie à un avocat, spécialisé dans les procès en divorce :

– Mon mari me délaisse. Il est totalement indifférent à mon égard.

– Pourquoi dites-vous cela ?

– C'en est à un point ! Vous ne pouvez pas imaginer ! Je me sens inutile, absolument inutile – tenez, comme les sous-titres d'un film suédois, tourné dans un camp de naturistes !

——— 1605

Surpris en flagrant délit d'adultère, un mari volage crie à sa femme, qui s'avance en tenant à la main un couteau de cuisine :

– Non. Je t'en supplie. Épargne-la !

– Jamais de la vie, ricane l'épouse bafouée.

Et d'un grand coup de couteau, elle éventre la poupée gonflable.

À NOUS DEUX
MOI-MÊME !
Bri

1606

– Comment va ta charmante épouse ? demande un homme à un ami qu'il a rencontré dans la rue.

– Voyons, répond l'autre, tu n'es pas au courant ?

– Non.

– Nous ne sommes plus ensemble.

– Ah ! s'étonne son copain, est-ce que ta femme te trompait, par hasard ?

– Hélas ! pas par hasard. Par habitude.

1607

Un homme tend à sa femme les papiers pour leur divorce et il lui dit :

– Signe.

Après un moment d'hésitation, elle écrit :

– Sagittaire.

1608

Une femme s'est prise d'une passion soudaine pour le golf. Son mari, très jaloux, engage un caddy pour la surveiller discrètement.

Celui-ci fait son rapport en ces termes :

– Votre épouse, Monsieur, n'apprend absolument pas le golf. À peine a-t-elle retrouvé son professeur qu'ils partent faire l'amour dans les buissons.

– Vous les avez vus ?

– Bien sûr.

– Et, à votre avis, depuis combien de temps cela dure-t-il ?

– D'après les taches de rousseur sur les fesses du professeur de golf, je serais tenté de répondre : depuis les premiers jours du printemps.

Table des matières

Composé et mis en page par NORD COMPO à Villeneuve-d'Ascq, France

Dépôt légal : Août 2011
ISBN 13 : 978-2-501-07016-4
40.7290.6
Édition 01
Imprimé en Espagne par Rodesa.